"粤派教育"丛书　　熊焰　高慎英　于慧主编

◎广州市基础教育系统新一轮"百千万人才培养工程"第三批小学名师培养项目

羊城名师成长密码之四

主　编：于　慧　蒋友梅

中山大学出版社
SUN YAT-SEN UNIVERSITY PRESS
·广州·

版权所有 翻印必究

图书在版编目（CIP）数据

羊城名师成长密码之四/于慧，蒋友梅主编．—广州：中山大学出版社，2021.1
（"粤派教育"丛书/熊焰，高慎英，于慧主编）
ISBN 978-7-306-06849-1

Ⅰ.①羊… Ⅱ.①于… ②蒋… Ⅲ.①小学教师—师资培养 Ⅳ.①G625.1

中国版本图书馆 CIP 数据核字（2020）第 042831 号

出 版 人：	王天琪
策划编辑：	张 蕊 潘弘斐
责任编辑：	潘弘斐
封面指导：	李冬梅名教师工作室
封面设计：	林绵华
责任校对：	赵 冉
责任技编：	何雅涛
出版发行：	中山大学出版社
电　　话：	编辑部 020-84113349，84111997，84110779
	发行部 020-84111998，84111981，84111160
地　　址：	广州市新港西路 135 号
邮　　编：	510275　传　真：020-84036565
网　　址：	http://www.zsup.com.cn　E-mail: zdcbs@mail.sysu.edu.cn
印 刷 者：	广东虎彩云印刷有限公司
规　　格：	787mm×1092mm　1/16　15.65 印张　300 千字
版次印次：	2021 年 1 月第 1 版　2021 年 1 月第 1 次印刷
定　　价：	45.00 元

如发现本书因印装质量影响阅读，请与出版社发行部联系调换

总 序

教育与文化总是相伴而行、共荣共生的。与文化相比，教育的内涵和外延要更明晰具体。可以说，文化是一种内涵非常丰富、外延又极其宽泛的社会现象。人类在长期的社会历史发展过程中，形成了不同的大文化圈，大文化圈中又存在着许多的小文化圈。某个特定文化圈中的文化既保持着所属大文化圈的共同特质，又具有鲜明的民族特色和地域特色，置身其中的人类既创造文化，也深深地受文化的滋养与约定。当代著名作家梁晓声在解读"文化是什么"时，用四句话涵盖文化的内涵品质——文化就是"植根于内心的修养；无需提醒的自我；以约束为前提的自由；为别人着想的善良"。可以说，文化之根浸润教育之根，文化对教育具有巨大影响和价值引领。

作为省属师范类高校，广东第二师范学院在中小学教师和校长培训领域有着诸多思想理论和实践模式创新。在党和国家高度重视教育问题、多次强调发展教育的重要意义的形势下，基于对广东基础教育的责任感、使命感，广东第二师范学院教师研修学院研究团队最先提出基于岭南文化的"粤派教育"理念，努力为广东教育发声。为了进一步改革创新、奋发进取，坚定粤派教育的文化自信，提炼粤派教育的成功经验，创新素质教育的广东范式，建设南方教育高地，以新的更大作为开创广东基础教育改革发展新局面。教师研修学院于2018年分别在肇庆和广州番禺举办了粤派教育高峰论坛，产生了开创性的效应。在这样的背景下，以挖掘岭南文化之根、探寻滋养教育的动力之泉、从文化视角看教育的现实样态与应有之义为宗旨的"粤派教育"就非常值得从理论和实践两个层面进行深入的分析与探究。

这里，有三个关键词需要澄清，即"文化""化""教育"。"文化"乃是"人文化成"一语的缩写。此语出于《易经·贲卦·象辞》："刚柔交错，天文也；文明以止，人文也。观乎天文，以察时变，观乎人文，以化成天下。"按照《现代汉语词典》（商务印书馆，第7版）的解释，"文化"就是指"人类在社会历史发展过程中所创造的物质财富和精神财富的总和，特指精神财富，如文学、艺术、教育、科学等"。"化""教化"和"化育"三个词的意义大体相同，就是"感化、滋养、养育"。由此看来，教育其实就是一种使人"文"化、在文化的浸润中实现文化认同与文化理解的过程。"教育"做动词时的意思就是"按一定要求培养""用道理说服人使照着（规则、指示或要求等）做"。

一

关于"岭南文化"有多种理解，我们可以把岭南的概念想象成"粤派"，两个概念可以互换，岭南文化和粤文化有一点儿差别，粤的范围较岭南小，但精神上是一致的。

岭南文化是在兼容中迅速崛起的，有学者认为，岭南文化主要经历了古代、近代和当代三次大的兼容，也出现了三次发展高峰。① 能够称得上岭南文化名片的重要历史人物有：唐代的六祖慧能，明代的陈献章（陈白沙）、湛若水（湛甘泉），清末民初的康有为（康南海）、梁启超、孙中山等。

历史上岭南地区被称为"南蛮之地"，陈白沙是岭南地区唯一获准从祀于山东曲阜孔庙的文人，故被称为"岭南第一人"。陈白沙出生于新会县（今属江门市新会区）新会村，他开启了明儒心学的先河，创立了"以道为本，以自然为宗，学贵自得，学贵知疑"的"白沙学说"（或称"江门学派"）。后经湛若水的完整化、精致化、思辨化的发展，岭南形成了一个异于正统理学的理学新派——陈湛学派。湛若水，字元明，号甘泉（明代时期的增城县新塘镇叫甘泉都），他师承陈白沙，在"以道为本，以自然为宗"的学说上，提出"随处体认天理"的主张，深得陈白沙的赞赏，陈白沙临终前将其讲学场所——钓鱼台，交与湛若水，以示衣钵相传。

湛若水考中进士，被任为翰林院庶吉士，赴京就任，而王阳明正在吏部讲学。当时王阳明34岁，湛若水40岁。湛、王二人的相遇，对于二人来说，都是人生发展的重要标志事件，并相互成就了对方。王阳明遇上湛若水，成为王阳明研究心学的重要转折点，开始归正于圣贤之学。之前王阳明涉猎广泛，兴趣多样，被湛若水称为"五溺"：一溺于任侠之习，二溺于骑射之习，三溺于词章之习，四溺于神仙之习，五溺于佛氏之习。

湛若水与王阳明在维护各自学术主张的前提下，又共同推进明代心学的发展与完善。35岁时，王阳明遭贬，在贵州龙场悟道，悟出"本心"强大，"心即理"，内心强大与意志力是最重要的。五年后，王阳明遇赦，他与湛若水誓约终生共同求学，致力于圣学的昌明。50岁时，湛若水回到增城。57岁时，王阳明在广西平定宁王之乱后，到增城与湛若水相见，为湛若水撰写诗文《甘泉居记》。在回浙江余姚的途中，不幸去世。湛若水为王阳明撰写墓志铭。

其实，儒学的这种心学传统并非始于陈献章。在唐代，韩愈感慨"道之不传久矣"，提出要维护儒学"道统"，当儒学面临佛老之学的冲击时，韩愈坚决拒斥。北宋时期，儒学家不再简单排斥，而是既深入研究佛老学说，又着手重建新儒学。南宋时期，形成"陆王心学"和"程朱理学"两大流派。到了明代，陈白沙上承宋儒理学的影响，下开明儒心学之先河，在中国哲学思想史的发展上，具有承前

---

① 黄明同：《岭南文化的三次大兼容与三个发展高峰》，载《学术研究》2000年第9期，第98-101页。

启后的地位和作用。加上湛若水和王阳明对心学体系的系统化和精致化研究，二人的主张各有侧重，但都致力于彰显和弘扬明儒的心学传统。到了清代，广东南海人康有为同样选择了心学之路。

岭南文化是如何延续、承接中国历史上的心学一脉的呢？一个重要的文化源头就是要探寻六祖惠能的《坛经》。六祖惠能，南派禅宗的创立者，广东新兴人，史称"六祖"，中国禅宗杰出大师。他生于岭南，长于岭南，弘法于岭南，圆寂于岭南。其弟子集其语录编为《六祖大师法宝坛经》，它是南禅顿教形成的标志，是唯一一部中国人撰述而被称为"经"的佛教典籍，曾被列入"中国最有代表性的十本哲学著作"，而惠能本人被欧洲人列为"世界十大思想家之一"，与孔子、老子并列为"东方三圣"。

惠能对岭南心学的影响主要体现在方法论上。他的一个信念就是"自我解脱"。这种自我解脱，有时需要借助外缘的启发，如所谓的禅机、机锋，但关键的一步全靠"自修自悟"。自修自悟，如人饮水，冷暖自知，听别人说千万遍不如自己亲身感受的亲切、深刻。

禅宗思想中国化，首先在于它从生活方式和生产方式上的中国化。禅宗在经济体制上与中国封建社会融洽一致，不劳而食的习惯有所改变，减少了被攻击的口实。其他宗派的寺院经济来源多是靠别人的劳动，与地主和政府有一定的利益矛盾，其发展和生存受到较多限制。在生存竞争中，禅宗的优势更明显：自食其力，可以不受经济来源断绝的威胁，一代一代传下去。修行之人，除了不能结婚生子外，与常人生活没有太多差别。僧人们在日常生活中体悟，在亲身劳作中自修自悟、自我解脱。六祖惠能强调"自度""自悟"的方法论意义被陈献章所吸取。

陈献章融合儒、释、道三教精义，强调"静中养出端倪"，以"宗自然"与"贵自得"为基调，既有庄子"坐忘"的影子，又有佛者"坐禅"的路数，倡导"心在万物上""贵在自得""彻悟自省"。湛若水沿着"宗自然"与"贵自得"的路径，进一步提出"随处体认天理"，鼓励"学贵自得"。

影响岭南文化与教育改革的重要文化之源，就蕴含在强大的心学传统之中。当我们把心学传统与学校教育和人的学习与发展相联系时，就会发现，心学所倡导的"内心强大""意志""自得"和"静悟"等自我修炼和治学方法，对一个人的学习、发展是非常重要的。

由此，岭南文化与粤派教育所强调的第一个纲领，就是想尽一切办法让学生学会"自学"。第一步，要尽可能做到"静"。静能生慧，凝神静气，宁静致远，要安静、沉静、宁静，从身到心。第二步，要努力拓展"能"。丰富知识、提升能力、增长本领、培养多方面兴趣。第三步，要整体感悟，融会贯通，自成体系，"取之左右逢其源"，超越一切具体知识和细节知识。

二

岭南文化的第二个源头就是南洋精神。"闯关东""走西口""下南洋"都是近代中国老百姓外出务工、人口迁徙的重大历史性事件，而"下南洋"是中国近代史上规模最大、路程最远的一次跨国大迁徙，其路途危险程度和谋生的难度远非国内迁徙可比。与"闯关东""走西口"相比，"下南洋"更为壮观，经历的时间更长，历史影响更深远。

中国人下南洋的迁徙历史，打造出中华民族伟大的"迁徙精神"，这是中国人的现实主义、英雄主义和浪漫主义情怀的集中体现，支撑着中国人追求美好生活、跨越任何艰难险阻所需的勇气、信心和力量。中华民族的发展史，总是与大规模的人口迁徙纠缠在一起。每当成千上万的人们开始打点行囊、准备远离故土的时候，历史就将从此翻开新的一页。

下南洋的岭南人用自己的勤奋与努力，改变了岭南人的命运。中国人在近代大规模向海外迁移的同时，也将中华文化传播到异域，在侨居地形成以中国为认同取向，以儒家思想为价值体系核心，同时兼容吸收异域文化的华侨文化。在中国文化地图上，华侨文化是岭南文化结构的独特形态，广东"侨文化"特色鲜明，它形成于异国，反哺于祖国，集中体现为敢为人先、爱国爱乡、兼容中西、包容开放的文化特质。

近代岭南文化的兼容性和开放性，带来中国思想文化尤其是岭南文化的又一次大飞跃。康有为融古今中外文化为一体，创立近代中国第一个以变革为主旋律的维新思想体系。孙中山在承传中国传统文化的同时，大量地"撷取"西方文化，从而创立最具时代精神的"三民主义"学说。康有为、孙中山二人由兼容而创立的思想学说，不仅是近代岭南文化的丰碑，而且是近代中华文化最高成就的体现，岭南文化正因此而取得主流文化地位。

康有为系统地提出"三世说"，即据乱世、升平世（小康社会）、太平世（大同社会），构筑别具特色的大同理论。康有为在继承中国传统文化的同时，又大胆地吸取东方与西方各国文化之精华，熔古今中外文化于一炉，树起了中国文化向近代转换的丰碑，建造了近代社会变革斗争的强有力的理论武器，其影响远远超出岭南而及于全国乃至世界。康有为与梁启超组成"康梁学派"，推崇"心学"，推崇《春秋》，重新发现"三世说"。

康有为的"三世说"对岭南文化与教育改革具有重大的意义与价值。他认为据乱世、太平世和升平世不只是时间概念，还是空间概念，这是康有为独特的发现。

如果用康有为的"三世说"来解读学校教育与学生成长，可以这样理解：据乱世需要的是刚性气质；太平世需要的是柔性气质；升平世居于中间状态，需要的是双性气质。相应地，据乱世需要刚性教育，需要强调体育、劳动、道德与法制的教育。太平世强调柔性教育，强化的是智育、美育、德育等，倾向于浪漫主义教育学派。也就是说，如果在据乱世与升平世阶段，不恰当地实施柔性教育，则很容易从文明走向文弱，例如，宋朝文教政策强调"重文抑武"，历史教训就是发达文化和文明并没有带来国力的增强。升平世要求的是努力奋斗、艰苦创业，同时要有忧患意识。升平世需要的是刚柔相济，倡导"新六艺"教育，即"文武双全"（智育+体育），"劳逸结合"（劳动+美育），"通情达理"（德育+情感）。升平世既有据乱世的艰难，又有太平世的追求，要德、智、体、美、劳全面发展。教育要同时抓两个方面：一方面，要有文化教育，让学生变得文明，让学生学会游戏，学会享受情感生活，可以称之为柔性教育；另一方面，要有野性教育，要重视体育和劳动，让身体保持一定的野性。通过刚柔相济的教育，让国家保持长期的强盛。

三

如何用岭南文化精神引领教学改革的方向与路径？岭南文化的重要组成是心学，当我们站在心学立场之上，用岭南文化的风格解读和设计教学改革时，就会发现：处理好知识学习中的情理关系、学思关系和知行关系变得特别重要。在情与理之间，情比较重要；学与思之间，思比较重要；知与行之间，行比较重要，这不仅包括学生行动，还要参与真实的社会实践活动，更重要的是体验职业生涯规划，用生活志向和职业理想带动学生学习。

基于心学立场的教学改革的方向与相应路径主要有三个方面。

第一，激发自信与自学的兴发教学。注重情感教学、整体探究学习、生涯教育与自学。让学生自信，这是情感，"情"通则"理"达；让学生自学，这是思，以"思"促"学"；生涯教育是行，用"行"兴发出"自学"和"自悟"。由此，粤派教育的典型特征之一就是，想尽一切办法让学生自信；想尽一切办法让学生自学；想尽一切办法让学生自食其力。

第二，动静相宜，劳逸结合。睡眠是最好的静修，《黄帝内经》把充足的睡眠当作头等大事，认为"心藏神""肝藏魂"。白天的意识行为尤其是"聚精会神"的意识行为一直在耗神、费神，使得心神或灵魂处于被驱使的劳役状态，只有进入睡眠之后，"神"才成为主角。"静坐"接近于睡眠，是人在无法睡眠时让自己暂时处于类似睡眠的催眠状态。"静"可以让躁动的生活重新归于从容淡定。从这种意义上讲，睡眠比运动和学习更重要。动生阳，静生阴。吃饭运动生阳气，睡觉休闲生阴气。动静相宜、劳逸结合的理想状态就是，从容不迫，张弛有度。

第三，勇毅果敢，意志力强大。人是否强大，主要指人的精气神、意志力是否强大，身体强壮、知识丰富、能力高超并不等同于意志力强大。孟子倡导"浩然之气"、讲"天将降大任于斯人也，必先苦其心志，劳其筋骨，饿其体肤，空乏其身……"，陈白沙提倡"心在万物上"，等等，都是强调一个人只有内心强大、志向坚定,才能拥有强大的意志力,才能成就最好的自己。

置身于粤派教育中的学校、校长、教师和学生,需秉承岭南文化精神,弘扬心学优秀传统,致力于教育实践改进,深化学校教育研究,凸显粤派教育特色。广东第二师范学院教师研修学院结合广东省与广州市"百千万人才培养工程"名校长、名教师培养项目,提出编写校长和教师培训成果系列丛书,并将其命名为"粤派教育"丛书,一方面期望凝聚广东中小学校长、教师优质资源,深化岭南文化与"粤派教育"的系统化研究,生成"粤派教育"理论内涵与实践范式,让"粤派教育"发出应有的声音;另一方面旨在总结、研讨和探究粤派校长和教师专业成长路径,开启粤派校长和教师成长密码,探寻培养"一大批新时代好校长、好教师"的路径,"创新体制机制,激活一批校长和教师"。

遵循习近平总书记"讲好中国故事"的指示和要有"文化自信"的启示,教师研修学院在汇编粤派教育丛书时力求突出区域文化特点,讲好广东校长和教师成长的故事,要求校长和教师总结提炼自己的教育主张、办学特色或教学风格。同时,组织相关专家就案例写作进行系列化指导、整体讲座、分组评审、分科答辩等,期望校长和教师在写作过程中,探寻自我成长的规律、路径、特点,以此振兴杏坛作为,为其他校长和教师"六下功夫"和夯实专业素养提供范例,也为建设广东教育高地、培养德智体美劳全面发展的社会主义建设者和接班人略尽绵薄之力。"粤派教育"整个丛书大体分几个系列,以校长/名师/骨干教师群、区域/项目/学科/幼儿园等为分类线索。设总序,突出粤派教育和岭南文化特色;设分册序,内容包括项目介绍、与总序的衔接回应、板块导读语、供稿教师姓名罗列(按内容顺序);等等。

"教师系列"分为学段、学科、区域,各分册独立成书,采用教师叙事研究方式,致力于找寻一些规律性的所谓"粤派教育"的优势特色。各分册既保持统一体例,又允许呈现自己的特色。体例主要以学科板块的形式呈现,每个学科板块包含5~8位教师的成果,同时分为5~8个学科板块,每个学科板块包括以下几个方面:

(1)导读语:教师肖像、教师成长要素、学科特色及教师风格归类小结。

(2)名师成长档案:自拟主标题,以"我"的成长历程为蓝本,在成长中,生活、求学、教学所在地域风俗文化对自己的影响,在文化认同的过程中如何处理文化冲突与文化理解。凸显教师的成长要素和关键事件:文化浸润、热爱学习、勤于实践、重视研究、善于反思和注重写作。

(3)学科教育观:自拟主标题,由"我的教学风格解读、我的教学主张与他人眼中的我"整合完善而成。可添加真实的教学案例、教学过程材料等补充说明。如助力学生成长、课堂教学改进、师生关系培育等。

(4)育人故事:自拟主标题,以学生喜欢的教育方式为主线,讲述"我"与学生的故事，如激励学生、指导学生个体学习或班级管理智慧等。

附录——教学现场与反思（"我的教学实录"，增加本节课的自我反思）。重点反思三个方面：一是课程（文化，含地域文化）资源开发与教学设计；二是课堂教学对话与教学生成；三是教师教学风格与教学艺术。

"校长系列"根据学段、区域、任务驱动，既保持统一体例，又允许各分册呈现自己的特色。主要通过行动研究、叙事研究、案例研究，致力于在以下几个方面找到一些规律性的所谓"粤派教育"的优势特色：校长成长的地域文化影响，校长关注、思考、研究的主要问题，校长的办学思想、教育哲学，学校改进实践的关键要素与路径等。根据校长专业发展阶段和成果类别，主要从"校长学习力——我眼中的名校成长基因""校长思想力——办学思想的探寻与凝练""校长行动力——学校改进与教育实践创新"三大子系列呈现粤派教育和岭南文化的特色。

本套"粤派教育"丛书努力做到三个超越：第一，超越教学风格或管理风格，打造粤派教育；第二，超越课堂教学或办学经验，展现教育智慧；第三，超越常规培训成果体例，凸显启发性和可读性。

本套丛书之以所以能够成书，得益于各方力量的聚合和支持。首先，感谢广东第二师范学院闫德明教授，本套丛书"教师系列"的体例设计有所选择地采纳了其主编的"我的教学风格"丛书的基本框架，并在此基础上进行了创新。其次，感谢华东师范大学刘良华教授，其对粤派教育的开创性研究成果被充分运用到本套丛书的顶层设计之中。最后，感谢长期以来关心支持教师研修学院培训工作的领导、专家和同事，感谢各位主编和供稿的广大中小学校长和老师的辛勤付出，感谢中山大学出版社的鼎力支持。

"粤派教育"丛书编写组

2019年3月

前　言

百年大计，教育为本，建设教育强国是中华民族伟大复兴的基础工程，要以习近平新时代中国特色社会主义思想为指导，认真贯彻落实习近平总书记的系列重要讲话精神，深刻把握教育对中华民族伟大复兴的决定性意义，优先发展教育事业，加强教师队伍建设。兴国必先强师，新时代需要高素质专业化创新型教师队伍。强化教师培训工作，提升教师培训成效，更好地贯彻落实党和国家新时代教师队伍建设精神，助力粤港澳大湾区建设，提升广东教育品质，用"四有好老师"标准和"四个引路人""四个相统一""四个服务"等要求，统领教师培训工作，促进教师专业发展。

2017年4月，广州市启动了第三轮"百千万人才培养工程"，以打造广州市中小学高层次领军人才队伍为目标，系统设计、高端培养，计划到2019年，培养一批师德高尚，具有先进的教育理念和丰富的理论知识、扎实的教育教学能力和教学管理水平、开阔的国际视野和强大的创新能力、较大社会影响力和知名度，处于领军地位和发挥示范作用的名教师、名校长和教育家，为建设教育强市，推进教育现代化，打造南方教育高地提供人才保障。

广东第二师范学院充分发挥自身优势，主动承担了广州市"百千万人才培养工程"第三批小学名师培养项目的培训任务，培训过程中不断创新培训模式，致力于名师培养有效路径的探索。本项目以"成为有独特教学风格的粤派专家型教师"为培训主题，以拓宽教育视野、更新教育理念为引领，促进教师知行合一，鼓励教师理论创新与实践改进，积极开展"教学改革行动研究"，以课题研究和项目驱动为基础，坚持理论研修、课题研究和实践改进相结合，以"学习促反思"，以"写作促成长"，融教师学习、实践改进与反思写作于一体；并提供丰富多样的"名师领"资源，聘请54位学科导师跟进主题研讨和共同体学习，同时为每位教师提供个性化指导；意在帮助每一位培养对象成为风格建构者、实践创新者和思想传播者，助力教师在省思、改进、凝练和叙说中形成个性化的"粤派教学风格"，彰显"粤派教育"的优势亮点，使其成长为能够发挥示范引领作用，具有较高知名度和影响力的专家型教师。

一方水土养一方人，一地文化陶染一地教育。教育根植于文化中，文化又滋养着教育生长。岭南文化有着独特的文化底蕴，所呈现出来的"开放""兼容""务实""自励"的文化精神融合地域优势，让广东教育人的文化背景更为丰富多彩。五湖四海的教育工作者扎根于此，创造着具有广东文化特色的"粤派教育"。

具有自己独特的个性化的教学风格是名师的标识。教学风格是指教师在长期文化感染下，扎根于教学实践过程中形成的，在一定的教学理念指导下，创造性地运用各种教学方法和技巧，所表现出来的一种个性化的教学风貌和格调。广州名师要形成基于广东文化，特别是广州特色的"粤派教学风格"。"粤派教学风格"的形成是一个不断探索与批判的过程，一个不断实践与省思的过程，一个不断凝练与升华的过程。"粤派教学风格"的形成，也是一个且行且思的过程，永远在路上，循环往复、层层递进、螺旋上升。

名师教学风格的生成与凝练，不是孤立的教学技能技巧的提升，而是一个人成长历程、文化浸泡、教育信念的整体思考，基于教学风格，超越教学风格，将名师成长档案、学科教育观与育人故事融为一体，撰写"粤派名师成长案例"，解锁羊城名师成长密码，这是本册编者的期待与努力方向。

"粤派名师成长案例"主要包含教师叙说自己的成长历程、表达自己的教学风格和教育主张、教学现场与教学实录、教学反思等。个人成长历程的叙说，其实就是一个自我反思和自我发现的过程。从"解锁羊城名师成长密码"的视角看，名师成长的路径与方式是多种多样的，有的教师是在科研兴教中成长起来的，有的教师是从磨课比赛中历练出来的，有的教师是师从名师发展而来，有的教师是在不断培训提升中成长起来的，等等；在名师成长路上，有的自幼励志成师，有的阴差阳错"误"入师道，有的幡然顿悟力求成长……最终都因共同的信念汇聚一堂。通过展现他们的历练、他们的境遇、他们的思想，期盼为后来者指明前行道路，明晰促进教师队伍建设的关键要素，助力教师专业成长。

成就名师的过程是一个自我修炼、示范带学、扩大带学、扩大影响力的过程。本项目名师培养过程注重教师实践创新能力的发展，通过示范带学、学科研讨、跟岗实践等，把外显的教学知识和教学经验转化为内隐的实践智慧。通过三年的研磨和培育，每一位培养对象不断提炼和表达自己的粤派教学风格，所写的"粤派名师成长案例"主要包括五个部分：导读语——个人肖像或自画像；名师成长档案——讲述个人成长和教学改革历程的真实故事；学科教育观——剖析能够匹配自己教学风格与教学理念的教学主张和学科教学思考；育人故事——通过立德树人故事的讲述，展示自己的教育情怀与教育信念；教学现场与反思——让"事实"说话，用教学实录与自我反思的方式展现教师的学科教育观。

为了提升名师培养对象的作品感和成就感，项目组邀请学科名师和理论专家，对撰写"粤派名师成长案例"反复进行审视指导，选择具有代表性的案例结集出版。

限于篇幅，本项目"粤派名师成长案例"分三册出版。《羊城名师成长密码之四》包括语文学科，共13篇；《羊城名师成长密码之五》包括数学、信息技术、综合实践、科学四个学科及特殊教育，共12篇；《羊城名师成长密码之六》包括英语、品德、音乐、体育四个学科，共13篇。

本分册为《羊城名师成长密码之四》,内容主要包括语文学科。共收录小学语文名师13位,他们是冯丽珍老师(广州市番禺区沙湾镇德贤小学)、何燕霞老师(广州市番禺区市桥实验小学)、郭艳老师(广州市黄埔区广州开发区第二小学)、李佩玲老师(广州市增城区新塘镇甘泉小学)、张海华老师(广州市海珠区镇泰实验小学)、黄雪晶老师(广州市从化区流溪小学)、黎素玲老师(广州市番禺区洛溪新城小学)、林华娜老师(广州市八一希望学校)、邹丹老师(广州市天河区龙口西小学)、沈玉桃老师(广州市荔湾区葵蓬小学)、潘蔚贤老师(广州市协和小学)、陈文霖老师(广州市天河区骏景小学)、黄顺赢老师(广州市从化区太平镇屈洞小学)。每位名师通过记录成长轨迹,展示个性风采,彰显学科特色,透视出其独特的人格魅力和育人智慧。读者可以从他们的实践故事中感悟"粤派教育"的应有之义和内涵要素,同时比较深入地了解广东文化特色与人文景观的教育意义。

本丛书是多方协作的成果。丛书主编广东第二师范学院熊焰教授、高慎英教授与于慧副教授负责整套丛书的架构设计工作;项目负责人广东第二师范学院唐志文副教授负责组织案例的修改指导工作;校内外众多学科导师提出了切实中肯的修改指导意见;广东第二师范学院陈元银、刘碧群、刘六老师在沟通联络、信息整理等方面做了大量的工作。各位案例作者非常重视这次出版工作,反复打磨、精心修改,为读者展示了各具特色的粤派名师风采。限于水平,本书难免存在不完善之处,敬请各位同行批评指正。

目 录

点燃激情　激活思辨（冯丽珍·小学语文）↗1

  第一部分　导读语 ………………………………………………………… 1

  第二部分　名师成长档案 ………………………………………………… 2

  第三部分　学科教育观 …………………………………………………… 5

  第四部分　育人故事 ……………………………………………………… 12

  附　　录　教学现场与反思 ……………………………………………… 13

以生为本　细腻通达　浸润心灵（何燕霞·小学语文）↗21

  第一部分　导读语 ………………………………………………………… 21

  第二部分　名师成长档案 ………………………………………………… 22

  第三部分　学科教育观 …………………………………………………… 26

  第四部分　育人故事 ……………………………………………………… 31

  附　　录　教学现场与反思 ……………………………………………… 33

掬一份简约　追求通达智趣的教育理想（郭　艳·小学语文）↗38

  第一部分　导读语 ………………………………………………………… 38

  第二部分　名师成长档案 ………………………………………………… 39

第三部分　学科教育观 …………………………………………… 42
　　第四部分　育人故事 …………………………………………… 48
　　附　　录　教学现场与反思 …………………………………… 49

追梦路上的语文情缘（李佩玲·小学语文）↗55

　　第一部分　导读语 ……………………………………………… 55
　　第二部分　名师成长档案 ……………………………………… 56
　　第三部分　学科教育观 ………………………………………… 60
　　第四部分　育人故事 …………………………………………… 66
　　附　　录　教学现场与反思 …………………………………… 68

"活力"语文：大气·明快·饱满（张海华·小学语文）↗73

　　第一部分　导读语 ……………………………………………… 73
　　第二部分　名师成长档案 ……………………………………… 74
　　第三部分　学科教育观 ………………………………………… 78
　　第四部分　育人故事 …………………………………………… 83
　　附　　录　教学现场与反思 …………………………………… 85

冰冻三尺　雪晶熠熠（黄雪晶·小学语文）↗92

　　第一部分　导读语 ……………………………………………… 92
　　第二部分　名师成长档案 ……………………………………… 93
　　第三部分　学科教育观 ………………………………………… 97
　　第四部分　育人故事 …………………………………………… 100
　　附　　录　教学现场与反思 …………………………………… 102

简约　丰盈（黎素玲·小学语文）↗109

　　第一部分　导读语 ……………………………………………… 109
　　第二部分　名师成长档案 ……………………………………… 110
　　第三部分　学科教育观 ………………………………………… 112
　　第四部分　育人故事 …………………………………………… 119

附　　录　教学现场与反思⋯⋯⋯⋯⋯⋯⋯⋯⋯⋯⋯⋯⋯⋯⋯⋯⋯⋯⋯ 120

自主　质朴　尚行　融达（林华娜·小学语文）↗129

　　第一部分　导读语⋯⋯⋯⋯⋯⋯⋯⋯⋯⋯⋯⋯⋯⋯⋯⋯⋯⋯⋯⋯⋯⋯⋯ 129

　　第二部分　名师成长档案⋯⋯⋯⋯⋯⋯⋯⋯⋯⋯⋯⋯⋯⋯⋯⋯⋯⋯⋯⋯ 130

　　第三部分　学科教育观⋯⋯⋯⋯⋯⋯⋯⋯⋯⋯⋯⋯⋯⋯⋯⋯⋯⋯⋯⋯⋯ 133

　　第四部分　育人故事⋯⋯⋯⋯⋯⋯⋯⋯⋯⋯⋯⋯⋯⋯⋯⋯⋯⋯⋯⋯⋯⋯ 139

　　附　　录　教学现场与反思⋯⋯⋯⋯⋯⋯⋯⋯⋯⋯⋯⋯⋯⋯⋯⋯⋯⋯⋯ 142

踏实　思辨　悦读（邹　丹·小学语文）↗150

　　第一部分　导读语⋯⋯⋯⋯⋯⋯⋯⋯⋯⋯⋯⋯⋯⋯⋯⋯⋯⋯⋯⋯⋯⋯⋯ 150

　　第二部分　名师成长档案⋯⋯⋯⋯⋯⋯⋯⋯⋯⋯⋯⋯⋯⋯⋯⋯⋯⋯⋯⋯ 151

　　第三部分　学科教育观⋯⋯⋯⋯⋯⋯⋯⋯⋯⋯⋯⋯⋯⋯⋯⋯⋯⋯⋯⋯⋯ 154

　　第四部分　育人故事⋯⋯⋯⋯⋯⋯⋯⋯⋯⋯⋯⋯⋯⋯⋯⋯⋯⋯⋯⋯⋯⋯ 157

　　附　　录　教学现场与反思⋯⋯⋯⋯⋯⋯⋯⋯⋯⋯⋯⋯⋯⋯⋯⋯⋯⋯⋯ 159

精致有理　温润有情（沈玉桃·小学语文）↗166

　　第一部分　导读语⋯⋯⋯⋯⋯⋯⋯⋯⋯⋯⋯⋯⋯⋯⋯⋯⋯⋯⋯⋯⋯⋯⋯ 166

　　第二部分　名师成长档案⋯⋯⋯⋯⋯⋯⋯⋯⋯⋯⋯⋯⋯⋯⋯⋯⋯⋯⋯⋯ 167

　　第三部分　学科教育观⋯⋯⋯⋯⋯⋯⋯⋯⋯⋯⋯⋯⋯⋯⋯⋯⋯⋯⋯⋯⋯ 171

　　第四部分　育人故事⋯⋯⋯⋯⋯⋯⋯⋯⋯⋯⋯⋯⋯⋯⋯⋯⋯⋯⋯⋯⋯⋯ 173

　　附　　录　教学现场与反思⋯⋯⋯⋯⋯⋯⋯⋯⋯⋯⋯⋯⋯⋯⋯⋯⋯⋯⋯ 176

轻松温暖　灵活包容（潘蔚贤·小学语文）↗184

　　第一部分　导读语⋯⋯⋯⋯⋯⋯⋯⋯⋯⋯⋯⋯⋯⋯⋯⋯⋯⋯⋯⋯⋯⋯⋯ 184

　　第二部分　名师成长档案⋯⋯⋯⋯⋯⋯⋯⋯⋯⋯⋯⋯⋯⋯⋯⋯⋯⋯⋯⋯ 185

　　第三部分　学科教育观⋯⋯⋯⋯⋯⋯⋯⋯⋯⋯⋯⋯⋯⋯⋯⋯⋯⋯⋯⋯⋯ 189

　　第四部分　育人故事⋯⋯⋯⋯⋯⋯⋯⋯⋯⋯⋯⋯⋯⋯⋯⋯⋯⋯⋯⋯⋯⋯ 193

　　附　　录　教学现场与反思⋯⋯⋯⋯⋯⋯⋯⋯⋯⋯⋯⋯⋯⋯⋯⋯⋯⋯⋯ 194

诗文载道　激励唤醒　蓬勃生长（陈文霖·小学语文）↗199

- 第一部分　导读语 ·· 199
- 第二部分　名师成长档案 ·· 200
- 第三部分　学科教育观 ··· 205
- 第四部分　育人故事 ·· 208
- 附　　录　教学现场与反思 ··· 210

真真实实教语文　还原语文本色（黄顺赢·小学语文）↗217

- 第一部分　导读语 ·· 217
- 第二部分　名师成长档案 ·· 218
- 第三部分　学科教育观 ··· 221
- 第四部分　育人故事 ·· 225
- 附　　录　教学现场与反思 ··· 226

点燃激情　激活思辨

广州市番禺区沙湾镇德贤小学　冯丽珍（小学语文）

第一部分　导读语

我是冯丽珍，中共党员，广州市番禺区沙湾镇德贤小学语文教师，2016年12月晋升为小学语文高级教师，是广州市中小学"百千万人才培养工程"（第三批）小学名教师培养对象之一，广州市中小学教师职称资格考试面试官，番禺区小学语文学科特约教研员，番禺区后备干部，沙湾镇课改与办学绩效提升研究中心组成员，学校中层干部，学校党支部组织委员。从教至今获区级以上荣誉11项，在省级以上核心期刊或ISSN教育期刊上发表教育教学论文12篇，主持或参与区级以上课题10个，获区级以上教育教学成果奖39项，主持、指导或承担镇级、区级活动10次。

"让每个孩子在课堂上都有存在感！"是我践行教育教学的真实写照。我透过自身的魅力，用激情点燃孩子们的激情，激活孩子们智慧的火花。我认为：教育艺术的本质不在于传授知识，而在于激励、唤醒和鼓舞。每个学生身上都有个太阳，教育应为了把学生内心的太阳释放出来而努力。这种努力的最有效方法"不是告诉学生答案，而是点燃学生激情"，这种努力的最高境界"不是灌输，而是激活思辨"。基于此，我筑起名师之梦的目标，把握"实践"和"反思"两大法宝，在积极主动的追寻中，逐渐形成"点燃激情，激活思辨"的粤派教学风格。

第二部分　名师成长档案

一、启程：自发追求

教师成长固然有赖于好的环境，但更取决于自己的心态和作为。我认为社会是课堂，实践是砺石，他人是吾师，自身是关键。只要务实肯干、积极进取，开拓创新，就会在现实的土壤中找到自己的生长点，并以自己的成长影响周围环境。从这个意义上说，谁来给教师良好的成长土壤？是教师自己。

记得第一次讲授公开课，镇教育指导中心领导要听新教师的汇报课，作为新教师的我准备了一节单元复习课。初出茅庐的我哪知道复习课的流程和处理技巧，于是，我根据自己的构思踏上了讲台，顺利地按照预设完成了教学任务。我沾沾自喜的想："应该会受领导肯定的！"开始评课了，却见领导们神情严肃，主抓教学的领导问我："你听过复习课吗？"我意识到有点不对劲了，马上收起了心中的喜悦，回答说："没有！"领导继续问："你有试教过吗？""没有！"我愣住了，心想："怎么还要试教呢？"领导转过头对学校的教导主任说："你们学校如何抓新教师培养的？"只听到教导主任含糊地回答了过去。领导连续的几个问题，让评课的气氛跌落到冰点。在评课的过程中，领导几次在不经意中点出："你以后要多听朱老师的课，好好学习。"我知道，朱老师是当时我镇语文教学的领军人物，是我镇的名师，只是不知道她的地位如此举足轻重，能让领导脱口而出。此时的我，心里不禁萌发出一个念头："将来有一天，我能成为领导口中的佼佼者吗？如果能成为一名名师，那该多好啊！"第一次的公开课虽然被"批"了，但我意识到：教学不是理所当然的，必须要根据课型特点进行设计；名师不偶然的，必须要经过千锤百炼。虽然，我当时所处的小学教研氛围不浓，对教师培养重视不够，但我觉得教师成长能遇上一片沃土固然重要，但更重要的是教师自己的心态和作为。

从那天起，我定下目标：要成为像朱老师一样的名师！在钻研教学的同时，从当好班主任、走进学生的心田开始，开启我的追梦之旅，努力做到：用心灌溉，静待花开！一直以来，我珍惜每一个学生的教育机遇。对于优等生，我不断地鼓励他们往更高的平台跨越；对于中下生，我给予他们更多的爱与耐心，并为他们创设突破的平台与机会。我深受孩子们的喜爱，也得到家长们和学校领导的认可。我善于及时整理教育学生的过程，写成一篇篇教育案例和论文。我所任教的班级多次荣获区优秀班集体，韩泳茵等多名学生荣获市区优秀班干部等称号。在这个过程中，我和我的孩子们共同体验着教育生活的多姿多彩，收获着教育过程的感动与幸福！

二、跋涉：自觉尝试

教师仅有专业追求是不够的，还要在行动上拥有专业探索精神。作为语文教师，要冲破以教材为中心、以课堂为中心、以教师为中心的樊篱，超越教材、超越课堂、超越教师，引导学生进行语言的积累、生活的积累、情感的积累。为学生的生命成长奠基，为中华民族的文化复兴奠基是语文教师的历史使命。

记得第一次新秀赛课，我执教的是《十里长街送总理》。这是一篇有浓厚感情色彩的文章。文章记叙敬爱的周总理逝世后，人们怀着沉痛的心情，伫立在长安街两旁为总理灵车送行的感人场面，反映了人民热爱周总理的深厚感情。由于学生年龄小，对周总理了解甚少，缺乏当年人们的深切感受，为使学生加深对课文的理解，激起感情的波澜，我通过感情朗读再现情境，在第一段着重引导学生体会人们对总理的深切哀悼，感受人们等灵车时的焦急而耐心的心情；在第二段着重引导学生体会人们沉痛的心情，感受人们望见灵车时悲泣的场面；在第三段着重引导学生体会人们对总理的思念之情，感受人们追灵车时希望多看一眼周总理的心愿。课堂上，我还借助"送别"视频，通过范读、个别朗读、集体朗读等丰富的朗读方式感染学生，让学生读出感情，领悟周总理与人民的深厚情意，再现当年十里长街送总理的真实而感人的情境。一节课下来，不但孩子们被深深地触动，连评委们也感动地流泪了。课后，评委林老师对我说："你让我入戏了！你知道自己怎么做到的吗？"我愣住了！老实说，我当时真有点蒙，不知道该如何回答。随即，林老师拍着我的肩膀说："你很会煽情！"从此，"煽情"一词就深深地印在我的脑海里了。这一次，我在懵懵懂懂中收获了很多掌声，但也清晰地知道了"煽情"是我的教学特长，我还要不断地尝试，把这一特长渗透到教学中去，落实到课堂的各环节上，这是专业成长的必经之路。

从那天起，我明确了目标：要在教育教学实践中彰显自己的教学特长。我从课堂开始，积极尝试，做到认真钻研，永不停步！我经历了两次大循环教学和多次小循环教学。因此，我非常熟悉小学语文教材的特点以及年级知识衔接。虽然如此，但我从不只凭经验教学，我在自己的教学钻研路上从未停步。我积极上研讨课，每个学年承担学校公开课不少于2节，并主动承担镇级教学研讨活动，向全镇骨干教师进行展示，得到领导和同行的好评。在这个过程中，我和我的同事们共同体验着教学的五彩缤纷，收获着教学过程中的快乐与成长！

三、探索：自悟提升

如果只守着以往的经验或成绩，自己的专业就会停止成长。因此，新课程标准下的语文教师应该继往开来，让经验成为进一步研究的出发点，并站在"课程"的高度，成为课程的建构者、践行者、创造者——既要改变传统的教学理念，又要改变每天都在进行着的、习以为常的教学行为；既要紧贴地面行走，又要怀抱问题意识，大胆尝试探索，拥有专业发展精神。

记得第一次主持市级课题是在2016学年，我主持的课题"古坝'韩氏家训'融入小学语文教学策略研究"成为广州市教育科学规划2016年度立项课题。虽然有多年参与课题研究的经验，但第一次作为主持人就成功地申报了课题，这给予我很大的鼓舞，更坚定我在科研道路上继续前行的决心。为什么我的课题能得到上级部门的认可呢？我觉得这与我的选题紧扣国家课改"弘扬中华传统文化和立德树人"的大方向有关，也与我申报前做了大量资料收集分析和科学撰写文献综述有关。在喜悦与反思的同时，我更清楚责任的重大。如何扎实开展课题研究呢？这才是重点。作为课题的主持人，我知道我不但是课题的研究者，更是研究的引领者。于是，我不断地提升自己，大量阅读课题研究的书刊，在提升理论的同时向经验丰富的导师和同行学习。因为我知道，只有武装好自己，才能更好地引领组员。课题的研究务必要紧扣研究主题，把准研究关键点。结合本课题，课题组成员经过集中研讨，锁定研究的关键点是"如何融入"，即探索"融入的策略"。作为课题主持人，我组织专题学习和合理分工，引领课题成员进行研究策略预设和梳理，并依托课堂教学的主阵地进行资源的融合，扎实推进课题研究。本课题结合当地家训，能起到弘扬地方优秀传统文化的作用，在情感基调上很接地气，过程中要依靠情感纽带的牵引，这就能充分发挥我煽情的教学特长。据了解，目前很多课题的研究过程都是静悄悄的。我认为，课题的研究要真正为教育教学服务，有计划地常态开展，及时收集和提炼成果。我是这样想，也是这样做的。这一次，我清晰地知道课题研究的选题要把握国家课改大方向，立足教育教学问题，要让自身的特长在课题研究中彰显，并扎实开展。我相信，只要勇敢地跨出科研第一步，就看到不一样的风景。

从那天起，我提高了目标：要在科研引领下提炼属于自己的亮点！我通过科研引领，不断自悟提升，努力做到敢于承、勇当先锋。作为学校中层干部，我把握自身优势引领学校教科研工作的开展，重视校本专题培训工作，曾十多次承担科组、学校专题讲座，积极参与各级课题研究，主持市级课题研究，不断积累提炼属于自己教育教学的亮点。在这个过程中，我和我的教师团队共同体验着科研的创新魅力，收获着科研过程中的创意与实效！

四、引领：自省常新

教师是否愿意花时间反思自己的工作，是教师是否具有专业素养的标志。学海无涯，艺无止境。教师的专业追求、专业探索、专业提升要靠不断的反思获得，教师要学会在言说和行动中思考，在反思批判中成长。教育生活就是一种学术行为，自己的一言一行都应不断反思。这也许将成为自己需要时时温习的功课。

记得第一次承担区级课题开题专家任务是在2017年。那年，我有幸收到镇教育指导中心陈老师的邀请，成为两个区级立项课题开题专家组成员。接到邀请后，我的心情是复杂的，有开心，但更多的是担心。我提醒自己：既然接受了邀请，就力求给课题有用的指引。于是，我在反思自己科研历程得与失的基础上，上网搜集了很多课题专家的点评，也咨询了有担任课题专家经验的朋友，寻求指引。通过自己的思考，我明确了课题专家的责任和点评目的，带着信心坐上了专家席。我的第一次课题专家点评，结合自己的课题研究经验，紧紧把握两个课题的题目定位，对课题的内容研究和策略研究进行了具体点评，给予了两个课题有效的指引，也得到了同行区级科研专家的好评。这一次，我更加明确：要做好示范引领，就要有底气，而人的底气来自于自身的实践、自省和积累。

从那一天起，我坚定了目标：要成为区域内的名师！作为番禺区语文学科特约教研员，我努力做到：明确定位，发挥作用。在区域内，我能正确定位，发挥示范引领作用。我多次承担区域内各种赛课活动评委工作，以及区域内新教师招聘面试官和各级教学视导等指导工作。学校内，我肩负起学校科组建设的重任，积极推动优秀科组评比，以及肩负起培养青年教师的重任，从细处着手，给予方法和示范。对于青年教师们参与的赛课、教研周活动、学科展示活动、视导活动等等，我除了整体规划、全方位落实外，还全程参与指导，并亲自负责教案、研学案、教学反思的质量把关，让青年教师们在活动中完美呈现，茁壮成长。明确定位，发挥作用！在这个过程中，我和我所在的区域共同发挥着示范引领的能动作用，收获着引领过程中的甘甜与雨露！

回顾自己的成长历程，我快乐并收获着！一路走来，感慨良多。"点燃学生激情，把学生内心的太阳释放出来！"这一直是我努力的方向。前程漫漫，我将一如既往地跋涉下去。成长的路上，为自己的生命奠基，为学生的生命奠基，同伴的关怀、专家的引领，都将是我前进的动力。

第三部分　学科教育观

点燃激情　激活思辨
——让每个孩子在课堂上都有存在感

歌德说："风格，这是艺术家所能企求的最高境界。"艺术如此，教学亦如此。做一位什么样的教师，这是值得我们思考的问题。它反映的是一个教师的教学理念，并直接指导教师在教育教学实践中的行为。同时，也影响了所教导的每一位孩子。所以，教学主张是我们教师的核心精神。从个人教育教学实践中，我一直实践着"让每一个孩子在课堂上都有存在感"的教学理念，透过自身的魅力，把握"实践"和"反思"两大法宝，在积极主动的追寻中，用激情点燃孩子们的激情，激活孩子们智慧的火花，逐步形成了"点燃激情，激活思辨"的粤派教学风格。

我的教学风格解读

点燃激情 激情，是一种思维、智慧和情感的全身心的投入；是一种自文本开始，由全身心与文本"共鸣"而引发的生活和心灵的对话；是一种自师生心灵深处生发的独特的思考和情感体验；是一种洋溢在课堂内外无处不在的语文的生命活力。它像喷薄而出的岩浆，又像汩汩淌出的清泉，它是师生内心生长的一种力量。语文是一门情味很浓的学科，课堂上如果没有了感情的碰撞与交流，语文课便没有了灵魂。如何点燃小学生学习的激情呢？小学生精力旺盛、活泼好动，但自制力不强、注意力不稳定，而且注意力常常与兴趣密切相关。根据小学生的以上特点，要想点燃激情，就要充分调动他们的学习兴趣。正所谓"兴趣是最好的老师"，只有对学习有充足的兴趣和热情，学生才能获得真正的发展。目前，小学语文教学模式的单一和评价的不科学，严重阻碍了学生学习激情的点燃。在教学实践中，我坚持从"改革教学模式"和"恰当评价"两方面着手点燃学生学习的激情。课堂上创设情境，运用丰富的教学手段，激发学生学习的激情；树立发展性评价理念，开展促进学习的课堂评价，用评价引领教学。我坚持具体化的评价，对学生的评价不但指向关键能力的培养、学习习惯的养成，更重要的是能为学生提供很好的学习提示。此外，我注重个人魅力的感染。因为语文蕴含着太多太多人类的情和意，承载着很厚很厚的民族文化，所以语文老师非用自己的血肉之躯迸射出一股激情演绎语文课不可，只有这样才能与语文这门厚重的学科相和谐。我要说：激情是语文课堂的魅力，是唤醒、释放与引导学生激情的主阵地，是实现语文在强烈的情感共鸣和审美愉悦中，让学生得到知的丰富、美的陶冶、情的升华的需要。为此，我倡导在教学中点燃学生激情、激活语文课堂，使学生在课堂活动中自主学习、张扬个性、和谐发展、体现生命。就像北大附中特级教师张思明所说："教师要为学生创设一个激发创造的'场'，使学生在其中学会设问、学会探索、学会合作，让教学的过程成为师生双方实现生命价值的舞台。"

激活思辨 思辨，是一种十分重要的教与学的活动方式。思辨能力就是思考辨析能力。所谓思考指的是分析、推理、判断等思维活动；所谓辨析指的是对事物的情况、类别、事理等的辨别分析。"学而不思则罔，思而不学则殆"，就是强调思辨能力和学习之间的相互促进和影响作用，有效的学习必须借助思辨能力。苏霍姆林斯基曾说过："人的心灵深处，总有一种把自己当作发现者、研究者、探索者的固有需要。"其实这就是人对思维能力发展的需要。小学生亦如此！根据小学生的身心发展规律来看，这个阶段的形象思维强于抽象思维，而语文学习就是生活的文字化，自然具有抽象性。我认为，在小学语文课堂上，要让学生有所感悟，就离不开学生对文本的深层次思考；学生的思想要有一定的深度，则离不开对问题实质的争辩。"核心素养"的提出和我国2010年发布的《国家中长期教育改革与发展规划纲要》中特别强调的"注重学思结合。倡导启发式、探究式、讨论式、参与式教学，帮助学生学会学习"是一致的。在2015年全国有效教育第八次成果分享会上，大会的会标"在思维面前，人类过去所有的文明成果将趋于零"表达的是：学校教学活动必须重视思维能力，特别是创新思维能力的培养。如何激活学生的思辨呢？我觉得，在一节课的开始就要创设有利于思辨的课堂氛围，在思辨点上着力，起到一石激起千层浪的效果，接着围绕中心问题精心设计好每一个环节，环环相扣、层层推进，这样的语文课堂能刺激学生的思维，使之灵感骤生。在教学实践中，我坚持运用"三导向"策略激活学生的思辨：一是以学科价值为导向，着眼关键能力的培养；二是以中心问题为导向，提高思辨内容的价值；三是以适时拓展为导向，创设思辨开放的空间。我认为，在课堂教学活动中，学生发展的基点是唤醒求知的心理需要。激发学习动机，引发学习兴趣，才能体验学习过程，在学习感悟中成长。古人云："为学之道，必本于思。"因此，课堂上如果看不到学生思辨的火花，哪怕教学设计再巧妙，也不是一节成功的好课。

我的教学主张

让每个孩子在课堂上都有存在感

何为存在？事物持续地占据着时间和空间，这就是存在。何为存在感呢？我认为一个人对自己是否有价值、受人关注地存在于一个团体中的切身感受，就是存在感。存在感有着"被重视、被尊重"的意思。而小学生个体精神生命的成长就是在成长的过程中找到自己存在的价值。我觉得学生一旦有了被重视、被尊重的感觉后，就会觉得自己很有价值，学习就会更有激情。反之，学生就会故意滋生事端引起教师注意。这种现象的产生源于学生不能感知到自我的价值。因此，教师要积极搭建平台，帮助学生找到自我的价值，满足学生的存在感，有效提高教育教学效果。哲学家苏格拉底曾说过这样一句话："教育不是灌输，而是点燃火焰。"在语文课堂的教学过程中，教育的意义不仅仅在于传授知识，更在于开启智慧门窗，点燃思维火焰，让学生学会独立思考，掌握语文学科合理的学习方法，自主学习，体会学习乐趣，增加学习热情，从被动学习转变成主动学习。我认为要想让每个孩子在课堂上都有存在感，教师就要在课堂上点燃孩子的激情，激活孩子智慧的火花。

一、点燃激情四射的语文课堂
（一）用激情的形象让课堂焕发出生命活力
有人把课堂比作舞台，一堂课就是一场精彩的演出。作为"主要演员"的老师,其形象、气质、精神状态,都会影响和感染教室里的每一位学生。其言语、神态、举手投足都要有吸引力、有感染力。我认为一位优秀的语文教师应该能够用自己的语文气质感染学生,用自己的激情点燃语文课堂。为此,我一直坚持以最佳的状态在学生面前亮相,带着端庄的打扮、饱满的精神、甜美的笑容和激情的话语出现在课堂上。所以常听到孩子们对我说:"冯老师,看到你就开心了!""冯老师,听您的课,我很享受!""冯老师,你的微笑让我舒服!"这一切归因于激情的形象影响着每一位孩子。有了激情,教师的语言、动作、体态就特别能表情达意、传情传神;有了激情,教师的思维将更敏捷,思路将更清晰,感情将更丰富;有了激情,新课程理念活了,钻研教材活了,运用教具活了,采用方法活了,各个环节活了,课堂就充满了灵性;有了激情,听说读写的指导,自主、合作、探究的组织,综合实践的安排都会得心应手,事半功倍;有了激情,教师就有了魅力四射的形象、内蕴、人格,让学生心服口服,让学生"亲其师,信其道",其课堂就有了魔力,学生定会在不知不觉中被吸引、被感染、被熏陶,语文课堂定会成为"映日荷花"。

(二)用激情的导语让学生激发学习兴趣

俄国大作家托尔斯泰说:"成功的教学需要的不是强制,而是激发学生的兴趣。"兴趣往往是学习的先导,有了兴趣就有了学习的动力。我认为一个好的充满激情的课堂导语,定能调动学生积极性,触动学生情愫,引导学生渐入佳境。结合自身懂煽情的优势,我总在备课时结合教学重难点,结合学情分析,对教学导语进行精心的琢磨,并在教学设计上,力求让精美的课堂导语像一块磁铁牢牢吸住学生的心魄,唤起他们求知的欲望,使每一个人都积极思考,全身心投入到课堂中来。例如在口语交际课《走,我们去春游》的教学中,我通过对话自然导入说:"同学们,今天我来聊的话题是与春天有关的,我为大家准备了一组春天美景的照片,请大家欣赏。"对世界万物的好奇是小学生的天性。我就是把握了学生的这一天性,激发了他们对春天的好奇,故此学生都专心致志地欣赏起了照片。在他们还沉浸在春天的美景时,我接着说:"春天来了,小草纷纷探出头来,柳枝抽出点点嫩芽……面对眼前的美景,你们最想说什么?"对于如此美景,谁不想去看呢?这样激情一问,孩子们的学习兴趣瞬间被激发,争先恐后地举起了手,争取发言的机会,同时也表示对春游的期待,为下面的春游方案设计和交流做好了铺垫,让教学事倍功半。

(三)用激情的朗读让课堂洋溢浓浓情意

特级教师于漪说:"要反复诵读,把无声的文字变成有声的语言,要读出感情,读出气势。只有投入感情的朗读,才能更好地吸取文章的精华。"时下,我们追求语文课堂要有语文味,部分老师费尽心思地思考如何提升语文味,却忽视了最简单直接的方法——朗读。"以读为本"是阅读教学的基本特征。要想让语文课堂迸发激情，更离不开激情的朗读。通过读，教师、作者、学生之间的情感得到沟通；通过读，学生的情感得到调动和激发；通过读，学生的思想得到升华和启迪。因此，琅琅书声可以激起课堂浓浓的情意，但朗读不等于傻读，只有在教师正确的引导下，才能让学生把对课文的欣赏和感悟用抑扬顿挫的声音表现出来，使文字的喜怒哀乐形于色、吐于口。例如在《一匹出色的马》一课的教学中，文本的第1—3自然段主要描写了春天郊外异常美丽的景色。我通过激情的范读、巧妙的引读等形式，凸显了美丽的景色和语言的优美。在我的感染下，学生也沉浸在美的情调中，享受美、表达美。在激情朗读的同时，学生自然而然地明白，正是因为春天的郊外景色异常美丽，才让"我们"一家人流连忘返，从而促进学生感受家庭之温馨，让课堂洋溢着浓浓情意。

（四）用激情的评价让学生感受暖暖爱意

教育家陶行知说过："教育是心心相印的活动，唯独从心里发出来的，才能打动心的深处。"古人也云："感人心者，莫先乎情。"同样一个"好"字，可以说得平淡如水，让人有勉强之嫌，也可以说得激情满怀，让人感受到是你发自内心的赞赏。由于教师的评价对学生的情绪和情感影响颇深，会直接影响到学生的学习动机。因此，教师的评价应该注重情感投入。例如在《去年的树》一课的教学中，在"归纳主要内容"的环节，对于学生的精准概括，我评价道"你能抓住事情的要素概括，真棒！"；对于汇报"鸟儿与树根对话"的小组评价道"这个小组能运用抓关键词品悟的方法进行品读，品悟得很到位！"；在"反复引读，情感升华"的环节，我出示了鸟儿说的三句话进行引读，并评价小组"你能抓住'那棵树''我的好朋友树''火柴'等词进行对比阅读，悟出鸟儿心情的变化，真牛！"上述的评价真诚及时，充满激情，不但指向关键能力的培养，更重要的是对学生作了一个很好的"学习提示"。通过激情的评价，渗透了"读、悟、写"的训练，实效性自然就高，孩子们在学习的同时能感受到暖暖的师爱。

激情似风，扬起了学生学习语文的自信的帆；激情似石，击起了阵阵涟漪，调动了学生的情感体验；激情似火，点燃了学生学习创作的热情。愿激情之花开满语文课堂的每一个角落。在这样的课堂里，学生的信心一点点被激发，激情一点点被点燃，课堂的温度在一点点提升。

二、激活智慧火花的思辨课堂

（一）以学科价值为导向，着眼思辨能力的培养

小学语文教学更应重视对学生能力的培养，尤其是思辨能力的培养。无论是课前预习还是课后思考练习，小学语文教学都十分重视学生的主体意识，强调让学生在学习中独立思考，提问质疑。培养思考习惯和质疑精神作为重要学习方法在阅读教学训练中占有一定的比例。让学生质疑，目的是让学生的内因发挥作用，产生思维的兴奋点和认知矛盾冲突，培养主动探索的精神和独立思考的习惯。引导学生质疑，应在"问什么"和"如何问"上下工夫。具体来说，可分为三步进行：第一步，让学生掌握提问的形式，如提问的三种形式"是什么""为什么""怎么样"。第二步，加强学生质疑过程中的引导和训练。教材中常有"画出不理解的句子、词语""理解自己不懂的地方"这一类要求。可以先让学生读生字新词、要求掌握的词语，想想自己是否明白，从而准确地找到自己不理解的词语。寻找句子和课文内容方面的疑点，可先让学生边读边思考课后习题，看看自己哪些答不出，以问题的形式向老师提出来，再让学生细读课文，提出与书上不同的问题。第三步，让学生掌握质疑的途径。质疑的途径有很多：文题、文章内容、关键词句及设问、反复、过渡、照应甚至插图、标点等，都可以从中提出质疑。到中高年级，我们还可以引导学生总结归纳出各种不同类型文章的特点，找出它们各自的质疑途径，以便学生在课外阅读思考时有章可循，从而提高阅读效益。在《地震中的父与子》中，我从一个"疑"字上做文章，引导学生围绕课眼"了不起"进行质疑。课堂上，学生都能积极参与讨论，气氛热烈，能提出很多有质量的问题。学生集中提问"为什么说他们了不起？从哪些语句中体现了父与子的了不起呢？"听到我激励性的评价后，学生质疑的欲望更强烈了。随后，我还根据文本内容设计辩论环节，让学生围绕"父亲是否精神失常"的问题分组展开辩论活动。学生在充分的质疑和解疑过程中，不但理解了文本，更提升了思辨能力。

（二）以中心问题为导向，提高思辨内容的价值

思辨课堂需要值得思辨的主题，学生不断扩展的生活是思辨的基础，教材是思辨重要的依据。番禺区"研学后教"课堂凸显了学科研学问题的解决，在这一教学理念的指导下，学科研学问题是根据学科核心知识和难点内容设计的适合学生学习的教学问题，或根据学生在学习中存在的共同疑惑生成的可供探究的教学问题，或是学生通过探究活动建构出的有意义和价值的答案的教学问题。高效的课堂模式一定要靠有价值的问题来推动，让学生在自主、合作、探究中利用旧知探索新知，不断建构学科知识体系。学生解决"研学问题"的过程就是不断启迪智慧、提升核心素养的过程。例如我指导的化龙中心小学庞老师教学《去年的树》的课例中，教师对文本的解读很到位，目标定位准确，把教学重点定为"引导学生体会童话故事所揭示的道理"，把教学难点定为"培养学生的语感，感受童话的语言美、思想美、意境美"。由于这篇童话主要通过对话展开故事的情节，推动故事的发展，因此，经过再三推敲，设定研学问题为"从对话中体会这是一只怎样的小鸟"。这一研学问题充分挖掘了本课的教育思想，同时又兼顾了学情。教师为了突出中心问题，紧扣四次对话的主线，组织学生小组合作研学，让小组选择一个喜欢的对话在组内展开品悟。在全班交流中层层深入引导，在充分品悟中，文章心情变化的副线就浮出水面了。主线副线紧密相连、环环相扣，以问题为导向，

贯穿教学的全过程。教师利用主副线融合、层层递进的设计，化解了教学难点，学生也能自然地感悟到主题。

（三）以适时拓展为导向，创设思辨开放的空间

学习作为人生的重要组成部分，每个人的心灵深处都希望自己是一个真理的发现者、探究者。学生的思辨思想不是教师传授灌输的结果，而是教师引导学生发现和探究的结果。思辨课堂就是要肯定每一个学生的主体地位和学习能力，鼓励人人参与合作探究，通过肯定学生个体的思维，打开学生的内心世界，解决成长中的困扰，增强其自信和热情。新课程标准在语文的教学中再次明确"语文教学要开展丰富多彩的实践活动，拓宽语文学习的内容、形式和渠道"。著名的语文教育家刘国正也指出，要在语文的教学中透过多种孔道将学生的生活和教学相联系，教材提供的教学资料毕竟是很有限的，教师在教学中一定要注重知识的拓展延伸，整合教学资源，提升学生的语文素养。如在教学季羡林的《自己的花是让别人看的》一文时，我抓住了课文理解的一处难点"我仿佛又回到了四五十年前，我做了一个花的梦，做了一个思乡的梦"进行拓展。学生在不了解作者背景的情况下是很难理解这个"梦"的含义。于是，我先向学生展示了以下材料：

1935年9月，根据清华大学文学院与德国交换研究生协定，清华招收赴德研究生。季羡林被录取，随即到德国，入学哥廷根大学。"我梦想，我在哥廷根，……我能读一点书，读点古代有过光荣而这光荣将永远不会消灭的文字。""我不知道我能不能捉住这个梦。"（《留德十年》）

我真是万万没有想到，经过了四五十年的漫长岁月，我又回到这个小城里来了。难道是一个梦吗？这毕竟就是事实。我脑海里印象历乱，面影纷呈。我那一些尊敬的老师，他们的笑容又呈现在我眼前。我那像母亲一般的女房东，她那慈祥的面容也呈现在我眼前。那窄窄的街道、街道两旁的铺子、城东小山的密林、密林深处的小咖啡馆、黄叶丛中的小鹿，甚至冬末春初时分从白雪中钻出来的白色小花雪钟，还有很多别的东西，都一齐争先恐后地呈现到我眼前来。（《再返哥廷根》）

然后要求学生结合拓展材料谈谈对"我仿佛又回到了四五十年前，我做了一个花的梦，做了一个思乡的梦"一句的理解。课堂上，学生们讨论得可热烈了：有的说"季老先生几十年后重回德国，重遇自己的老师，自然回想起当初老师们悉心照顾的情景，真如梦一般！"有的说"当初季老先生是带着自己的梦想到德国求学的，现在重回德国，又回想起当初的梦想。"正因为有了材料的拓展，才能把学习难点轻而易举地突破了。对学生来说，也能与作者产生情感共鸣，得到了爱国情怀的熏陶，更提升了思辨能力。

思辨课堂还给学生真实的社会生活，培养学生正确的情感态度价值观，关注学生的个性和创造性，用发展的眼光帮助学生。行进在课程改革的路上，思辨课堂仍需不断被完善，以实现教和学的统一，为引领学生的幸福生活奠定坚实的基础。

第四部分　育人故事

不放弃任何一个孩子

时光流逝，我不知不觉从教23年了，那一个个日子仿佛就在昨天，细细想来，酸甜苦辣，五味杂陈。在这23年的教育教学生涯中，我接触的学生数以百计。学生的名字随着时光的流逝已经慢慢变得模糊了，但很多甜蜜的回忆，一个个感动的瞬间，永留心海！这一切，皆因我从不放弃任何一个孩子！

记得2016年9月，我被安排接手四（2）班的语文教学。在新学期的第一节语文课堂上，我简单地介绍自己后就开始新课的教学，谁知道发生了这一幕：

"喀喀喀……"

"这位同学，怎么了？哪里不舒服？"发现课堂上有一位咳嗽得厉害的学生，我紧张地走到他身边。由于是新接手的一个班，又是新学期的第一节课，我还没来得及认识他们。听到我这一问，全班竟然一下子"热闹"开了，七嘴八舌起来。由于我的注意力都放到咳嗽的同学身上，也没留意其他同学的话。

"喀喀喀……喀喀喀……"咳嗽得越来越厉害了。我又是帮他扫背，又是嘘寒问暖，还让另一个同学给他倒水。喝过水后，咳嗽平息了，但班上就"不寻常"起来了，有的低声细语，有的愤愤不平……虽然觉得奇怪，但为了不影响上课，我打算课间再了解情况。于是，稳定了学生情绪后，我继续讲课。"喀喀喀……喀喀喀……"咳嗽声又打断了我的讲课。面对这位学生的频繁咳嗽，我开始担心了。"这位同学，你叫什么名字？现在感觉怎样了？需要我通知家长带你去医院检查吗？"我边帮他扫背，边询问。一听到我说通知家长，他马上停止咳嗽，紧张地说："我没事了。"就这样，新学期的第一节课过去了。下课了，我还没来得及了解情况，有几个女同学就跑到我跟前说："老师，他是故意咳嗽的。他想扰乱课堂秩序，他自己不想听课，也想打扰我们。"几个同学七嘴八舌地说起来。我半信半疑，从教这么多年，阅"生"无数，真没遇到过这样的学生。但听学生这么说，我还是要多留心眼。随后两天的课，他都是这样地咳嗽。我也向上一任任课老师了解情况，得知"咳嗽"是他扰乱课堂的"绝招"，多次教育仍不奏效，所以上一任任课老师对他"爱理不理"，还建议我只要他影响不大就不要管他，并告诉我：如果你越管他，他越"变本加厉"。听了同事的劝告，我并不甘心。作为教育工作者，我们怎么能轻易放弃一个学生呢？于是，我故意忽视他咳嗽的事，寻找他的"闪光点"，并让他当我的小助手，帮我整理书本等。课堂上，我还常常站到他身边讲课，时时拍拍他的肩膀，表示鼓励和提醒。课后，我喜欢找他到办公室了解班里的情况。有时候，有的事情我明明知道，也故作不清楚，让他跟我说。慢慢地，我发现课堂上咳嗽的声音变少了，他也变得更专注学习了。随后，我找他到办公室闲聊，举了一些别人故意扰乱课堂秩序的例子，让他去分析对与错、好与坏。开始他愣住了，不敢说。后来，他能放开表达自己的观点了。接着，我发现课堂的咳嗽声消失了，课堂恢复常态了。

教师节当天一大早，我发现自己的办公桌上放着一张贺卡，是一张手工制作的、不那么精致的卡。"谁这么早就来送卡呢？"我打开一看，几行歪歪扭扭的字映入我眼帘，"冯老师，感谢您！您让我找到自己的存在感了！我以后也不用咳了！教师节快乐！——您的学生吕××"我顿时"热血沸腾"，全身流过一股暖流。教师，还求什么？一句问候足矣！在激动的同时，我下定决心：任何的一个学生都不能放弃！

曾经，我问过自己：教育的内涵是什么，教育的魅力在哪里。其实就是一句句的问候，一声声的关心！更重要的是学生在教师的引导下能健康快乐地成长！假如有人问：在人生的道路上，如果再给你一次机会，让你重新选择，你会选择什么职业？我一定会响亮地回答：教师——这个阳光底下最光辉的职业，因为这是我今生今世无悔无怨的选择！

不放弃任何一个孩子，让每个孩子在课堂上都有存在感！这条路虽然长且艰难，但我将不忘初心，继续前行！

附录　教学现场与反思

《父母的爱》口语交际课

设计理念　《父母的爱》是新课标人教版实验教材五年级上册第六单元的口语交际内容，是本组教材"父母之爱"内容的有机组成部分，与学生的生活联系非常紧密。本文设计力求体现《义务教育语文课程标准》强调的"倾听、表达、应对，做到说真话，表达真情实感"口语交际教学精神，依托学情点燃激情，联系生活激活思辨，让学生有参与感，培养学生的交际能力。

目标确定的依据
1. 课程标准的相关要求。
（1）与人交流能尊重和理解对方。
（2）乐于参与讨论，敢于发表自己的意见。

（3）听人说话认真耐心，能抓住要点并能简要转述。
（4）表达有条理，语气、语调适当。
（5）能根据对象和场合，稍作准备，做简单的发言。

2. 教材分析。

本次"口语交际"训练要求学生就课本中的三个小故事发表对"父母的爱"的看法，同时还要求学生联系生活，讲述生活中与文中三个小故事类似的事情，再谈谈自己的想法。文本中的三个小故事简单明了，在生活中容易找到类似情形，不但为学生"口语交际"的有感而发提供了情感的感触点，而且为学生联系生活讲故事开拓了思路。与学生现实生活联系紧密，且是当今社会备受关注的热点问题，具有很强的现实性和教育意义。

3. 学情分析。

本次"口语交际"的内容离学生的现实生活很近，而且课本中也提供了可感的材料，学生是有话可说的，但是学生要从不同角度深刻地理解和感受"父母的爱"还是有一定的难度。学生要挖掘父母之爱的典型事例也不容易。学生在"口语交际"中容易忽略细节，易说大话、空话；也较难从各个角度回忆、讲述故事，发表看法。加之，这一课是异地教学，与学生缺乏面对面的互动，学生还没有学习第六单元的课文，对他们的情感触发和积极发言有一定的制约。

教学目标

1. 能认真倾听，与人交流能尊重、理解对方，有耐心。
2. 能乐于参与讨论，敢于发表自己的见解，表达清楚、有条理。
3. 能结合实际生活感受父母之爱，懂得感恩。

教学重难点 围绕不同方式的"父母的爱"敢于发表自己的见解，能结合实际生活感受和回报父母的爱。

课前准备 PPT、学生照片和素材搜集整理

教学课时 1课时

一、教学实录

（一）走进主题，为点燃与激活奠基

1. 联系单元，导出主题。

师：同学们，在第六组课文中，我们读过了很多关于父母之爱的感人故事。如《地震中的父与子》是困境中的承诺；《慈母情深》是宽容与理解；《"精彩极了"和"糟糕透了"》是鼓励与批评；《学会看病》是爱的放手……父母的爱时刻感动着我们，今天，我们就一起来聊聊"父母的爱"。（板书：父母的爱）

2. 联系主题，积累词语。

师：同学们，根据自己的认识，你觉得父母的爱是怎样的呢？请以"父母的

爱是_____"的形式，说说你对父母的爱的理解。

生1：父母的爱是严格的！

生2：父母的爱是鼓励的！

生3：父母的爱是放纵的！

……

师：你们一下子就能用这么多词来概括父母的爱，确实父母的爱有的是鼓励的，也有放纵的，请看PPT，朗读形容父母之爱的词语。（PPT出示词语）

师：父母的爱是……

生齐读：纵容的、放纵的、包办的、严厉的、严格的、感人的、无私的、周到的、细心的、慈祥的、宽容的、鼓励的。

（二）走进故事，让倾听与表达激活

1. 自由读故事一，明确交际的要求。

（PPT出示故事一）

师：请同学们自由阅读故事一，思考：（1）你觉得刘明明妈妈的爱是一种怎样的爱？体现在哪里？（2）你认同刘妈妈爱的方式吗？为什么？思考后按照下面的发言模板做好交流的准备。

[PPT出示发言模板："故事一中，我觉得：刘明明妈妈的爱是_____，体现在_____。我认同（不认同）这种爱的方式，因为_____。"]

（学生阅读故事一并思考问题）

师：刚才看到同学们的认真思考，我已经迫不及待想聆听大家的发言了，哪位同学争取第一个发言？

生1：我觉得刘明明妈妈的爱是包办的，体现在"在家里什么事情也不让刘明明做，连书包都是帮着整理的"。我不认同这种爱的方式，因为刘妈妈这样做，就让刘明明养成依赖父母的不好习惯。

师：你说的"包办"，能换一个词形容吗？

生1：溺爱。

师：用词准确！这位同学能先概括刘妈妈爱孩子的方式，再表达自己的观点，这样才能把问题表达清楚，这就是口语交际的要求之一。（板书：表达清楚）哪位同学对刘妈妈爱孩子的方式有不同的概括？

生2：我觉得刘明明妈妈的爱是宠爱，体现在什么事都不放手让刘明明自己处理。我不认同这种爱的方式，因为刘妈妈这样做就造成了刘明明的自理能力低，以至于刘妈妈出差几天，刘明明上学就忘带学习用品了。

师：好一个"宠爱"啊！这位同学用了一个"宠爱"来概括刘妈妈爱孩子的方式，说明他有认真倾听老师和上一位同学的发言，口语交际就需要"认真倾听"。（板书：认真倾听）请不认同刘妈妈爱孩子的方式的同学举手。

（全部学生举手表态）

师：看来大家都不认同！如果冯老师就是刘妈妈，你想对我提什么建议？

生1：刘妈妈，您好！我觉得您这样溺爱孩子不是很好！孩子是需要长大独立生活的，您什么都包办，孩子就学不会生活的本领了。当然，您的出发点是爱孩子，但您认真想想，是否让孩子自己处理一些力所能及的事情，孩子才会真正成长起来呢？

师：同学们，谁来评价一下这位同学的发言？

生2：这位同学的发言能做到表达清楚，建议有说服力。

生3：这位同学表现得很有礼貌，一开始就先向刘妈妈问好。

师：同学们的评价很到位。这位同学的发言能做到礼貌大方，这也是口语交际需要的一点"礼貌应对"。（板书：礼貌应对）同学们，在刚才你们的发言中，我们进一步明确了口语交际的三大要求，分别是……

生齐说：表达清楚，认真倾听，礼貌应对。

2. 小组谈故事二、故事三，表达自己的看法。

（PPT出示故事二、故事三）

师：接下来，请以小组合作的方式，阅读故事二、故事三，思考并交流：你喜欢故事中哪位爸爸的做法？请说说你的理由。同学们，明白了吗？

生齐答：明白了。

（生小组合作交流）

3. 全班研读故事，提升交流的水平。

（教师根据学生的回答，适时引导应对技巧）

师：哪个小组代表先来发言？提醒一下要注意口语交际的要求哦。

生1：我喜欢李路杰爸爸爱孩子的方式。因为李爸爸对孩子拆电话的事不但没有批评，反而鼓励李路杰重新把电话装好，这是一种鼓励的爱。我觉得每一个孩子都需要鼓励。

师：你能把自己的看法表达清楚。哪个小组代表接着发言？

生2：我也是喜欢李路杰爸爸爱孩子的方式。因为孩子在受挫后更需要鼓励，而冯刚爸爸面对孩子成绩不好，只会训斥，这样是一点帮助都没有的，反而让冯刚越来越没有信心。

师：你不认同冯刚爸爸的做法，那如果让你给冯刚爸爸提建议，你会怎样说呢？

生2：冯叔叔，您好！冯刚成绩不好，您不能只是训斥，而应帮助他分析造成成绩差的原因在哪。并多给予鼓励。这样冯刚才能重新建立学习的信心。

师：你能礼貌应对，我相信冯刚爸爸已经被你说服了！有哪位同学有不同的看法？

生3：我觉得李路杰爸爸的做法也有不妥当。因为李路杰乱把家电拆坏，一点批评也没有，反而鼓励，这样就会容易让李路杰误以为任何东西都是可以乱拆的，一点规矩都没有了，长大了容易犯错。我觉得李爸爸应该先批评，后鼓励孩子重装，让李路杰明白乱拆是错的，应该用重装为自己的行为负责。

师：你能在别人发言的基础上发表自己的看法，看出你非常认真倾听。对于你的看法，我觉得你关注了人的发展，眼光长远，而且能清晰表达自己的观点，超赞！所以，我们在口语交际应该要做到——

生齐说：表达清楚，认真倾听，礼貌应对。

（三）走进生活，让激情与思辨迸发

1. 摘录"父母之爱"的素材，打开交流的思路。

师：我相信大家在生活中一定有过类似故事中的经历吧！以下就是我通过你们的李老师收集到的关于你们的故事，请大家看屏幕，看完后按屏幕上的要求谈谈感受。（出示收集学生的故事和要求）

要求：（1）清楚说出自己的故事。

（2）真实表达自己的想法。

（3）认真倾听别人的故事，根据故事进行询问或发表自己的看法。

2. 走进"我的故事"，畅所欲言。

师：哪位同学先说说自己的故事？

生1：我妈妈帮我报了很多兴趣班，有些是我不喜欢的，我不想去，但妈妈总是说"是为你未来的出路着想"，其实我很不开心，别人家的孩子放假就能玩，我就要上兴趣班。

生2：我爸爸在学期初就会帮我买很多练习册，平时在完成作业后就总会让我继续做练习，我已经很累了，但爸爸说，"多练习就更熟悉，爱你才想你好！"我真不喜欢这样。

生3：我妈妈不让我看手机，说看多手机会近视，而她自己就天天看。大人就会要求别人，自己就做不到！

……

师：刚才聆听了你们的故事，我觉得你们的父母爱你们的方式是不同的，但从你们的话语中，我听到更多的是你们的不解和委屈，但对于你们的清楚表达，我感到很开心。

（四）走进心灵，让激情与感恩交融

师：同学们，请记住：世上没有不爱子女的父母，只是爱的方式各不相同。他们的爱可能是鼓励的，也可能是严厉的。有时候，我们会不理解父母或者父母不理解我们。如果你遇到了这个情况，请学会与父母进行礼貌的沟通。只要相互理解了，爱就会更甜蜜！

1. 播放"爱的瞬间"的照片，唤起回报的激情。

师：请认真观看你们上交的"爱的瞬间"照片，看完后，你最想说什么呢？请根据照片中的细节展开说，注意表达的技巧。（播放照片，学生观看）

2. 诉说心语，学会感恩。

师：哪位同学先说？

生1：一个小孩坐在爸爸肩膀上的那张照片就是我的，当时爸爸下班后带我去看戏，由于人太多了，我被人群挡住了。爸爸虽然很累，但坚持让我坐到他肩膀上，好让我看个精彩。

师：这是怎样的爱？

生1：我觉得这是肩膀上的爱！

师：好一个肩膀上的爱啊！无论自己多累，也让孩子坐在自己肩膀上看戏，多伟大的父爱啊！谁继续分享？

生2：在公园里拍的那张就是我的，当时爸妈利用周六带我去佛山看花展，说让我见识各种各样的花，好长见识！

师：这是怎样的爱？

生2：这是长见识的爱！

师：举一反三！爸妈为让你多长见识，就带你去各地游览，这是一种注重长远发展的爱！

生3：在家里辅导功课的那张就是我的，那天我在做作业时遇到了难题，妈妈放下手中的活儿指导我理清题意，让我顺利把难题解决了。妈妈的指导让我掌握了解题的方法和懂得了学习的技巧。我觉得，这是一种指引方向的爱！

师：你的表达也能为同学们指引方向了！你能从妈妈的爱中汲取到学习的技巧，是一个用心感受爱、懂得积累的孩子。

……

师小结：父母辛辛苦苦地把我们抚养大，尽管他们从来没有想过要得到儿女的回报，但是儿女的爱也会让他们感到温暖和幸福。愿大家在感受爱的同时也懂得理解和回报父母。

二、教学反思：依托学情点燃激情，联系生活增加参与感

本次口语交际的内容"父母的爱"不仅与学生现实生活联系紧密，而且是当今社会备受关注的热点问题，具有很强的现实性和教育意义。在教学中，我遵循口语交际课"训练学生听说能力，规范学生口头语言，提高学生口语交际能力"的原则，力求体现《语文课程标准》强调的"倾听、表达、应对，做到说真话，表达真情实感，不说假话空话"口语交际教学精神，依托学情点燃激情，联系生活让学生有参与感，培养学生的交际能力。本课的两大亮点如下：

（一）联系生活，分享学生故事，点燃激情

针对"学生在口语交际中容易忽略细节，易说大话、空话，也较难从各个角度回忆，讲述故事，发表看法"这一学情，我在备课时一直思考什么样的口语交际话题能吸引学生，什么样的口语交际话题能受学生欢迎。后来，我想起教育家陶行知和杜威的话，他们分别认为："生活即教育""教育即生活"。这就要求我们将教育与生活紧密相连，在教育教学中紧扣生活的情境，用生活中的真实事例来教育学生，让生活成为教育的话题，让教育成为生活的延续。

为此，我在上课的前几天就让学生撰写自己与父母间的真实故事，把父母的爱通过具体的事例表达出来，并收集了学生与父母"爱的瞬间"的照片。在"走进生活，让激情与思辨迸发"的环节中，我提出明确的要求，让学生分享自己"父母之爱"的故事。孩子们纷纷举起了手，表达的热情一下子被点燃了，但气氛是沉重的，因为从孩子们真实的故事中，流露的是对父母之爱的不理解，甚至埋怨。我没有制止住他们的表达，而是让他们尽吐心中的"郁闷"。接着，我在"走进心灵，让激情与感恩交融"的环节中，播放孩子们递交的"爱的瞬间"的照片，并让他们运用交际的技巧，根据照片中的细节谈感受，唤起感恩回报父母之爱的激情。孩子们在尽情宣泄不满后瞬间又浸润在爱的回味中，激情完全被点燃了，感动的泪水充盈了孩子们的眼眶，哭声在课堂上此起彼伏。在激情澎湃的情境熏陶下，在"走进生活"和"走进心灵"两大环节的无缝对接下，本课的难点就在不经意中被突破了，交际的目标高效达成了。

确实，教师在教学中应从学生的年龄特点、心理特征及情感、态度和兴趣出发，有意识地把生活中的场景带到课堂中。通过全方位的建构，生活场景能深化学生对交际话题的感受，激发学生强烈的表达欲望，让课堂交流从单向转变成双向、多向，真正实现生生间、师生间情感和语言上的互动。

（二）活用教材，交流文本故事，激活思辨

针对"学生要从不同角度深刻地理解和感受父母的爱还是有一定的难度"这一学情，我更多思考的是如何让学生多角度思考与表达。但我知道学生的语言受思维的支配，一旦思维受到限制，语言表述就难以流畅。教师只有依托教材、活用教材，通过逼真的情境展现，层层推进，调动学生真实的内在情感体验，活跃学生的思维，激发他们强烈的表达欲望，才能很好地完成教学任务。

为此，我在"走进主题，为点燃与激活奠基"的环节中，透过第六单元的学习小结引出口语交际的主题，并透过"父母的爱是_____"的语言训练，初步感受父母之爱，更重要的是为之后的交际积累词语，做好铺垫。接着，在"走进故事，让倾听与表达激活"的环节中，我先让孩子们围绕故事一根据提供的思考提示和发言模板进行思考与准备。在孩子们的交流中，我适时追问并引导归纳出"表达清楚、认真倾听、礼貌应对"的交际技巧。随即，我让孩子们运用交际技巧，围绕"你喜欢故事中哪位爸爸的做法？请说说你的理由"的问题，通过小组合作，交流对故事二和故事三的看法。有了故事1的技巧归纳和方法铺垫，孩子们都能尽情表达自己的看法。在我的预设中，孩子们应该都很认同故事三中李路杰爸爸的做法，但出乎意料的是，有一个孩子觉得故事三的爸爸在孩子乱拆东西的情况下只鼓励孩子拼好，而没给予正确引导，这对孩子辨别行为的正误不利，影响孩子的发展。对于学生这"意外"的看法，我表示尊重并给予学生这样的评价："我觉得你关注了人的发展，眼光长远，而且能清晰表达自己的观点，超赞！"我的点评一出，随后发言的几个孩子都能通过不同的角度发表自己的看法，孩子们的思辨能力被完全激活了。

确实，教材是语文学习的例子，在课堂教学中老师要立足教材文本，活用教材！教材中每一个故事传递给我们的知识是无尽的，老师要引导学生向教材的纵深处挖掘，实现纵向拓展，同时教材中的内容又呈横向联系。这样，纵横交错，尊重个性化表达，依托学情点燃激情，联系生活激活思辨，让学生有参与感，让智慧的火花得以在课堂上迸发。

以生为本 细腻通达 浸润心灵

广州市番禺区市桥实验小学 何燕霞（小学语文）

第一部分 导读语

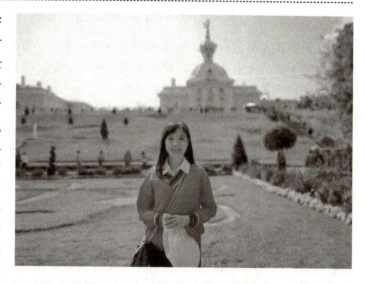

我是何燕霞，小学语文高级教师，任教于广州市番禺区市桥实验小学，担任番禺区学科特约教研员、番禺区新课程实施中心组成员、番禺区教研室李进成工作室成员、番禺区教育学会第七届理事会教育管理分会副会长，被评为广州市小学语文骨干教师、番禺区首届小学语文骨干教师、番禺区优秀教师、全国语文能力竞赛优秀指导老师、广州市六年级语文能力竞赛优秀辅导老师，被认定为"广州市百万位名师培养对象""区研学后教课堂教学改革先进个人"。曾获广州市小学语文教学技能大赛二等奖，番禺区小学语文教学新秀比赛一等奖，先后承担省、市、区级公开课30多节，多次承担区内专题讲座及进行学科教研指导，有多节课例在国家、省、市、区级比赛中获一、二等奖，多篇论文及教学设计发表在各级刊物上。曾主持（或参与）过20多个省、市、区级科研课题的研究，有多项课题研究成果获广州市科研成果二、三等奖，番禺区科研课题成果一等奖。

杜威认为："教育就是不断生长，在它自身之外没有目的。"这句话道出了教育的本质。课堂，是师生对话与交流的主要舞台，亦是师生生命成长不可重复的历程和体验，教育的目的就是在课堂这一奇妙的生命历程中促进学生持续不断的生长。教育与幸福之间有着深刻的关联。语文教学的使命是给学生一个民族文化的记忆，使学生成长为一个具有文化品质的人——具有对中华文明的文化认同感，对汉语言的文化敏感度，以及自觉进行文化传承与表达的动力，这就实现了"文化能使人人获得幸福"的美好意愿。在我看来，语文课堂应该是一个以生为本，以文化濡染童心、惠养童根的幸福之所。这是我的教学追求，也是我的教育梦想。

第二部分　名师成长档案

教育逐梦因磨砺而精彩

我出生在人杰地灵、群贤辈出的水乡——番禺。番禺因独特的人文地理，孕育出魅力十足的风俗人情，积淀出多元的民俗文化。我自小受长辈们的影响，听着一个个传统文化的故事长大。我自小立志当一名教育工作者，要把我的汗水撒在这片肥沃的土地上，用我的智慧为番禺独特传统文化的传承发展尽一份力。师范毕业后，我如愿踏上三尺讲台。从初入教坛到真正成长起来，这期间不知摔了多少次跟头，回想那一个又一个难忘的瞬间，每一段回忆都是我在成长路上收获的珍贵财富，别样的成长中总藏着别样的幸福。

一、在磨砺中且行且思

岭南水乡的地理环境，让番禺民俗拥有浓郁的水乡风情。赛龙舟便是当中的重要代表。每年的端午节，我都与家人到河岸边观看赛龙舟。赛龙舟这个民间活动就像我们的人生那样，既精彩刺激，又充满艰辛困难；既会有失败挫折，也会有成功夺标。我们无论做什么事，只要能像船员们那样不畏艰难，去奋力"冲刺"，就一定可以成功！这是番禺独特的"赛龙夺锦"的艺术精髓所在。

成长是岁月的流转，是竹笋的拔节，是蚕蛹的蜕变。当年刚大学毕业的我，带着几分喜悦，带着几分忐忑，更带着几分憧憬，走进了广州市番禺区市桥东城小学。美丽的校园，学风浓厚的校园文化，勤奋朴实的老师，活泼可爱的学生都深深地打动了我。这是一所省一级小学，有不少的名师、教学骨干，这正好给了我一个很好的学习机会。我勤学好问、积极肯干，在与教学骨干前辈们的相处中，更新了我的教育观念、提高了我的理论水平。在学习、实践、反思中，我不断进步，小学语文教学很快步入了正轨。

两年后，我迎来了教学生涯的第一次挑战：校长任命我当年级级长，成为了学校自开办以来最年轻的一位级长；同时推荐我代表市桥城区参加区的青年教师说课比赛。刚接到通知时，领导语重心长地说："好好努力，争取取得一个好成绩！"面对大家的殷切期望，我感到前所未有的压力。在领导和同事们的关心下，我迅速将压力转为动力，积极请教，认真研读教材。我把高年段所有课文以及教参都研读了一次，并多次利用课后的时间进行说课练习，力求尽快掌握说课的方法与技巧。在最后的比赛中，我获得了教学技能现场说课比赛一等奖。这次成功，不仅提升了我的教学水平，也给我带来了感悟、成长和收获。

正所谓"宝剑锋从磨砺出，梅花香自苦寒来"，"赛龙夺锦"的精神助推我的前行、铸就我的成长。

二、在收获中精进成长

音乐家冼星海是番禺人。他的一生，爱国、奉献、求真、坚韧、自强，硕果累累。"星海精神"多年来已在番禺生根发芽，一直滋养着番禺人民，也激励着我在教育道路上一路前行。

我没有辜负学校领导的用心栽培，在不断的锤炼中迅速成长起来。2002年，我开始参与国家级课题，就网络教学进行研讨（当时这在全国还是比较前沿的一种研究）。我的网络课例"圆明园的毁灭"获广东省优质课例评比二等奖、国家优秀教学案例二等奖。古诗教学的网络课例"宿新市徐公店"、教学案例"开开心心去郊游"获全国教育科学教育部重点课题优秀成果评选获二等奖。后来我还参与了综合性学习的研究，其中"水乡的巨变"案例获广东省一等奖。其间，我参与了番禺区教研室的"基于网络环境下的古诗教学模式的研究"的课题研究，研究成果获广州市教学成果奖二等奖。2002年，我代表番禺区参加广州市学科现场优质课评比，获二等奖。

后来，我被市桥城区推荐参加区的教学新秀比赛。比赛分三部分进行，分别是现场课例展示、现场抽签说课和答辩。关于公开课，我之前一直不喜欢进行试教，总觉得该怎样就怎样，实实在在地展示我的课堂教学情况就可以了。但这次是上级部门非常重视的一次教学比赛，我只好开始我的第一次试教。关于课例展示环节，我确定的教学内容是《可爱的草塘》。于是，我围绕教学内容认真备课，从教学重、难点到教学方法，再到各部分之间的过渡等一一进行推敲，并立即开始第一次的试教。试教后，陈校长亲自为我评课，对我那节课的亮点及不足的地方进行了细致到位的点评，学校的骨干樊老师、张老师为我提出了宝贵意见。听了她们的话后，我对课的内容及教学步骤再次做了修改，并认真进行了第二次试教。通过第二次试教，我发现教学效果确实比第一次有了明显的提升，学生的学习积极性被充分调动起来。我还对课堂中可能出现的一些情况做了充分准备。比赛时，我在现场说课、答辩的环节表现出色，最后荣获了一等奖。之后，我参加广州市品德现场优质课评比，获一等奖；参加广州市小学语文现场优质课比赛，获二等奖。

若说磨炼是成长的基石，那么磨课则一定是教师专业成长最好的途径。一次次的磨课，可以提高老师对课堂的宏观把控能力，对课堂突发事件的处理能力及解读教材的能力。之后的几年时间里，学校给予了我很多锻炼的机会，如城区开放日、各种接待展示课、异地教学研讨……不断地推荐我上市级、区级的公开课，还鼓励我参与各类课题研究，参加各种教学比赛。我在"磨砺"的过程中，渐渐有了自己的语文教学风格。通过一次次的观摩课、赛课等活动历练，我不断地成长，教学水平也在不断地精进，从一个懵懵懂懂的青年教师迅速地成长为一名骨干教师。我的语文课外阅读课例"走进童话王国"获广东省一等奖，该课例的设计获中央电化教育馆评比三等奖；《琥珀》教学设计获广州市一等奖；微课"如何修改习作生活中的启示"获广州市二等奖；教学叙事《这是一缕温暖的阳光》获广州市教学成果评比一等奖；等等。其间，我撰写的多篇论文获省市区各项奖励，如论文《例谈如何有效开展网络环境下小学语文课外阅读》获得广东省一等奖，论文《关注学情 以学定教》荣获广州市二等奖，等等。另有10余篇论文在各类教育教学期刊发表。

与此同时，我被认定为"广州市小学语文骨干教师""番禺区首届小学语文骨干教师"。这时，番禺区市桥实验小学（实小）向我招手了，我决定踏出这一步。

三、在慷慨前行中收获芬芳

成长永远没有终点，一个阶段的终点将是下一个阶段的起点。同时，成长离不开外界的压力与帮助，更源于内在的动力。在实小特有的文化氛围中，我逐步改变着、成长着。

"博观而约取，厚积而薄发。"成为学习型和研究型的老师是我的专业追求。来到新的学校，在尽快适应新的教学环境之余，我还要负责学校的教科研工作和语文科的管理工作。

我坚持学习，与时俱进　新一轮基础教育课程改革，像一阵春风吹进教育大地。番禺区掀起了"研学后教"课堂教学改革热潮，我积极投身于"研学后教"课堂教学改革的实践中。面对教育新形势，我不断汲取新课程理念，积极参与各项培训，例如在北京举办的全国小学语文优质课观摩研讨活动等。我潜心教育科研，博采众长地学习，为我的专业发展奠定扎实的理论基础，不断提升自身教育科研意识。

我勇于承担，互勉共进　我积极参加市、区、校的语文学科教研活动，多次参与区级教研活动，带头讲授区、学校的公开课。我在番禺区"研学后教"市桥现场会上执教的小学语文四年级上册《搭石》一课，获得广州市教研员的一致好评。应番禺区教研室的安排，我到市桥陈涌小学对番禺区"十二五"科研课题结题现场会上作课例指导。在该校现场会上展示的课例获得与会评审专家的一致好评。在市桥城区语文中小学教学衔接研讨会活动上，我执教的小学语文六年级《少年闰土》一课，获得了上级领导的充分肯定。我积极参与送课下乡，到帮扶的沙湾华阳学校给他们学校全体语文老师上了一节六年级语文课例《我最好的老师》，并指导他们有效地在学校内开展语文科组教研活动，此行获得沙湾华阳学校校领导们的充分认可。在广州市智慧教育（番禺现场会）学术研讨活动中，我应番禺区教研室的安排，指导市桥沙墟第一小学就电子书包在课堂教学中的运用，作课例指导及现场点评。在广东省市桥中心小学一师一优课的现场会上，我进行课例指导及现场点评。在全国教育信息技术研究课题"小学生创意小作文微课程开发与应用的行动研究"研讨会活动中，我指导青年教师执教《钓鱼的启示》，该课例得到广东省小学语文教研员杨建国老师的肯定，受到听课教师的高度好评。我给五华横陂第一小学的老师们介绍我校开展书香校园创建工作的经验，并以"语文阅读活动有效开展的策略研究"为题作了专题发言。近年，我执教的多节语文优质课分别获广东省二等奖、广州市一等奖、中央电教馆的三等奖，教学案例获广东省一等奖。

我积极钻研，成绩突出 近年来，我接触到教育科研这片天地。参与课题研究，使自己的教学管理视野更开阔了，教学观念也在学习与研究中转变着。在傅荣教授、姜涛教授的指导下，在柯中明校长的带领下，我先后参与了近20个省市区级课题的研究，同时也带领学校的骨干教师进行了课题研究的工作。学校的科研气氛非常浓厚，"十二五"期间学校在研的省市区级课题合计39项。三项广东省级科研课题、一项广东省教育厅德育课题、两项广州市级课题、四项番禺区级科研课题等均以优秀成绩顺利结题。我主笔撰写的"小学'根教育'特色课程开发与实施的研究"成功立项为广东省2015年科研课题，"核心素养视野下运用阅读学习单加强小学生课外阅读指导的案例研究"成功立项为广东省2017年科研课题。我积极参与课题研究，获得了丰硕的成果，我的课题研究成果分别获广州市教学成果二、三等奖；多项课题成果获番禺区科研成果评比一等奖。一项项的课题研究，成为了我理论与实践相结合的成长平台。我的教育思想得到了升华、教育能力得到了提高，自己的教育艺术走向了又一个新高度。

我引领科组前行，共创佳绩 教学实践中，我团结语文科组内的每一位老师，带领科组开展教研工作，从集体备课到作业检查，从"翰墨书香文化节"到"每周一诗"，再到"规范汉字书写大赛"等。近年来，在全体语文科老师的努力下，我校获得了"国家级语言文字示范校""广东省书香校园""广东省规范汉字书写教育特色学校"等荣誉称号。我校语文科组还被评为"广州市语文优秀科组"，连续三届获得番禺区语文优秀科组评比一等奖。2017年10月17日，我参与了区域教育科组建设协同发展项目启动仪式活动，与横江小学（农村薄弱学校）"手拉手"共建优秀学科，就科组建设问题进行了深入的交流。

我悉心指导，培养新人 我着力培养的四位教师成为了学校的骨干教师，多次承担学校、市桥城区的教研和经验交流活动，通过深入课堂进行调研、制定与审阅研学案等方法，我在教材处理、重难点突破、后进生的转化等方面都给予了耐心的指导和关怀。张老师思维敏捷、肯钻研，现已成为"番禺区新课程实施中心组成员"，参与过多个课题研究，有多篇论文发表并获奖。陈老师谦虚好学，在我的指导下参加番禺区课型大赛获得一等奖，并被评为番禺区学科十佳青年老师。郑老师在我的指导下参加番禺区课型大赛获得一等奖。我指导的陈老师等三位老师的课例获得番禺区的二等奖，指导的罗老师参加广州市品德优质课比赛获得一等奖。

2012学年至2016学年，我连续四年被聘为"番禺区新课程实施中心组成员"，现任番禺区教育学会第七届理事会教育管理分会副会长、番禺区教研室李进成教研员工作室成员，连续几年被聘为番禺区学科特约教研员。其间，我还获得了番禺区"研学后教"课堂教学改革先进个人等荣誉称号。这五年里，我付出了很多，也收获了很多，我的微课、论文、教学叙事等多次在省市区级各类评比中获奖。经过多方的磨炼，我凭着自己对教学的深厚情感，凭着对课堂教学意识的独有感悟力，教学能力日趋成熟。

领悟赛龙夺锦的精粹，传承星海精神，乘风破浪，更上一层楼。在追逐教育梦想的路上，我要用青春和热情为太阳底下最光辉的职业添上灿烂的一笔！

第三部分　学科教育观

▶ 我的教学风格解读 ◀

反观自己的成长历程，思索自己的教学轨迹，归纳自己对语文教学的浅见，我把自己的教学风格提炼为：以生为本，细腻通达，浸润心灵。

以生为本 北京特级教师张维老师在一次全国教学研讨会上，谈笑间道出了教学的真谛："把学生的需要放在首位，有了需要，就有了兴趣，也就有了学习的积极性。"这观点我十分认同。以生为本，要让学生真正成为学习的主人。在每一次的学习活动中，学生不是被动的、消极的，不是书本的奴隶，而是具有个性的、生动活泼的、充满生命活力的个体。真正的教学应该从关注学生的实情，了解学生的需要开始，尊重学生独特的生活体验。教师要创设融洽和谐的学习氛围，让学生真正主动地参与学习活动，落实自主、合作、探究学习的开展，从而成为学习的主体。关注学生的主体性，开发语文学习潜能，激发语文学习兴趣，培养自主学习的能力，让学生积极主动且有主见地投入学习实践活动，并引导学生在合作探究中去发现，鼓励学生在阅读欣赏中去感悟，启发学生在讨论中去质疑。努力让学生参与问题研究并从中去发现、去体验，促使他们做到眼到、口到、手到、心到、脑到，拓展更多的时间、空间，让学生明确自身学习过程中的主体地位，让他们的个性得到发展、思想得到全面解放，进一步让他们在体验中创新，在创新中发展，在发展中成长！

我教学人教版第十一册《开国大典》一文时，在学生开展自主合作探究、汇报之后，我引导学生品读课文，但由于开国大典离学生生活的年代有点久远，学生似乎没能体会到当中的情感。这一情况完全在我预料之外。可我没有按自己的教学预设强行施教，而是采取了这样的"后教"方式：设想自己就是当时一名参加开国大典的摄影记者，你会抓拍哪些难忘的镜头，谈谈理由并给自己的照片起个名，配上一段解说词。学生听后，表现出了浓厚的兴趣，教室顿时热闹起来，马上就开始了热烈的小组讨论。这样就给了学生选择学习内容的自主权，由于选择的内容是自己印象深刻的，并符合自己感悟理解能力的，因此课堂上孩子们学习热情高涨，说得生动热烈，读得入情入境，写得有滋有味，学生的个性灵动飞扬。

教学即是即席创作。现在的课堂，学生往往不顺着教师的思路走，思路旁逸斜出，甚至会出现价值取向与教师预设的大不相同的情况，这是对教师的理念与智慧的挑战。成功的教学，是教师与学生在进行情感与思维上的对话。语文课堂教学应该尊重学生的独特体验，尊重客观规律，最终达到师与生共同发展的目的。要进行平等对话，教师更要巧妙地处理好学生、教师、文本三者之间的关系。学生应该是对话的主体，教师是对话的引导者，教材是对话的资源，教师要营造宽松的对话氛围，让学生有一个"心理安全"，然后将自己的所见、所思、所感倾泻无余。教师要把学生的收获作为学习的资源，让学生之间、师生之间能够相互交流、相互感染、相互帮助，完成其他部分的内容的学习，形成一个完整的学习过程。由此可见，只要我们以生为本，尊重学生独特的感受、体验和理解，多一些欣赏，多一些机智，把握住"生成"，让"异样的声音"有机会站到台上陈述，就会如珠玑落盘，悦耳动听。

细腻通达 语文教学中，对文本情感的感受，对内容的深切理解，必然来自对文本词句的细致品读，深度咀嚼。我对文本的把握，整体上大气，小处上则细腻。如《美丽的西沙群岛》中对"瑰丽无比"的理解，我特意列了晚霞、烟火、大雨后的蓝天，打开了学生的想象空间，让学生深切感受那海水的奇丽。此时学生的眼睛亮晶晶的，充满了对新发现的兴奋光芒，看着让人无比欣慰。

所谓"通"，就是融会贯通。这是语文学习的一大特点。语文内涵之丰富远胜于其他学科，与历史、地理、美学、道德等学科有着千丝万缕的联系。如果教者无此通融之力，如何教会学生启悟的文学之心？所谓"达"，即到达、实现的意思。路通了，但能否到达目的地，则是另一回事了。怎样才能晓其"达"？就是关注学生的反馈。课堂教学中不断以学生即时反馈为依据，判断学生对前一个教学内容的达成度，思考下一步教学该采取怎样的措施。课堂教学具有极强的现场性。面对富有价值的生成资源，教师不应拘泥于预设的教学规程，而应独具慧眼，将"弹性灵活的成分、始料未及的信息"等生成性资源即时捕捉并理智地纳入课堂临场设计的范畴中，盘活资源，丰富课堂的内涵，使课堂的教学流溢着鲜活的动感。

记得那次执教《我的伯父鲁迅先生》，当学生读到"他听见脚步声，抬起头来，饱经风霜的脸上现出难以忍受的痛苦"时，一个学生举手质疑："我想知道'饱经风霜'是什么意思？"刚说完，旁边一个比较调皮的男同学就说："是形容一个人很老呗！"其他同学听了，显然有不同的意见，纷纷议论起来。这时，我灵机一动，说："前两天，不是让大家写了'猜猜他是谁'（描写人物外貌）吗？你们都非常感兴趣，而且写得很成功。现在，何不用这个成语再来练习描写人物的外貌呢？"我故意没有急着解释成语，而是"生成"拓展——"你们在日常生活中见过饱经风霜的人吗？怎样从外貌上看出他是一个饱经风霜的人呢？"学生都争着说出自己的所见之人。

学生的发展是在不断的生成过程中得以实现的。在上面的教学中，如果当时我只是把"饱经风霜"的含义直接解释给学生听，学生虽然知道了这个成语的意思，但不一定能深刻领悟到它的含义，进而灵活地运用它。教师以其机智，及时"变奏"教学流程，超越文本，连接生活，激活学生的生活体验，使一个成语成了学生练笔的好素材，学生的语言和精神在实践中同构共生。这样的教学，既有深度，又有宽度，充满灵性。

漫润心灵 《义务教育语文课程标准》明确指出："工具性与人文性的统一，是语文课程的基本特点。"我认为，语文课堂不但要注重学生知识的学习和能力的培养，而且要文以载道，文以载性，要重视学生情商的发展。语文课堂不但是学习知识、发展能力的好例子，而且是育人的好例子。教材中很多具有丰富人文内涵的美文，可以润物无声地浸润学生的心灵。在教学中，我精心预设，从珍视学生的体验、感悟入手，让学生的心灵与文本真正接触，真正走进我的语文教学。

如教《金色的鱼钩》时，我引导学生通过老炊事班长三次"笑"的外表，体会他的内心世界：第一次，老班长端来鱼汤，笑着说："吃吧，就是少了点儿。"他还"摸了摸嘴"，假装先喝了。这是为了动员3个小病员愉快地喝鱼汤。第二次，老班长见到3个小病员都端着鱼汤不喝下去（小梁知道老班长没有喝鱼汤），便"收敛了笑容"，严厉地说："为了革命，你们必须喝下去。"第三次，老班长看着他们喝完了鱼汤，便"嘴边露出了一丝笑意"。这让学生懂得老班长想要挽救3个小病员的生命、帮助他们走出草地的良苦用心，从而既看懂了老班长忠于革命、舍己为人、无私奉献的崇高形象，受到了革命传统教育，又认识到今天的幸福生活来之不易。再如教《太阳是大家的》一课时，在即将结束时，我让学生仔细看插图，紧扣单元目标，提出思考问题："还有什么是大家的？"学生透过插图（一群孩子们手捧和平鸽，注视蓝天），很容易答出"和平也是大家的"。孩子们的思想得以净化，心灵得以成长。关注课文中的插图，不仅仅是与编者对话，还是与孩子们的心灵交谈！

小学语文教科书是教师实施语文课程、开展语文教学的主要载体和依据。文以载道，课文是思想内容的载体，两者密不可分。因而，在教学中如能把两者紧密结合，有利于学生对语言文字的理解和运用，又能使思想教育达到"润物细无声"境界。德国哲学家雅斯贝尔斯说过："教育是一棵树摇动另一棵树，一朵云推动另一朵云，一个灵魂唤醒另一个灵魂。"教师应透过语文教学课堂的这扇窗，在引领学生感受美文、领悟语文的博大精深的同时，与学生展开深层交流与对话，帮助和引导他们树立正确的人生观。

 我的教学主张

精彩课堂不曾预约

番禺区近年一直致力于进行"研学后教"课堂教学改革的实践，我积极参与其中。"研学后教"倡导：一切以学生为本，把课堂还给学生，把快乐还给学生，把学习的主动权还给学生，让学生真正地做学习的主人。在参与"研学后教"的课堂教学改革实践中，我深深地领悟到：在教学中，教师要真正把关注的焦点放在学生的身上，依据他们的学习情况，选择最合适的学习方法，灵活地安排每一个教学环节。同时，在教学活动中，我们应该与学生平等地走进新课程，相信学生，相信他们有学习的能力、创造的能力。在整个学习的过程中，要善于、并敢于把探究的机会交给学生，让学生成为学习的主人。这样，教育才会取得成功。只有这样，课堂才会充满生机与活力，才会精彩不断、异彩纷呈。为了追求这"幸福课堂"，我努力地实践着。

一、把时间还给学生，让课堂成为学生快乐的时光

"研学后教"课堂教学改革在课堂观方面，要求从"教师中心"转变为"学生中心"；在学生观方面，要求教师把学生看成学习主体，确立学生本位意识，将"关注每一位学生"当成重要的教育理念，践行"把时间还给学生"的"研学后教"核心理念。而小组合作学习，就能很好地将时间还给学生，充分发挥每个学生的主观能动性，让每个学生在小组学习中度过快乐时光，获得一定的成就感。

二、把问题还给学生，让课堂成为学生能力提高的摇篮

"研学"课堂里，老师把时间还给学生，老师讲课的时间少于学生自主、合

作、探究学习的时间，教学由以"教"为主线转变为以"学"为主线，将课堂转变为学生暴露问题、分析问题、解决问题的课堂，让学生成为课堂的真正主人。

学生解决"研学问题"的过程就是探究学习的过程，探究学习是根据老师预设的"研学问题"和课堂的"生成问题"进行探究，建构出有意义和价值的答案的学习过程。教学问题不一定是研学问题。如何确定研学问题，首先应该把握教学内容中的核心问题，而教学中的核心问题就是我们的教学目标，所以应聚焦在最有价值的知识与技能上；其次是有难度的问题，即必须深入思考、广泛交流才能解决的问题；再次是有价值的问题。若要凸显"研学味"，不仅要能引发学生对未知世界的好奇感，还要能引发他们对研究的热情与兴趣；不仅要能培养学生解决研学问题的能力，还要能培养他们发现和创造性解决研学问题的能力。

三、关注学生的能力培养，让课堂成为学生成长的基石

语文教学主要是培养学生听、说、读、写的能力，是提高语言文字综合运用能力的学科，在日常生活中显得格外重要。因此，语文教学中应加强对学生语文能力的培养。《业务教育语文课程标准》指出："语文课程应致力于学生语文素养的形成与发展。语文素养是学生学好其他课程的基础，也是学生全面发展和终生发展的基础。"课堂教学中，在老师的带领下，学生的各种能力得到锻炼并有所提升。学生通过"自主学习"的阅读过程，"合作学习"的讨论过程，"展示学习"的交流过程，提升了阅读能力、思维能力、认真倾听的能力、评价的技巧、汇报展示的能力、团结协作的能力等语文素养。我认为，不管是教师的逐步引导还是学生的逐渐超越，只要学生得到了锻炼，也就成长了。

四、把体验评价交流还给学生，让课堂成为学生成功的起点

作为一种语言教学，其过程应该是学生、教师、文本间交流互动的过程。在课堂的教学中，教师应充分尊重和信任每一位学生，为他们提供充分的从事语文活动和交流的机会，让学生在自主探究、合作交流中得到充分发展，真正地让语文课堂变成学生互动的舞台。只有这样，学生才能如同鱼儿一样在水中畅游、跳跃。"研学后教"的课堂有别于传统课堂的另一个显著特点是把评价的权力交还给学生，把学生看作学习活动中不可替代的主体，关注学生的主观能动性，注重学生的发展潜力，真正体现学生是学习的主体。正如苏霍姆林斯基所说的，在人的心灵深处都有一种根深蒂固的需要，这就是希望感到自己是一个发现者、研究者、探索者。引导学生参与评价，正是给学生提供了发现、研究、探索的空间，为学生有所发展、有所创造提供了条件。因此，"研学后教"的课堂提出：把课堂评价的权力交还学生，把学生引导到积极的评价中去，让学生在评价中交流、在交流中发展、在发展中创新。

 他人眼中的我

用心——平凡的事业在她眼中就是全部

何燕霞老师是一位具有丰富的语文专业知识并充满灵气的老师。何老师能在认真做好自己的常规教学和管理工作之余,积极参加各类培训学习,增加自己的知识储藏和积淀,拓宽自己的视野,并把在校外学到的经验带回校内。何老师的课堂语言严谨、精炼,课堂教学用语流畅、生动、形象,对学生有吸引力,能有效地激发学生的兴趣。

——国培计划"领航班"首批学员、广东省"柯中明"名校长工作室主持人、广东省广州市番禺区市桥中心小学校长　柯中明

热心——年轻的同事在她身边不断成长

何老师的工作效率很高,课堂教学条理性强,每节课的教学点都得到了很好的落实。每次听她的课,对于我们来说都是一种享受,让我们获益匪浅。何老师乐于奉献。她经常深入年轻老师的课堂,认真倾听他们的困惑,及时给予中肯的评价和有效的指导,有时甚至手把手地、一个一个环节地教。她严谨的教学态度和对年轻同事的关爱与激励,让人敬佩,让人感动。

——广州市番禺区市桥东城小学教导主任　黎文苑

细心——毛躁的孩子在他手里变得温润

何老师力求以自身良好的道德修养、丰富的知识阅历去影响学生的心灵。她善于把课本知识与德育巧妙地结合并穿插在教学中,真正做到了润物细无声。这一点彰显了何老师娴熟巧妙的教学艺术!

——广州市番禺区市桥东城小学五(3)班学生家长

第四部分　育人故事

我享受这样的"幸福课堂"

"幸福"是多么让人神往的字眼,也是教育界一直追寻的目标。有生活就有幸福,幸福是存在于一个人真正的工作中的。事实上,在教师的教学工作中,课堂是师生生命不可重复的体验,课堂中闪现着最真实的人生活力,流淌着最精彩的生命激情,而这些都应该建立在幸福之上。让课堂洋溢着幸福,已成为师者一生的追求。那怎样的课堂才是"幸福课堂"呢?怎样才能做到"幸福课堂"呢?在

实践中，我认为"幸福课堂"应该是富有活力的、充满智慧动态生成的。

叶澜教授曾说过："课堂应是向未知方向挺进的旅程，随时都有可能发现意外的通道和美丽的风景，而不是一切都必须遵循固定路线而没有激情的旅程。"为了追求这"幸福课堂"，我努力地实践着。

在课堂教学师生双方参与的动态过程中，师生之间是一种平等互动的关系。因此，作为教师，理应"以生为本"，充分发挥学生的课堂积极性，尊重并珍视学生不断变化的学习需要，并把它作为推进课堂进程的重要资源。只要有利于学生对文本的理解和感悟，教师就要灵活地调整教学的重点和难点，使精心的"预设"与即时的"生成"和谐统一。

那一天的语文课，同学们正在按照《研学案》开展自主学习。突然我发现一些学生开始"窃窃私语"，视线也转向了别处，个别学生竟捂着嘴偷笑。我正准备提醒学生"专心、有礼貌"，一位学生忍耐不住，叫了起来："老师，看！小壁虎！"这下学生的注意力全都转向了墙角。我随着学生指的方向看过去，果然墙角与天花板的交汇处，一只壁虎不知从哪儿钻出来趴在那儿一动不动。学生的眼睛因小壁虎这个"不速之客"闪闪发光，他们的目光偷偷地瞟向墙角的小壁虎，看似平静的课堂实际上并不平静。怎么办？为什么一只小小的壁虎比老师更有吸引力？我想起了儿童心理学：儿童的无意注意占优势，我们要充分利用这一非智力因素进行教学。既然孩子们对小壁虎感兴趣，就从小壁虎入手吧！正好本单元有个观察动物外形的说话练习，何不抓住这一天赐的活动情境，让他们尽情地发挥并展现个性呢？我思考了一下，对学生说："看来你们都很喜欢小壁虎，那你们能说说小壁虎的样子吗？"这下学生来了兴致，一个个目不转睛地盯着小壁虎，纷纷开始回答："小壁虎长着小脑袋，长尾巴，四条腿。""小壁虎的眼睛小小的，身子扁扁的，尾巴长长的。"

一个学生好像并不满足于这些回答，把手举得高高的，迫不及待地等着我叫他说。等我叫到了他，他得意地说："老师，我还知道小壁虎的脚上有吸盘呢！""哦？"我装着不明白。"小壁虎的脚上有了吸盘就贴在墙上不会掉下来了！"一石击起千层浪，更多的学生举起了手，"老师！老师！"地喊着。我想，如果这样一个一个说下去，这节语文课就真要成了漫无目标的大杂烩，就要浪费课堂了。我合上了语文书，对学生说："你们的知识真丰富，下面我们来个编故事比赛，故事里要有这只可爱的小壁虎，如果在故事中能告诉大家小壁虎的样子、小壁虎的本领、小壁虎与别的动物不一样的地方那就更棒了。请你们在座位上好好想想，与同桌讨论讨论再举手好吗？""耶！"学生们兴高采烈，一个个动起了脑筋。于是，一个个精彩而富有创意的故事拉开了序幕。

这节课，我的教学计划没有完成，原定的学习知识的进程被打断了，但这一偶发事件并没有带给我一丝懊丧，相反地，我和学生一样也沉浸在喜悦之中。壁虎是常在夜间活动的动物，学生也听过关于小壁虎的故事，但没有机会这么近、这么长时间地去看一只壁虎，有的也许是第一次亲眼目睹壁虎的"尊容"呢！就是我自己也从没有这么近距离地观察过这位"稀客"呀！虽然这一节课没有完成原定计划，但又有什么关系呢？这一位"不速之客"带给了我们欢乐、喜悦、激动、难忘等等，激发了我们对生命的感悟、生命的活力，这不也是教育所提倡的吗？由此，我意识到对学生少一些强迫、少一些禁锢、多一些理解、多一些宽容，凡事以人为本，创设一种融洽、宽松的教育氛围，这对学生身心各方面的发展都将是有好处的。学生观察着小壁虎编故事，发挥了想象能力，发展了语言组织能力。只要立足于语文，搭建学习语文的平台、天地，一样可以学语文、用语文。因此，这是我们师生共同难以忘怀的一节课。

在一次又一次的教学实践中，我深深领悟到在每一次的学习活动中，学生不是被动的、消极的、不是书本的奴隶，而是具有个性的、生动活泼的、充满生命活力的个体。真正的教学应该从关注学生的实情，了解学生的需要开始，尊重学生独特的生活体验。教师要创设融洽和谐的学习氛围，让学生真正主动参与学习活动，落实自主、合作、探究学习的过程，从而成为学习的主体。对于那一次又一次"灵动的生成"，如果我们以此为教学的契机，好好地把握它，并对它加以合理地开发和利用，就能使之对教学起到推波助澜的作用，从而创设出无法预设的精彩，让教学充满无比的活力和智慧。这样的课堂才会充满激情、充满生命、充满精彩，这样的课堂才会充满快乐、充满喜悦、充满幸福。

附录　教学现场与反思

《少年闰土》第二课时（"研学后教"课堂教学实录）

《少年闰土》节选自鲁迅的短篇小说《故乡》。课文通过"我"的回忆，刻画了一个见识丰富而又活泼可爱、聪明能干的农村少年——闰土的形象，反映了"我"与他短暂而又真挚的友谊以及对他的怀念之情。

《少年闰土》是写人的文章。人物的外貌、语言、动作是表现人物的基本方法，作品抓住了这些特点，将人物刻画得十分成功。课文中闰土的四件事都是采用对话的形式描述的，教学中引导学生紧紧抓住闰土的语言来体会他勇敢、聪明、能干、活泼可爱的特点，同时体会作者所要表达的热爱农村生活、热爱劳动人民的思想感情。这是本单元"初识鲁迅"的第一篇课文，教材编排的目的是让学生感受到鲁迅先生作为一位伟大的文学家的成就。

教学目标

1. 学习本课生字、新词。理解含义深刻的句子，进而理解课文内容。

2. 能正确、流利、有感情地朗读课文，背诵第1自然段。

3. 感受少年闰土这一人物形象，了解闰土是个聪明、能干、活泼可爱的农村少年，理解作者对闰土的特殊感情。通过联系上下文、时代背景、同学相互讨论等方式理解含义深刻的句子。

4. 学习作者抓住人物的言行外貌概括人物特点的写作方法。

学情分析　因为课文写的是少年时代的事情，学生容易产生共鸣。但由于时代的原因，很难理解一些含义深刻的句子，教师要注意指导。

教学重点　感受少年闰土这一人物形象，了解闰土是个聪明、能干、活泼可爱的农村少年

教学难点　理解含义深刻的句子，体会课文的思想感情。

课前准备　老师准备多媒体课件。学生了解鲁迅的生平及文学成就。

一、教学实录

（一）情景渲染，引出闰土

师：通过上节课的学习，我们知道了作者抓住人物的外貌特点，写出了一位淳朴而天真、讨人喜欢的农家少年。还记得作者喜欢闰土的原因是什么吗？（检查【课前自学】任务1）

生："啊！闰土的心里有无穷无尽的希奇的事，都是我往常的朋友所不知道的。"（相继出示句子）

师：是呀，"闰土的心里有无穷无尽的希奇的事"，课文中讲了哪几件事？（检查【课前自学】任务2）

生：……

（二）研读课文，了解闰土

师：大作家鲁迅先生通过记叙这四件事，给我们展示一个怎样的少年闰土呢？请看《研学案》里的研学问题。

研学问题：认真阅读课文中描写"我"和闰土的故事，说说闰土给你留下了怎样的印象？

研学方法：批注文章中的关键词句，抓住人物的语言、动作描写进行研学。

1. 自主学习要求：默读课文第6—15自然段，找出人物语言、动作描写的词句，写下批注。

2. 合作学习要求：小组内选择最感兴趣的一件事进行交流，并做好任务分工，为汇报作准备。

3. 全班汇报交流。

学生根据《研学案》的要求开展自主学习。

学生根据《研学案》的要求开展小组合作探究学习。

学生各小组汇报重点句。

（详细）小组1汇报：雪地捕鸟——聪明能干　见多识广（抓动作描写）

师：这件事刚好承接了上文的哪句话？

学生朗读体会。师生合作朗读。（出示图）

（详细）小组2汇报：瓜地刺猹——勇敢机智（抓人物语言）

潮汛看鱼——生活丰富多彩（抓住语言描写）

（三）突破难点，记住闰土

师：大家想象一下，他那无穷无尽的稀奇事还会有哪些呢？

学生品读理解"他们不知道一些事，闰土在海边时，他们都和我一样，只看见院子里高墙上的四角的天空"。

师："我"是多么羡慕、佩服闰土，盼望、向往他丰富多彩的生活呀！正因为这样，鲁迅把少年闰土看作是难得的好朋友，虽然他才相聚了一个月，却建立了深厚、真挚的友谊。分别时是多么地难舍难分啊！（指名朗读最后一段）

学生进行感情朗读并畅谈体会。

师：对于鲁迅来说，这位与众不同的朋友，和他讲的那些稀奇事，深深地印在了我的脑海当中，久久挥之不去。特别是这个情景：（音乐）深蓝的天空中挂着一轮金黄的圆月……（生读看瓜刺猹）

（四）拓展练笔，不忘闰土

学生完成研学练习：闰土的农村生活与同学们过的城市生活都是多姿多彩的，请你也来写一件稀奇事。可以仿照"看瓜刺猹"或"雪地捕鸟"的写法，写一个片段，注意人物的语言、动作描写。

师：三十年后，"我"和闰土再次相遇时，闰土的巨大变化却让"我"大吃一惊。他发生了怎样的变化呢？历尽三十年的沧桑之后，"我们"还是那么亲密无间吗？如果想知道，请同学们课下阅读鲁迅的小说《故乡》，相信你会有更大的收获。我们将利用阅读课交流读书体会。

二、教学反思：让灵动的生成熠熠生辉

《少年闰土》一文节选自鲁迅的小说《故乡》。作者采取倒叙的方法，一开始就把要介绍的人物介绍出来，然后按照事情的发展顺序，抓住人物的外貌、语言、动作的特点逐步回忆，依次叙述，一步一步刻画出一个活泼、可爱、聪明能干的海边的健康少年。这节课，我采用了"关注学生学情，重视读中感悟以及注重生生、师生平等互动，为学生的学习营造一个乐学、善学的教学氛围"的教学策略，使学生的读、品、悟水到渠成。回顾整节课的教学，我切实做到了以下三个"过程"：

（一）抓住中心句生成研学问题，实现"开放而到位"的研读过程

这节课改变了以往阅读教学面面俱到、串讲串问的传统做法，紧扣文中重点

部分，以学生研读为主体，以探究发现为手段，培养学生自读、自悟的能力。"啊！闰土的心里有无穷无尽的希奇的事，都是我往常的朋友所不知道的"这句话既是文章内容的枢纽，又是"我"情感的枢纽。于是我把它作为一个突破口，引导学生由这个句子而产生的"研学问题"进行"自主—合作—交流"的研学。由于第一课时的时候，我已引导学生归纳了四件稀奇事。因而本节课的重点就是从写法上去领悟作者是如何抓住人物的语言、动作的特点来展现一个怎样的少年闰土。就这样，学生带着研学问题，去读书，去思考，去品析词句，体会闰土的机智勇敢，进一步领悟作者的写法。在交流中，教师注重引领学生从不同角度、不同层面通过读思结合学习课文，以较短的时间在整体上感知了教学内容，把握少年闰土的形象。最后，在"研学练习"的环节，我让学生运用所学，举一反三，写出自己生活中稀奇的事的一个片段。这样既对学生进行了语言文字训练，又锻炼了学生的思维能力。看得出，整节课中，学生学习积极性高涨，在研究中获得了成功的快乐。

（二）紧扣中心句读中悟情，落实"由浅入深"的疏导过程

学习了四件"稀奇事"后，学生对闰土的人物特点有了比较深刻的印象，但对"我"与闰土之间的感情却没有深入的体会。因此，我引导学生联系上下文理解含义深刻的句子，落实本单元重点训练项目，并在此基础上，引导学生分别带着赞美、钦佩、向往的感情反复读中心句，读中悟情，强化重点训练，营造情感的氛围，使学生的情感与"我"的情感产生共鸣，达到"课将尽而情真浓"的境界。

在重点、难点词句的研读中，学生难免碰壁。本节课，教师的"后教"策略努力点拨到节骨眼上。尤其是"啊！闰土的心里有无穷无尽的希奇的事……高墙上的四角的天空。"这句含义深刻的话的理解。我们看得到，由于学生在之前那四件事的学习中，已经抓住人物的动作、语言很好地理解了闰土的人物形象。特别是闰土刺猹的形象，我已多次在课堂上解读，因此，后半句"高墙上的四角的天空"的意思，学生也基本上能领悟到。学生读得非常投入，尤其是一个"啊"字，融少爷"我"的种种情感于一体，在赞叹中凸现了少年闰土的形象，领悟了少爷们的心声，学生在阅读中真正感悟到了其中隐藏着的深刻内涵。我以此帮助学生突破难点，教学实现由局部向整体推进的效果。

（三）紧扣中心句提升能力，注重"为学生发展"的实践过程

课堂教学中，我特别注重训练学生的思维以及语言表达能力，灵活设计读、说、想相结合的教学环节。如说话训练：月下刺猹这段话中哪里让你觉得最有意思？让学生在读书后，说说有意思的地方在哪，理由是什么。通过这样的说话训练，培养学生的表达能力。短短的课堂是不能把"阅读"这一语文课的重要理念全面灌输给学生的，关键在于学生由课堂引发开去，让学生带着对知识的渴求去想象、去阅读更多的文章，从而激发学生对阅读的兴趣，并学会阅读。在根据课

文插图展开想象来演一演闰土与"我"分别的情景后,我让学生想象他们30年后见面的场景,激起了学生课后去读鲁迅名篇《故乡》的欲望。

  课堂是学生的,学生是课堂的主人。我们在课堂教学中理应将课堂还给学生,让他们真正当家做主。这节课中,从教师循学生的学路调整自己的教学过程,不难看到生生、师生平等互动的教学意识,师生之间配合默契,学生主动探究,看不到高高在上发号施令的教师,只有相互影响、促进的合作关系,因而课堂气氛活跃,学生学习热情高涨。《少年闰土》一课的教学,使我深切地体会到:教学是一个动态的生成过程。教材没有变化,但是教学时间、教学对象发生了变化,那么我们的教学重点、教学思路和方法也要随之变化。只有这样,我们的课堂教学才会时时焕发出新的活力。

掬一份简约　追求通达智趣的教育理想

广州市黄埔区广州开发区第二小学　郭　艳（小学语文）

第一部分　导读语

我是广州市黄埔区广州开发区第二小学的一名小学语文教师，获评广州市第二届"十佳教师"，是广州市小学语文教学专业委员会（小语会）中心组成员、黄埔区小学语文骨干教师、中心组成员。岭南是我教育理想扎根的地方，它务实、多元、包容、精进的文化滋养着我，指引着我。在教育之路上，我主张"守住根本，发展创新"，追求"简约、通达、智趣"的教育风格。

一路走来，我以书为友，提升自己的专业素养；以师为友，站在巨人的肩膀上，虚心求教；以生为友，走进教育的本身所在。我先后承担全国、省、市、区公开课近20节，多次在区内做专题讲座，多篇论文和教学设计获得省市区级奖励并发表；参加省市区各级比赛50余次并取得优异成绩；主持或参与过全国、省、市、区级课题研究8项；参与《让语文课更有魅力——新课程背景下的小学语文读写结合策略研究》《小学语文课外阅读课型研究》等书籍的编写和校本教材的研究工作。我曾多次被评为广州市优秀教师，广州市优秀辅导员，黄埔区优秀教师、优秀班主任等。

我认为教育的根本应是以人为本，应尊重被教育者的个性，教会他们如何去发现生活世界中的真诚、善良和美丽，让他们用一颗真诚的心融入社会、理解他人、关爱生命，实现自身的价值。为实现自己的教育理想，我将一直行走在求索之路上。

第二部分　名师成长档案

植根岭南沃土　不负时光年华

人总需要一点理想。伏尔泰说："在理想的最美好世界中，一切都是为最美好的目的而设。"是的，人的活动如果没有理想的鼓舞，就会变得空虚而渺小。花的理想是灿烂绽放；树的理想是长成参天大树，而小小的我的理想就是在岭南这片教育沃土上，不负时光与年华，做一名服务大众的优秀教师。

一、诗家清景在新春

我爱好文学、喜欢读书，也许就因为这样，从一开始就埋下了职业梦想的种子。高中毕业，我选择了师范大学，选择了汉语言文学教育。毕业后，我到了成都市的一所乡镇完全中学教高一语文。那段短暂而宝贵的时光里，我阅读了大量鉴赏性书籍和文章，这为我之后的教育教学生涯累积了一定知识。

一年后，我来到广州，参加了广州开发区第二小学关卡重重的全国招聘。我先后通过了电话了解关、书写展示、朗诵、现场问答的面试关，现场抽课、备课并进行课堂教学的教学展示关，现场写作比拼关，还有即兴才艺展示关。前来应征的老师来自全国各地，来自东北的自信能说，来自湖北的才思敏捷，来自湖南的豪迈火辣，来自贵州的幽默风趣，来自新疆的热情奔放……他们的才艺让我大开眼界，有现场编排唱歌的，有朗诵的，有跳舞的，有书法绘画的……总之，人人都有绝活。就这样过关斩将之后，包括我在内的10人被录用了。一群来自全国各地携带不同地域文化基因的人，从此在广州扎根，浸润在岭南文化中，与时俱进。一转眼，15年过去了。

小学教育教学和高中教育教学太不一样了，主要体现在教育教学对象、教学内容的不同，需要运用的教学方式方法也不同。我用了比较长的一段时间进行调整，2004—2006年是一个艰难摸索的时期。那时，我的公开课总是有精彩的开头，却无完美的结束，我很着急。幸运的是，我处在一个非常团结有爱的集体，缘分让我们互相帮助亲似一家。我找到学校的余雪云老师。她很热情、务实，告诉我要看单元主题、课后要求、教参目标，于是我瞬间明白了紧扣文本与目标的重要性。我请教经验丰富、课堂教学极具艺术感的和以力老师，她语言丰富、妙语连珠。我每一次都会把自己的设计详细打印出来给她看。她总会不厌其烦地用工整的字写上自己的意见，然后细细地告诉我，我一一记下并悉心修改。就是这样，我的教学语言得到了锤炼，备课能力得到了提升。2006年我的教学设计《爱，在回忆中体味、追悔——〈秋天的怀念〉教学设计》在萝岗区、广州市分别获一等奖，在广东省教学设计评比中获二等奖。无疑，这样的荣誉，对一个年轻老师来讲具有非凡的意义，是质的飞跃，是重要的转折。同时，我跟随和以力老师开始开展习作教学研究，带领学生放眼生活，就地取材。教学入门后的我，开始有了喜欢自己教学风格的学生。他们开始喜欢我，喜欢我的课堂。

二、初待上林花似锦

2007年，对我来讲是非常重要的一年。就是这一年，我在课堂教学上有了前所未有的突破。这要感谢曾经的萝岗区教研员曹利娟老师。萝岗区的前身是广州经济技术开发区，2007年之前一直没有教研员，就在这个时候，现在是正高级教师、小语会副会长的曹利娟老师来到了萝岗区，揭开了萝岗区小学语文的新篇章。

于是，机会来了。围绕诗词教学，广州东西片区将进行《乡村四月》同课异构的活动。我报了名，只想着历练一下自己，没有奢望能代表片区去展示。从教学设计到课件制作，我反复请教老教师并多次进行修改。功夫不负有心人，在四人展示中，我的课例得到了大家的认可。曹利娟老师来听试教，她肯定了我的设计，并进一步规范了教学目标，指导我对各板块、各环节的设计进行了梳理和修改。这让我的教学目标更简洁，教学过程更简约，教学语言更简练而具有感染性、指向性。2007年5月11日，我在广州市萝岗区"广州市（东片）小学语文阅读课一课多式教学研讨会"上执教了《乡村四月》"一课多式"示范课并得到同行的好评。同月，在曹老师的推荐下，我和宝玉直实验小学的麦珏昉老师在广州市同课异构教学研讨活动中执教《生命，生命》。但这次没有之前顺利，课中存在的问题，至今都让我铭记在心，并时时提醒着自己。

同样是那一年，我在"萝岗区2007年小学语文教师能力竞赛之诗文鉴赏活动"现场演讲，并在现场诗文大赛中表现突出获得区特等奖，代表萝岗区参加"广州市小学语文教师能力竞赛之诗文鉴赏比赛"获一等奖。当时，这项比赛在第一届"十佳教师"评审中占的分量是很重的。这一系列的努力与回报给了我很大的鼓舞与自信，我开始带领学生走进经典诵读之门，并一直坚持到现在。那一年，我26岁。

在这之后的每个学期，我都积极撰写教学设计，坚持上一到两节公开课，把握每一次机会。在曹利娟老师的指导下，我积极参加各种培训、教研活动，认真研读课标，对里面的要求不敢说倒背如流，至少是烂熟于心。而后，我积极征订《小学语文教师》《小学语文教学》，购买王崧舟、薛法根、窦桂梅的教育教学专著，并潜心阅读，模仿大师课堂，在科组教学活动中展示，积极撰写教学设计并参加各级比赛。这些接地气的学习和运用，让我从一名新手成长为一名经验型语文教师。

三、小荷才露尖尖角

学习在继续，自身修炼也在继续。经过几年的磨炼、沉淀，我意识到教学不仅仅是上课这么简单的事情，还必须重视教学研究。2008年，我作为课题参与者加入到曹利娟老师的"课外阅读研究"课题组。在她的带领下，我积极行动查阅资料，开展实战研究，最后形成研究成果。之后，我开始关注日常教学，并从中发现问题，尤其在写字教学、作文教学中做了一些研究和探讨。我通过杂志、网络查阅了大量资料，并结合自己的实践形成了这方面的教学论文，如《有效提高小学生写字水平的策略》《浅谈"六要素"教学方式下情感教学的实施策略》《浅谈提高小学高年级学生写字水平的策略》。论文写作让我在教学中的困惑中找到了解决的办法，我开始从一个经验型教师向研究型教师过渡。2010年，我在努力提高课堂教学有效性的同时，申报了自己的区课题"在小学语文提问教学中实施素质教育的研究"。这一课题的申报，让我潜心阅读了大量相关理论专著，从中获益良多，并将之运用于自己的教学。

与此同时，教育教学科研探索从未停止。之后的这些年来，我先后参与了"构建课外阅读体系，提高小学生语文素养研究""广东省中小学名班主任培养对象科研课题之小学家校合作模式创新的研究""广东省教育科学'十二五'规划项目新课程背景下的小学语文读写结合策略研究"等多个课题的研究。这些课题研究的内容从课内阅读到课外阅读，从读写结合到课外阅读课型研究，从写字教学到口语交际、经典诵读等。涉及小学语文教学的方方面面。研究在进行，实践也在进行。这期间，我形成了多篇教学设计和论文，如《快乐话三国》课外阅读教学设计获2010年广东省小学语文阅读教学设计评比活动一等奖；《临死前的严监生》获中央教育科学研究所"传统文化与语文教学"优质课比赛一等奖、2014年广东省优秀教学设计评比二等奖；《"读写"穿行，"言意"共生——〈自己的花是让别人看的〉教学案例研究》《有滋有味讲童话——关于低年级童话课外阅读的教学案例》均获区一等奖。与此同时，我多次在全国、区内上公开课，《自己的花是让别人看的》《日香》《傻九九和聪明六六》《写一个特点鲜明的人》《临死前的严监生》《圆明园的毁灭》《渔歌子》《生命，生命》《最后一头战象》见证了我的成长。2010年，我在广州市小学语文教师素养大赛中获一等奖；2012年，我被评为第二届广州市小学语文"十佳青年教师"。我成长的同时，我的学生也在成长。在此期间，我的学生爱上了阅读，爱上了写作，喜欢书法，勤于练字，先后有40余人次在省、市、区读书征文、故事创作中获奖，30余人次在规范汉字书写大赛中获奖。

四、采菊东篱下，悠然见南山

经过这样的"切磋琢磨"，我的专业水平、课堂教学和教学研究都开始走向成熟。2017年，我参加了广州市第三批"百千万"名教师培养对象的专业培训。如果说以前的学习为我打开了一扇扇窗，那此项培训则是为我铺展了一片海。在这期间，广东第二师范学院周密地安排了有名的教育教学专家从教师专业成长、教师风格凝练、教学研究撰写等方面给我们带来了全方位的观念洗礼。我们前往北京、杭州等教育教学前沿地区学习，接触到最新的教学理念、教育思想和方法。我们还去到陆蓓校长所在的文德路小学跟岗学习，在她多角度、多层次、精细化、专业化的指导下，我们更清晰地认识到自己的专业成长之路的方向。在理论导师贾汇亮教授的推荐下，我阅读了大量教育学、心理学著作，如《认知心理学》《首要教学原理》《思维导图》等理论专著，进一步确定了自己的课题研究方向，即"小学语文高阶思维发展型课堂研究"。在整个学习过程中，我坚持自主学习，关注当前热点教育理论，并积极参加培训学习；每天坚持阅读不断丰厚自己的文化底蕴；坚持写读书笔记，记录教学点滴，希望能通过学习积淀丰厚的教育理论，将丰富的教学实践经验转化为教育智慧。在这期间，我赴北京执教了《钓鱼的启示》一课，得到了学校领导和专家的肯定与指导；我执教了《乡村四月》，得到了杭州西湖区教研员、特级教师倪宗红老师的肯定与指导；在黄埔区六年级教材分析会上，我执教了《索溪峪的"野"》，得到了教研员冯迪鸿老师的肯定；在导师回访活动中，我执教了《老人与海鸥》并做了题为"基于提高学生阅读素养的阅读策略研究"的分析报告，并得到了陆蓓校长的指点和进一步打磨。

当然，在积极钻研学习的基础上，我不忘起到带头模范作用。作为学校语文学科的科组长和骨干教师，我发挥了辐射带动作用，积极配合区里和学校的工作，通过课题研究、集体备课、观课、议课提升科组的语文专业水平。近年来，围绕教学研究，我组织学校教师分低中高年段进行集体备课，并进行组内公开课研讨。同时，指导青年教师郑超、熊沁、徐卓君、李纯积极开展教科研活动，并上区、校级公开课。

任时光匆匆换容颜，唯扎根岭南，哺育中华少年之心不改。作为一名追求理想的教师，我不负时光与年华。

第三部分　学科教育观

我的教学风格解读

歌德说："风格是艺术所能企及的最高境界。"那教学风格呢？我想，教学风格应该是教师在教学过程中所形成的一种智慧，一种独具特色的教学艺术。在十多年的教育教学探索与耕耘中，伴随着地域文化的熏陶，自己的个性、习惯、品质的渗透，我逐渐形成了自己的教学风格。在此，我把自己的教学风格提炼为几个词：简约、通达、智趣。

一、简约

我们经常会听到这样一句话："简约而不简单。"是的，简约不等于简陋肤浅，不等于随意应付。相反，"简约"应该是化繁为简，寓丰富于简单，在精简中蕴含深意，富含哲理。简约教语文就是去掉一切形式化、无关紧要的东西，进行最优化、高效教学。

首先，确定简明的教学目标。我紧紧围绕"语文素养的综合提高"的核心要素，根据文本选择教材价值点，确立切合学生认知规律的教学目标。我们只能聚焦，我们必须学会舍弃，让目标更集中。这样老师教得清楚，学生学得明白，教与学之间才能建立更和谐的关系，为教与学更深层次的探讨与对话提供了交流的时间。

其次，追求教学内容的简约。这里的简约不等同于缩减教学内容和知识容量，而是在教学中根据年段目标、单元目标、文本特点、学生特点等，选择恰当的内容进行教学，以提升学生的核心素养。这个过程中，老师需要巧妙地钻研解读教材、处理教材，删繁就简进行教学。比如，《桥》这篇微型小说，环境描写特别，人物塑造典型，情节曲折，结尾出人意料，语言简洁，多用短句等都是文本的重点，我们不可能都选择，遵循文本特点选择其中的一两个点即可。否则，教学将像走过场，学生将在跑马观花似的教学中手足无措。因此必须要精简内容，这样教学才能扎实。

接着，还要简化教学过程。教师是引导者，学生才是学习的主体，因此在语文学习的过程中，教师要简化教学环节，减少教学提问。例如，在教授《老人与海鸥》一课时，我们就可以让学生抓关键句整体感知他们"亲人"般的情谊，然后由"老人与海鸥之间亲人般的情谊体现在哪里？"一问统领，让学生回归文本，关注语言和写法，这就简洁很多。问题太多会模糊学习目标，扔小石子似的提问方式只会让学生猝不及防，缺少深度思考，久而久之便失去了学习探究的热情。因此问题的设计要围绕目标，进行板块化设计，让学生在学习中自主发现问题，把时间还给学生。

另外，教学方法和手段也要简约化。而今现代化教育技术飞速发展，老师们有时过多依赖多媒体提升学生思维，促进学生的情感体验。这一方式的过度使用会磨灭学生自读自悟、自我探究和发现的探索能力。因此，教师要简化教学方法和手段，让学生在独立阅读中体悟。

这一优化教学的过程就是智慧迸发的过程，就是启迪智慧的过程。作为一名语文教师，我以这样的原则去建构我的课堂教学、提高学生的语文素养。

二、通达

所谓"通",就是融会贯通,和谐、调和。

"通"反映在语文教学理念上,就是语文要融会贯通各个学科,要树立一个"大语文"观,实现多学科的跨学科融合,让语文学科以更加丰富立体的形式呈现在学生的面前。比如在教学《圆明园的毁灭》《狼牙山五壮士》等历史性文章的时候,我们就需要引入一系列历史资料;在教学《自己的花是让别人看的》《与象共舞》这样充满异域风情的文章的时候,我们可以引入解读德国的评论性资料;学习《日月潭》《黄山奇松》的时候,我们就要加入地理知识,让学生知道美景归于何处,情缘起何方。如此融合,便能丰富书本,让语文走向更广阔的生活。

"通"反映在语文教学的目标上,就是注重工具性与人文性的统一。比如,教《我的伯父鲁迅先生》时,我们不能一味只让学生关注人物描写和人物刻画,而对文字背后所浸润的俯首甘为孺子牛的"意"和周晔对伯父的"情"置之不理。在教学《呼风唤雨的世纪》一文时,学生除了了解科技改变我们的生活,还应该关注语言表达,学会用举例子、作比较、引用的说明方法准确、简洁地介绍自己关注的现象或生活,这才是"通"。除此之外,"通"还有和谐、调和的意思。这凝练地概括了课堂和谐氛围,教师与学生的关系要融洽、和谐。

"通"反映在语文教学的内容上,就是我们要实现教学内容的重组、整合。比如,实现单元目标的重组、课内整合、课内课外整合,将教学策略的综合运用与发展学生思维相结合,有效达成设定的目标等。比如,执教《白鹅》时,我们可课内整合,引入《白公鹅》,让学生通过对比阅读体会表现同一事物特点的不同表达方法。学习完五年级上"童年"单元后,我们可将课内阅读和课外阅读相整合,回读《冬阳·童年·骆驼队》《祖父的院子》,引入《荷塘旧事》,让学生在场景和画面中品味作家童年,再与自己的生活对接,选取美好的画面,写自己的童年。这样便在重组、整合中实现了知识的习得,能力的提升。

所谓"达",用在教与学上就是教师要以生为本,要得言、得意、得法,用充满智慧的教学方式方法启迪学生的智慧,做到一课一得。目标要求不能庞杂,不能过高。在语文教学中,要处理好人文主题与语文要素的关系,处理好依托教材和创造性使用教材的关系,处理好教师主导和学生自主感悟的关系,处理好课内阅读与课外阅读的关系。如果学生学得不明白,老师就要立刻调整教学方法,让学生与老师之间是通达、平等、和谐的,让学生对知识的掌握也是通达的。

三、智趣

所谓"智"就是智慧。这种智慧体现在课堂上,即教师具有教学智慧,通过师生互动,挖掘学生智慧,让学生的智慧得以生长。

我认为对教师来讲,首先要修炼自我,让自己具备渊博的知识、很强的文本解读能力、很强的教学艺术和应变能力。教师要学会聆听，并在互动性对话中调整自己表达的内容和方法，灵活处理课堂上的突发事件。教师要在教给学生学习方法的同时，让学生学会自主发现问题、分析问题、解决问题，让学生的思维从低阶向高阶发展。比如，在执教《伯牙绝弦》时，我们不能只把它当作文言文来教，我们还应该从"知音"文化的层面将更多的知音故事渗透进教学中，让学生不仅得言还要得意。在学生理解文章后，我问学生："如果你是伯牙你也会这么做吗？"这个问题一石激起千层浪，学生的逆向思维、批判性思维得到了激发，他们纷纷亮出自己的观点。由此，教学从表层走向深层，思维从浅层向深层发展，这就是教学智慧促进学生智慧的生长。

"趣"就是雅趣、理趣、情趣、乐趣、兴趣。智趣的课堂必然能让学生的兴趣得到激发，让学生的思维得到提升，学生学习的过程就是智慧生长的过程，学生的学习过程是充满理趣、或雅趣、或情趣等趣味的。比如，教古诗词就应有雅趣，教像《狼牙山五壮士》这样的战争类的文章就应在严肃中透着一种纵横捭阖、决胜千里的理趣，教《真理诞生于一百个问号之后》就应有研究分析解决的理趣，教《祖父的院子》《猫》这样的文章，就应有乐趣，教像《山中访友》这样的散文就应有情趣，等等。总之，不同的文章有不同的"趣"，只有这样的课堂才具有超强的活力和塑造性，才能让智力思维与趣味相互交融。因此在教学环节上，我会激发学生兴趣，于矛盾冲突处巧妙设置问题，让学生情绪高涨，积极投入到学习之中。

总之，简约、通达、智趣是我追求的教育风格和教育理想。我想通过不断的学习提高自身素质，锤炼自己的教学风格。正所谓名师出高徒，智慧的教师能培养出智慧的学生。我想，作为肩负培养祖国明天的希望这一重任的教育者，追求心中美好的教育理想是我们义不容辞的责任，是一生的追求。

我的教学主张

文化养育了人，也造就了人。我来广州生活了15年，这座城市既能取五湖之精髓，又能纳四海之新风，它繁华、务实、开放、多元、创新……这样的文化浸润着这片土地上的奋斗者，塑造着他们的灵魂，我便是其中之一。如果您问我，我的语文教学主张是什么？我想说，我的主张是以生为本，构建一个开放、多元、创新的发展性语文课堂，既要守住根本，又要发展创新。

一、语文教学应以生为本

学生是学习的主体，老师是引导者、组织者、对话者。这要求语文教学要面向全体学生，要了解学情，以学生能力为基点，以学定教，因材施教，该出手时才出手。比如，六年级学生已经有了自主识字的能力，老师就该放手让学生自主学习；再比如，教《刷子李》《金钱的魔力》时，基于学生在学《人物描写一组》时已经体会过人物描写对塑造人物形象的妙处，那么在教学后面这两篇文章时，教师就应放手，这就是以学定教。

同时，在学习的过程中，教师要珍视学生独特的体验与感受，学生只有在自主学习、交流合作、思考探究中才能自主建构，习得方法，体会学习的乐趣。比如，《穷人》里面提到桑娜收养了死去的西蒙的两个孩子，当时就有学生就提出问题：桑娜她完全可以把他们送孤儿院啊，或者交给生活条件比较好的人来养，这样不更好吗？一石激起千层浪，有的孩子说："可能害怕被别人虐待。""可能觉得送孤儿院太孤单。"有人反驳说："那也比饿死好啊？"就在大家不解之时，我讲解了这篇文章的写作背景，然后再让他们回答刚才提出的问题。学生明白了，因为沙皇统治下的社会，权利是只属于有钱人的，穷人有如草芥，根本无人理会。于是，通过对话、讨论，学生深刻体会到桑娜这一善举的难能可贵，对桑娜的同情、敬佩与对沙皇统治阶级的憎恶、痛恨之情油然而生。可见，有平等对话的课堂，才是和谐、有活力、有思维生长的课堂。总之，以生为本的教学要实现从教知识转向教方法、教策略，从教师主导变为学生自主建构的转变。

二、语文教学应言意兼得

所谓言意兼得，则是实现工具性与人文性的统一。在语文教学中，我们一方面要注重语言的构建与运用，让学生学语言、用语言；另一方面要培养学生的审美鉴赏力与创造力，培养语感，传承文化。比如，《那片绿绿的爬山虎》一文曾两次写到爬山虎，文章的题目也是爬山虎，那么"爬山虎"在此究竟有什么作用？我引导学生通过联系上下文，换位体会，让学生明白文章第一次提到爬山虎，是作者初次去见叶圣陶先生时，在忐忑不安的心情下描绘了眼前的爬山虎。第二次，则是作者见了叶老先生后不再紧张，心中充满崇敬和感谢之情时，又看见了爬山虎。文章以"爬山虎"为题有着特殊的含义，因为它代表了肖复兴心中对叶老先生的思念、崇敬、感激之情。通过引导，学生便体会了"借景抒情"的妙处。接着，我就让学生试着采用借景抒情的手法，写老师关心自己、自己感谢老师的一件事。这样学生便有法可依，学以致用，整个教学让学生既关注语言、写法，又体会到文章所要表达的情感，这便实现了工具性和人文性的有效统一。

三、语文教学应发展学生思维，培养学生的创新能力

小学语文教学不仅要传递知识、培养素养，还要发展学生思维、培养学生的创新能力，让学生具有促进终身发展的学习力。

首先，语文教学应树立"大语文"观。语文教学要具有开放性，要从一篇到多篇、从单一到多元转变，从教一篇转向教一类，加深阅读体验，拓展思维的深度。比如学习《我的伯父鲁迅先生》一文，在教授"为什么伯父得到那么多人的

爱戴?"一句时,除了联系上下文外,我们还可以让学生查阅有关鲁迅先生的故事、其他作家的评论性文章,让学生在更广阔的背景下,打开眼界,进行深度学习。语文教学具有开放性,可以用跨学科学习来拓宽学生思维的广度。比如,教授《两个铁球同时落地》可以涉及物理,教授《圆明园的毁灭》可以涉及历史,教授《跨越海峡的生命桥》可以涉及地理,等等。学科的融合让学生打开眼界,让思考更有深度。

其次,语文教学应有意识发展学生的高阶思维。根据美国教育学家布卢姆按照认知程度的分级,记忆、理解和应用属于低阶思维,分析、评价和创造属于高阶思维。语文教学应在低阶思维学习的基础上,培养学生的高阶思维能力,否则学生将逐渐丧失自主思考能力,缺乏创造力。这就要求教师改变提问教学方式,通过对比、假设、推测、评价等多种提问方式发展学生的逻辑思维、批判性思维等高阶思维。比如,学习《景阳冈》时,可以问"假若你是武松,你会听店家的话吗?"学习《中彩那天》时,可以问"如果是你,你会做相同的决定吗?"教《凡卡》时,可以问"凡卡究竟能不能见到爷爷?能不能回到乡下去?"教《伯牙绝弦》时,可以问"你觉得伯牙这样做对吗?"

只有以生为本、以学定教,我们的教学才有意义;只有扩大语文的外延、丰富语文的内涵,学生的眼界才会更宽、思维才会更有深度;只有不断发展创新,才能实现提升学生学习能力、思维能力、合作探究能力,才能让学生的核心素养得到全面提升与发展。

▶▶ 他人眼中的我 ▶

郭艳老师是一位有想法,善于学习,踏实肯干,个人素质很高的老师。她能写一手漂亮的字,朗诵很有感染力,曾多次承担区、校的主持任务。在二小从教的十多年里,她善于思考,积极钻研,虚心请教,不断提高自己的理论水平,业务水平,积极参加各级教育教学比赛并取得好成绩,现已成长为我区、校的骨干教师。在她的带领下,我校青年教师迅速成长,语文团队专业水平进一步提高。我相信郭老师在今后的钻研探索中,一定能够在语文这片土地上耕耘出更多的硕果。

——广州开发区第二小学校长 李悦新

郭老师是一位充满活力,很有智慧与亲和力的老师。她的课堂充满智趣,环环相扣,灵活简洁。小组合作,任务驱动;导学、示学、研学、活学等多种教学方式与策略的运用促使学生积极思考,大胆发言。学生在课堂上不仅学到了知识,更重要的是收获了学习的方法,体验到学习的乐趣,真正收获了"鱼""渔""愉"。她真正做到了以生为本,把课堂还给学生。作为组长,她尽心尽力指导、培养年轻教师，做好传、帮、带工作，为学校青年教师的成长做出了贡献。

——广州开发区第二小学副校长　李娟

郭艳是一位很优秀、很有才气的语文老师，文笔好，字写得美，很有悟性。她的课堂立足文本，夯实基础，注重培养学生的阅读能力与写作能力，非常扎实有效。郭艳的课堂还透着高雅、智趣，很具有艺术性，能引起共鸣，给人留下很多回味与思考的空间。

——广州市小学语文教学研究会副会长　曹利娟

第四部分　育人故事

教育是"慢"的艺术

2017 年，我刚好教完毕业班又新接手了五年级的一个班。还记得第一次踏进教室那天，班里响起了掌声，面对我这个新老师，这个班的孩子如此热情有礼貌，淳朴可爱，真是令人感动。第一天见面我就把班级要求、语文学科要求告知了他们。我布置了一项语文方面的作业："明天每个人都要带一本课外书来。"第二天，我让大家把课外书拿出来看看，结果发现只有十六个人带了，其中有五人带的是《笑猫日记》，有四人带的是《斗罗大陆》，这是出乎我意料的。看来班上孩子在阅读方面是缺少指引的，但是我得呵护这些阅读的火种，让它燎原。于是，我说："我很想认识一下这些带了书的同学，请这些爱看书的孩子起立。"接着，那十六个孩子骄傲地站了起来。我对他们说："有人说要么读书，要么旅行，身体和灵魂总有一个在路上。你们就是行走在阅读之路上的人，了不起！我们把掌声送给这些热爱阅读的同学吧。"说着教室里响起了掌声。

下课了，有好几个孩子围上来问我："老师，老师，带什么课外书啊，我家里都没有什么课外书。"看着他们皱眉的样子，我不禁心中生出怜悯。五年级的孩子了，竟然没有接触到阅读，这是一种怎样的缺失和遗憾！于是，我微笑着摸摸他们的头说，"没关系，别着急，老师会推荐的，我们下周一之前买到就行"。孩子们一听，原本皱着的眉舒展开来。后来我推荐了《城南旧事》，在家长的支持下我班孩子每人买了一本。然而，在阅读的过程中我又发现了问题，那就是孩子的阅读速度不一。有的孩子一周内就已经阅读完毕，但是有的孩子一周才读了两章！这怎么办？我告诉自己读总比不读好，不着急，慢慢来，只要他们每一天都在努力，那就很棒。于是，在平时的课堂教学中，我会利用配套的同步阅读，寻找同一题材的文章做课内阅读的课外延伸，以拓宽他们的阅读面。同时，每节课对前一天坚持阅读的孩子提出表扬，并给五分钟让不同的同学进行阅读感受播报，播报有困难的同学可私底下提前向我咨询，于是我们的阅读之路就这么慢慢走下去了。

阅读缺乏的孩子，写作当然也不会好。我们的阅读之旅才进行了两周，就要完成人教版五年级上册"我爱阅读"的习作。习作要求孩子们分享自己读书体会或读书故事。这题目一出，就难倒了一片。因为还没有怎么阅读，就要写故事和体会，这根本无从写起。为了解决学生无米之炊的难题，我根据两周以来开展的阅读活动，设置了三个主题"我与书结缘""阅读分享的快乐""那些共读的日子"。题目一出示，大家乐了。经过五分钟的小组交流后，大家准备汇报了。谁先来汇报呢？在沉默中，小瑞红着脸站了起来，这需要多大的勇气啊！他略带羞涩地说："我原本是个不爱读书的孩子，但是因为郭老师的出现让我与书结缘，开始爱上阅读。她进班的第一天布置了一项作业，就是让我们每一个人第二天都带一本课外书回校。遗憾的是，这个简单的任务一半多的同学都没有做到，其中也包括我。原本我以为老师会生气，但是她没有。她向我们推荐了新书，这是我们很多同学真正拥有的第一本书。然后，她每天都鼓励我们，表扬我们，让我们分享阅读的体会。这让我与书结缘，让我开始喜欢上了阅读，谢谢您，郭老师。"听完他的发言，孩子们的目光都投向我们。那一刻，我被感动了，因为在他的表达中，我听出了感恩，更听出了成长拔节的声音。我握住他的手说："谢谢你给了老师这么大的肯定。聪明的孩子，什么时候开始阅读都不晚。"

榜样的力量是无穷的。小瑞的分享点燃了大家，有人诉说了自己第一次分享的经历，有人复述了与老师和同学共读的经过，还有人讲述了自己的体会。就这样，孩子们的热情被激活了。大家跃跃欲试，充分的表达终于让孩子们有了写作的素材。当然，第一次的习作总是不完美的，好些孩子描述得还不够生动，于是，我们继续走上修改之路。经过一次次当面批改，一次次反复修改，班上仍有作品不理想的孩子，但那又怎样，成长总需要过程。我想凡是经过认真修改的孩子，都应该得到最优等级，因为他们在自己力所能及的范围内尽力已经做到最好了，作为一名老师当然要心中有爱，手下留情。于是第一次习作后，我设立了"班级小作家""写作小能手""最具潜力小作家"等奖励。孩子们在激励下变得更加自信，更愿意写了，这为后来的写作提升奠定了基础。

是的，教育就是"慢"的艺术，是需要等待的，我们应尊重差异，静待花开。

附录　教学现场与反思

写一个特点鲜明的人

课前预设　首先，以生为本，以学定教。五年级的学生在经过中年级和五年上学期的学习后,基本上能够文从字顺、言之有物地写一篇写人的文章,但抓住一个人的鲜明特点去刻画人物,这对他们来讲还是第一次。尽管如此,也无需担忧。因为整个七单元都是围绕"写一个特点鲜明的人"展开的,对于人物刻画的方法、写法,课文教学和拓展阅读都已经做了良好的铺垫,这就给学生开始这次写作打下了良好的基础。

其次,植根教材,分析意图。关于写作,尤其是写人,从三年级起学生就进行了尝试,就已经开始尝试运用一些描写人物的方法去写作。如今,到了五年级,学生再次面对写人的作文,该如何写?和以前有什么不同呢?编写者有什么用意呢?我想,经过三年的积累,在包括语言积累,观察积累,对文字的感悟积累等都有一定基础的情况下,安排本单元文章就是要让孩子知道在人物的刻画上,什么叫入木三分。习作七,就是学生在学习、品味人物形象后的一次实践,即用敏锐的眼光去寻找特点鲜明的人,用最恰当的方法通过一件事去写自己眼中的人物和世界,用语言赋予他们新的生命力。

最后,基于以上学情、编者意图,我设定以下目标和重难点:

1. 引导学生挖掘身边特点鲜明的人,并通过观察了解人物的特点。
2. 学习运用语言、动作、神态、外貌等人物描写方法中的一两种,通过一件具体事情表现人物突出的特点。这也是本课的重难点。
3. 培养学生独立构思,自评、互评修改文章的良好习惯。

一、教学实录

(一)趣味导入,审好文题

师:今天老师给大家带来一则好消息,请看——校报征稿了,你们想不想被选中呀?那就请同学们快速阅读征稿要求,看看编辑部究竟要求我们写什么,怎么写吧。

师:谁来说说,校报要我们写什么?怎么写?写后有什么要求?

生1:要写一个特点鲜明的人,这个人可以是熟悉的人,也可以是陌生人。

生2:这个人一定要给人留下深刻的印象。

生3:要运用第七组课文中一些写人的方法,写出他的某一方面的特点。写完以后,同学之间互相评一评、改一改,让人物特点更加突出。

师:是的,这则征稿启事一共有三个要求,他们分别是——(生齐读要求)

师:善于提取信息,这叫智慧。通过分析,不难看出,前两条是写作时的要求;第三条则是写完后,修改方面的要求。今天我们就要按要求写一个——(生齐说:特点鲜明的人)

设计意图:兴趣是最好的老师。此处,教师通过编辑部征稿的方式创设情境,让学生在愉快、轻松的氛围中参与到课堂教学中来。

（二）亲近典型、强化写法

师：说到写作，大家害不害怕呀？别怕，放轻松。大家知道写人的描写方法有哪些吗？

生：语言、动作、神态、心理、外貌（师：板书）

师：为了助大家一臂之力，老师特意请来两位经典人物。猜猜他们是谁？文段用什么方法，写出了他们的什么特点？（课件出示：起初，小嘎子抖擞精神……仿佛很占了上风。）

生：这里用了动作和心理描写，写出了嘎子机灵、富有心机。

师：运用动作和心理描写，就能让人物的特点更加鲜明。这一则呢？（课件出示：叔叔气咻咻地站在门口，他头上冒着热气……他惊愕地眨了眨眼睛，脸上的肌肉一下子僵住了……）

生：这里用神态描写写出叔叔的暴躁。

师：原来，外貌描写也能让人物形象栩栩如生。哎呀，大师就是大师，抓住特点，主要运用一两种描写人物的方法就写活了人物！名家能写好，同学们也能写好！

设计意图：教师运用联结策略联系旧知导入新知，化解学生心中的陌生感，为后续写作课程的顺利开展做铺垫。这遵循了学生的心理规律，也遵循了学生的认知特点，可谓智慧。

（三）回归生活，激活欲望

师：生活中，一定有许多特点鲜明的人深深印在你的脑海里：有的人让你捧腹大笑；有的人把你气得瞪眼睛、直跺脚，有的贪吃，有的暴躁，有的人让你感动、佩服、无奈……你的头脑中是不是已经出现了一个个鲜活的人物？此刻你最想写谁？

生1：爸爸、妈妈

师：他们是你的亲人，你还想到哪些亲人？（板书：亲人）

生2、3、4：我想写我的奶奶……

师：除了亲人之外，你还想到谁？

生：同学

师：这是你熟悉的人。（板书：熟悉的人）你还想写谁？比如：你的邻居。

生：店铺老板、补鞋匠、清洁工、邮差、小卖部的老板……

师：还有一些陌生人。（板书：陌生人）

师：这些人一定有鲜明特点触动了你。同学们，其实生活中有特点的人随处可见：在路边、在书店、在图书馆、在菜市场……相信有些人，虽然只和你在生命中有短暂的相处，但却让你记住了他！这些人给你留下深刻的印象，也许是语言，也许是神态……（出示课件）

师：那么，他们的什么特点在你的脑海中挥之不去？这个特点可以是好的，也可以是不好的；可以是让人喜欢的，也可以是让人不喜欢的……谁来说说？

生1、2、3：我想写我妈妈爱臭美，写同学的暴躁，写吴老师的幽默。

师：看看谁想的特点和别人不一样？

生4、5、6：……（板书：小气、暴躁、吝啬、大方、开朗、幽默……）

师：相信此刻，这个特点鲜明的人在你头脑中逐渐清晰，因为他们都有——

生：鲜明的特点！

师：那么，你想写谁？他有什么特点？你打算用什么方法写？请大家在小组内讨论讨论，一会来交流。

师：谁来说说你想写谁？他有什么特点？你打算用什么方法写？

生1、2：我想到一个调皮的人，我打算用动作、神情描写写出他的特点。我想到一个脾气暴躁的人，我打算用动作和语言写出他的特点。

师：哎呀，我们的同学真厉害！你们一下子就学会了用一两种方法去描写人物特点。现在还怕不怕写作？

生：不怕。

师：大声点。这就叫作方法在手，写作不发愁！敢写了吗？先不忙着写。老师这里有一篇已经被校报采用的稿件，是我们班的，想不想看？

生齐：想。（课件出示：中午，我和表姐在玩游戏。外婆神神秘秘地走进房，手里像攥着什么。表姐的馋虫一下子被勾了出来……她已将巧克力塞进了嘴巴，心满意足地抹了抹嘴巴，赞叹道："此物只应天上有，人间能得几回尝！"）

师：看写得多精彩！这篇文章的表姐给你留下什么印象？作者采用了什么方法？

生1：作者抓住人物的神态、动作写出了一个嘴馋的表姐。

生2：除了神态、动作描写之外还有外貌描写……

师：看来大家都觉得写得很精彩。那同学们想不想上校报？

生：想。

师：那就赶紧提起笔，用一两种写法，通过一件具体的事写出你头脑中那个特点鲜明的人！字数也不用太多，300字左右就行。

老师巡视，并提醒学生注意书写姿势。

设计意图：此环节的教学是环环相扣的，问题从简单到困难，逐个突破。教师基于学生已有知识，打通生活与写作的素材通道，让学生先将目标锁定，然后搭好写作支架，为独立写作打下基础。既以生为本，紧扣目标，又给予学生更多的想象空间。

（四）展示评价，修改展示

师：大家差不多都写完了，最勇敢的人在哪里？请你来展示。其他同学拿起

笔注意听，记下他写得好的地方，或者根据屏幕上的写作要求写下你的好建议，在认真听完后，帮他补充补充。（生念）

师：来说说你写的是谁？写出了他的什么特点？用了什么方法？

生：我写的是同学李××，他的性子有点急躁，用了动作描写。

师：那你觉得你写得最好的地方是哪里？评评自己的作文。

生：我对人物的动作描写写得比较好，语言描写也写得比较充分。

师：下面有没有同学想要点评一下？

生：感觉他写李××写得非常真，非常生动，活灵活现。

师：你真会说，真会表扬人。还有没有同学给她一点小建议？

（生没有举手）

师：那我们再次以热烈的掌声谢谢她。还有谁？你来。（生念）你想请谁点评你的文章？

生：李××吧。

生2：我觉得唐××用动作描写把自己哥哥贪吃的样子写了出来，很生动。

师：写出了别样的贪吃劲儿。李××不仅会听，还很会说。唐××你真没选错人。

师：你们觉得自己还有什么地方需要再改改吗？

生：我觉得自己在对姑姑的描写可以再生动一些。

师：你还注意到了侧面烘托。相信修改后会是一篇更精彩的文章。

师：同学们，俗话说："文章不厌千次改！"好文章就是改出来的。咱们赶紧改改自己的文章，好吗？开始。（生修改）

师：问问大家，你们最想看谁的文章？

生：李××、江××……

师：你看你们有这么多的"粉丝"。（生念）

师：还有那位同学？把自己的佳作展示一下。

……

师：意犹未尽啊。同学们啊，芸芸众生，无所不有，人生百态，各有千秋！同学们下课后，将你们的文章加上精彩的开头和结尾，再起一个恰当的题目，那就是一篇完整的文章了。老师期望在校报上能一睹你们笔下的风采。下课！

设计意图：此环节老师采用自评、互评、小组评等多种评价方式活跃课堂。一方面让学生有了互相学习的机会，另一方面也让孩子有了展示自己的机会。这能进一步强化写作目标和方法，进一步确保教学目标的达成。

二、教学反思

上完整节课，我想用"化繁为简，相映成趣"四个字来形容我的课堂。

首先，本节课的目标非常简洁。基于单元目标、本次习作的要求和学情我设置了三个目标。三个目标简约却又层层递进，遵循学生的认知规律。

其次，教学内容和实施过程简洁流畅、充满趣味而扎实有效。为了打破"谈文色变"这一局面，我以编辑部征稿的形式激发学生参与的兴趣，创设情景让他们克服"作文硬骨头，难啃"的想法，积极参与。这无疑减轻了学生心理压力，给学生乐于写作开了一个好头。

我们知道"教材是个例子"。这些经典的例子对于学生学习语言，完善和优化自己的语言系统，提高写作水平有着不可估量的作用。于是，我运用联结策略以经典引路，建立起语文教材与生活之间的"纽带"，架起学生和写作的桥梁，疏解学生的畏难情绪。让学生明白大师也是循着一定的写作方法来写的。经典的引入，唤醒学生对写作目标的形象化感受，巩固习得的方法，推动学生循着写作的规律，慢慢摸索，避免跌倒、迷失在写作的困境里。

再次，教学写作策略有智慧。设计从拓展学生视野出发，从寻找可写的"芸芸众生"出发，从捕捉其有别于其他人的特点出发，通过生活情景的引入，拉近学生和生活的距离，打开学生的视野，让写作回归生活并与之融合，卸下学生心中的包袱，让他们知道，处处都是写作的素材，处处都有可写的文章，自己就是文章的主人。这无疑给了学生一个写作的支点，可谓智慧。为了消除学生心里的写作障碍，我以"同学作文"示范，对此次作文教学起到了较强的示范作用，是一件事半功倍的事情。它不仅拉近了师生之间的心理距离，还拉近了作文和学生写作的心理距离。当学生见到这样的文章是自己同龄人写的，知道只要自己努努力就能模仿、能做到的时候，自然就更不会再把作文视为畏途，自然就会有见贤而思齐的写作冲动。推波助澜，一蹴而就！

最后，教学评价多元、有效。在学生完成写作之后，我通过鼓励的艺术，用自己热情的语言和姿态来赢取学生的情感，告诉学生写作无非是学会表达自己的思想感情。然后，通过自评、互评、修改等形式，让学生参与到作文讲评的过程中来，实现了生生之间的良好沟通，一方面给学生自我展示的机会，另一方面让学生有发表对别人作文的意见和自我修正的机会，这就是"通达"中描述的生生关系、师生关系的和谐、融通。

整堂课上下来非常地轻松，学生的学习兴趣和写作兴趣得到了很好的激发。师生互动、生生互动和谐而高效，学生的学和老师的教，学生之间的互动启发都相映成趣。学生通过本堂课有效地打开了自己的视野范围，能捕捉到有效的人物特点，选取恰当的方法来进行写作，并在互评中修改提升。

教育是一场幸福的旅行，只要肯前行，一路都能看见不一样的风景。我愿意，携简约上路，在纷繁复杂中让学生拨云见日；我愿意与智慧、通达相伴，守住语文教学的根本，守住自己的初心，走一条别样的语文教学的创新发展之路。

追梦路上的语文情缘

广州市增城区新塘镇甘泉小学　李佩玲（小学语文）

第一部分　导读语

我是广州市增城区新塘镇甘泉小学语文高级教师，同时也是新塘镇教学指导中心小学语文教研员。从教23年，我先后被认定为增城区、广州市骨干教师，被评为广州市小学语文教研积极分子、增城区优秀教师，成为增城区小学语文教研会第一届理事会会长以及增城区语文中心组成员。2篇论文、1篇教学设计在人民教育出版社官网发表，多篇论文在省、市级刊物刊登，是镇、区语文学科带头人。为进一步推进全镇小学语文大阅读的改革实践，提高阅读教学质量，促进师生语文素养的提升，主持开展了增城区"十二五"教育科学规划课题"小学语文单元整合教学研究"，研究成果获区二等奖。在该课题的研究基础上作进一步的提炼，2018年申报广州市教育科学规划课题"基于话题的小学语文联结阅读教学研究"并被立项。

我出生在当时还是城乡结合部的天河区，工作于新塘镇。天河区和新塘镇在广州所处的位置以及人文、经济、社会特点让这里的人们形成了质朴与开放、务实与进取、求真和创新的典型广东人精神。随着形势的发展变化，新塘教育不断面临着新机遇新挑战，社会、家长对教育提出了更新更高的要求。以上的环境、人事和社会变革对我的生活和工作产生着深深的影响，鞭策着我不忘初心、努力前行。在潜移默化、不断求索中，我逐渐形成了抱朴守真、理性启智、简约流畅的粤派教学风格。

第二部分　名师成长档案

追梦路上的语文情缘

一、粤语文化浸润心田，文学阅读促成理想

我生于20世纪70年代。那个年代，大多数家庭的生活条件都不太好。我的家庭环境也很一般，母亲工作不稳定，全家四口人的生活重担主要靠当车队搬运工的父亲负担，生活略显拮据，精神生活更无从谈起！没有电视、网络、书籍的日子是寂寥的！但幸好那时我家中有一宝——收音机。那是一个神奇的盒子，从里面可以传出新闻、音乐、相声、故事等节目，虽然资讯、内容远没有现在精彩纷呈、多元丰富，但却极大地满足了我的精神需求。午饭时间一到，收音机里传出"原文再续，书接上一回"的美妙声音，我马上端着饭碗守候在旁，凝神收听，因为精彩的"粤语古仔"开讲了！边吃饭边津津有味地"听古仔"，真是美好的精神大餐！通过这些"古仔"，我知道了《水浒传》《西游记》《杨门女将》《三侠五义》《三国演义》……金庸笔下的郭靖、黄蓉、杨过、小龙女、梅超风在我的脑海中栩栩如生地浮现出来……张悦楷、林兆明两位"讲古大师"的声音让我至今难忘！

除了听"古仔"，我当时还特别喜欢读"公仔书"，也就是连环画。《红楼梦》《地雷战》《红岩》《白毛女》《孙悟空三打白骨精》……图文并茂，让人读起来不忍释卷。可能"公仔书"看得多的缘故，我特别喜欢画"公仔"，而且还画得有模有样。我当老师之后，也喜欢用简笔画表现板书内容，我的古诗《山行》简笔画教学设计还入选了东山区教学设计集，这是我从教后获得的与教学有关的第一个奖项。之后在新塘镇青年教师教学基本功比赛中，我也展示了简笔画板书功底，获得了比赛一等奖。

当时不记得在什么情况下，我得到了一本《聊斋志异》，里面的志怪故事深深吸引了我。我反复阅读，爱不释手。里面那些狐、仙、鬼、妖的形象随着生动的文字描述不断浮现眼前，那些荒诞离奇的故事让我感到惊叹、害怕、不可思议。

听"古仔"，读"公仔书"，读"聊斋"，让我沉醉在文学的世界里，让我深深爱上了语文。我特别喜欢上语文课，同时也萌生了要成为一名语文老师的理想。初中毕业后，我考入广州市第一师范学校，因着对文学的热爱，中师三年学业期满之后又考取了中文大专班。在师范学校的五年，我最喜欢的地方是图书馆，最美好的日子就是一头浸在图书馆里读书。那是一段岁月静好的美妙时光！

二、教学路上磨砺奋进，助力他人成就自己

（一）一次失败的考试

毕业后，我被分配到东山区清水濠一小任教，顺理成章地成为了一名语文老师兼班主任。三年后，因家庭原因，调动到了当时的增城市新塘镇第一小学（现在的增城区新塘镇甘泉小学）任教。我在东山区任教三年，教的是全年级最好的一个班级，面对的是一帮见多识广、聪明伶俐的孩子，家庭教育比较好，家长也重视教育。所以教学不用太着力，孩子们也能考出很好的成绩。我以为学生都是这样的，我就这样教，成绩不会有问题。但是到了新塘任教后，第一次期末考试，学生就考砸了，成绩和其他班级差了十多分！我深受打击，沮丧不已！是什么导致了这样的结果？我陷入了深深的反思。后来我明白了，不同地区学生的家庭教育背景、学习习惯、学习方法和学习能力都存在差异，教育要因材施教才能取得好的成效。习惯的培养、学习方法的获得都需要落实于课堂，优异成绩的获得主要还是靠教师扎实有效的教学和跟踪指导。过去上课，我只注重通过教学手段和形式的花哨吸引学生，却从没认真思考过这些方式方法是否很好地为达成目标而服务；课堂上，我更多的是关注学习好、反应快的孩子，以为他们会了，其他学生自然也懂了。通过这次教训，我认识到教育一定要抓住规律，回归本真与质朴，做到扎实有效，一切为促进学生的发展服务。要达到这样的教学境界，我要学习和改进的地方还有很多。

（二）初尝成功的喜悦

年轻是资本，加上我的虚心努力，学校和镇着力把我作为培养的对象。我被推荐去上学校接待课、镇级公开课的机会也比较多。但是当时上公开课，没有集体备课、团队助力这一做法，课怎么上全靠自己思考琢磨，没有人要求你必须试教，更别说反复磨课了！这考验着我的能力，也促进了我的成长。2001年，我参加了新塘镇小学青年教师教学技能大赛，凭着说课、简笔画、毛笔字三项基本功获得了一等奖。虽然只是镇级的层次，但在当时的情况下，能承担镇级教研任务，获得镇级奖项已是非常难得。

2003年，增城市教研室到学校进行教学调研，学校临时通知我说，现在的教研室主任，当时是语文教研员的李旭明老师要听我的课。这让我有点措手不及，既紧张又兴奋。当时受限于增城的交通，教研室到各镇学校开展教学调研没有现在频密，难得来一次就要听我的课，我自然是紧张的，但同时也希望能够得到教研员的指导和帮助。我当时上的是《狼牙山五壮士》，教学时用简笔画在黑板上勾画出一座狼牙山的轮廓。从山脚到山腰一直到山顶，用小标题逐步呈现事情发展的起因、经过、高潮和结局，勾画出一条简约流畅的故事主线。带领学生在感情朗读、品味词句的过程中体会五壮士宁死不屈、视死如归的惊天动地的壮举。这

次教学得到了李旭明老师的肯定和赞赏。这给予了我莫大的鼓励！

（三）教学相长不停步

2004年，我被调到了新塘镇教学指导中心工作（编制还是在甘泉小学），成为了语文教研员。从那时候开始，增城教育不断发展。成为广州市的一个区之后，区域内各镇街之间以及与广州市其他区之间的教学交流更加频繁，老师们有了更多外出听课学习以及参加区级、市级公开课、教学比武的机会。新塘沉寂的教研氛围被打破，各种教学理念、教学模式如雨后春笋般冒出，冲击着我们的视野和头脑。作为全镇小学语文教学的领头人，我诚惶诚恐，深感责任重大，生怕自己的教学水平和能力不足以带动新塘教育这艘大船。"学而不思则罔，思而不学则殆"，我如饥似渴地投入到各种新生事物的学习中，努力吮吸着各种新观念新方法，并积极推广和实践。但是"乱花渐欲迷人眼"，在学习和实践过程中，我们跌跌撞撞、磕磕碰碰。究竟什么才是最适合我们的？这让我感到困惑和迷茫！我匆匆赶路，忙于追寻，但更需要停下脚步冷静思考：我们的学生缺乏的是什么？需要的是什么？乡镇的孩子和城区的孩子，在家庭教育、眼界视野、阅读品质方面，都存在着一定的差异。各种文化的交错汇聚，呼唤着新塘教育必须要冲破藩篱，有所革新。怎么办？我带领着教研团队，在不断的听课调研、集备磨课、亲身实践中，对教学一再推翻与重来。最终认识到，教学必须因应当时当地孩子的需求，遵循教育的规律，把准学科教学的目标和方向，任何方式方法的使用都要为孩子服务，为达成教学目标服务，这样教学才不会偏离。

在听课调研的过程中，我发现老师对"提问什么，如何提问"缺乏思考，"一问到底"的教学方式和重复啰嗦、干涩无味的语言让语文学习味如嚼蜡。观别人的课反思自己的课，我觉得自己的教学存在同样的问题。2014学年，增城区教育局开展了"阅读教学主问题设计"专题研讨活动，让我明白了语文教学应该要抓住关键和重点，以一个主问题作为贯穿教学的主线。因此，我要求自己以及老师们在教学当中做到学生能读懂的不问，提出的问题要精炼。参加了"百千万"名师培训班、听了首都师范大学王陆教授的讲座后，我进一步认识到要促进学生的思维发展，"是何"的问题要少问，要多问"为何、如何、若何"的问题。"不愤不启，不悱不发"，只有这样，学生的思维才能得到发展。

美的语文需要美的教学语言来唤醒和激活。我在观看窦桂梅、王崧舟、于永正、赵志祥等名师的课例时，总是被他们丰富的、充满魅力的教学语言所感染。我们的语文教学生硬沉闷累赘，就是缺少教学语言的锤炼。虽然我们没有名师那样的语言造诣，但是可以做到语言的简洁流畅。为此，无论是我自己上课还是指导老师们上公开课，我都会仔细推敲修改过渡语，让整个教学更流畅简洁自然。在这个修改的过程中，我的教学语言不断得到了锤炼。

教学相长，在不断的思考和实践中，我对教学的理解和认识得到不断深入，教学风格也在逐步形成。

三、上善若水兼容并蓄，海纳百川修身立品

广州依珠江建城，新塘倚东江立镇。两江同源，一方水土养育了一方人。

明成化二年（1466），新塘诞生了一位伟大的哲学家、政治家、教育家——湛若水（号甘泉）。湛若水作为岭南心学的衣钵传人，其以"随处体认天理"为学术宗旨形成的甘泉学派学术思想丰厚了新塘的文化底蕴，涵养了一代代的新塘人，尤其对新塘的教育产生着深远的影响。我任教的新塘镇第一小学原址就是甘泉先生家族的宗祠，我在这个地方工作了8年。学校后来易地新建，为纪念甘泉先生，学校更名为新塘镇甘泉小学。学校继承和弘扬甘泉先生的办学精神，以"践行若水教育，追求教育若水"为办学理念。以"善灵动、尚和谐、勇超越"为校训，倡导"循规律、巧引导、乐奉献"的教风，促进"宗自然、贵质疑、重自得"学风的形成。这些对我的教学思想、教学主张和教学风格的形成产生着潜移默化的影响。

"上善若水，水利万物而不争"，甘泉先生的事迹和为人治学的态度以及新塘人的开放包容、踏实勤勉影响和激励着我要以"上善若水的品格、海纳百川的胸怀、流水不腐的勤劳、滴水穿石的坚持"迎接新塘教育的新机遇、新挑战。唯有不断充电，丰盈思想，夯实底蕴才能在不断的变革中立于不败之地。我饥渴地从窦桂梅、蒋军晶、李怀源、王崧舟、于永正、李镇西、刘良华、佐藤学等名师名家的课例、专著中吸纳、领悟教育之真谛与精妙，同时也涉猎易中天的《易中天中华史》、余秋雨的《中国文脉》、房龙的《人类简史》等人文社科类书籍来拓展视野和思维。在广州市李旭明名师工作室学习期间，我对吟诵这种中国古老的语文学习方式产生了兴趣。我现在尝试着学习吟诵阅读《道德经》《论语》《诗经》等中国优秀传统诗文，希望通过品读经典润心启智，修身立品，并尝试把它们融合到教学当中。

四、深入思考提炼总结，理性研究力促教改

要成为一名优秀的教师，光有实践能力是不够的，还需要具备一定的理论水平和对经验进行总结提炼的能力。为此，我经常把教学中产生的一些想法以及一些做法进行总结，形成论文或案例参加评奖和投稿发表。记得到指导中心的第二年，《广州教学研究》征稿，我抱着试试看的想法撰写了《转变观念　多元互动　提高实效——发展性作文评价初探》递交上去，竟然被刊登了，而且还获得了广州市发展性教学评价二等奖。我当时的信心一下子就上来了，之后便不断反思总结，撰写成文章发表。教学论文、叙事获区级以上奖励共15次，共有十多篇文章（教学设计）在区、市、省级刊物发表，有的还被刊登在人民教育出版社官网上，这让我倍感欣喜，深受鼓舞。

在对新塘镇小学语文教学调研的过程中，我发现语文教学耗时低效的现象非常突出。阅读了窦桂梅老师的《窦桂梅与主题教学》、蒋军晶老师的《让学生学会阅读：群文阅读这样教》以及李怀源老师的《单元整体教学构建艺术》后，我认识到要提高学生的阅读水平和语文素养，必须要从单篇教读、单篇讲读走向整合阅读、联结阅读、拓展阅读，而这也是当前我国语文的教改方向。因此，我带领老师们开展了课题"小学语文单元整合教学模式研究"，对语文教学内容进行重构统整，拓展课外阅读内容，让学生的阅读增量提质。为了发挥示范引领作用、加强实践检验，我先后上了四年级的《触摸春天》和《永生的眼睛》整合教学试验课，《古诗词三首》整合教学公开课。我的整合教学设计《生命的感悟》以及《谈小学语文单元整合教学下的主题式课外阅读拓展》《浅谈小学语文单元整合教学策略》被选登在人民教育出版社官网，《小学语文单元整合教学模式的实践研究》获增城区教学成果二等奖。为进一步推进大阅读的研究，深度推进我镇语文教改工作，我在该课题的研究基础上进行了总结提炼，以"基于话题的小学语文联结阅读教学研究"为课题，申报了2018年广州市教育科学规划课题并已被立项。

在指导中心工作的14年让我认识到平台的高度决定了视野的广度、思想的深度。而高一层平台的获得必须源于自身的不懈努力和辛劳付出。只要保持教育初心不变，保持对教学本真的追求，踏实、勤勉、努力，成长、成熟和成功就会相伴而生。

第三部分　学科教育观

回归教育本真，追求实在教学

《老子》说："见素抱朴，少私寡欲。"这是我喜欢和追求的人生境界。做人的性格影响了做事的风格。不知不觉间，我的这种性格特点潜移默化地影响了我的工作态度和教学风格。"质朴"是我所喜欢的，"实在"是我所追求的；教学缺少理性，学习缺乏思考，则教与学都只能留于浅薄。为此，我追求"抱朴守真、理性启智、简约流畅"的教学风格。

▶ **我的教学风格解读**

一、抱朴守真

湛甘泉先生提倡学宗"自然"，强调一切要按照人的自然本性行事。教育教学工作要以人为本，遵循规律，回归本真与质朴。语文教学的本真是什么？《义务教育语文课程标准》已经为我们指出："语文课程是一门学习语言文字运用的综合性、实践性课程",要"致力于培养学生的语言文字运用能力,提升学生的综合素养"。听说读写是理解和运用语言文字的最朴素、最有效的实践途径。"读写"是语文学习的规律,抓住这两条主线不变,学生就一定有好的语文素养。朴素的语文教学就是引导学生凝神静心写好字、潜心静气读好书、坚持不懈多练笔;学语言用语言,从语言中来,回到语言中去。

我反对语文教学形式和内容"两张皮",过于注重形式的奇巧、课件的精美制作、各种手段的创新,而忽略了教学内容本身,忽视了学生的学习需要,这是不可取的。在听课当中,我常常发现,老师们过于依赖课件,整个教学被课件牵着鼻子走,不管有没有必要,教学内容都往课件上堆。结果学生的注意力都放在看课件上,而不是放在学语文中。对此,我在和老师们进行教学交流时经常指出这个问题,现在这种滥用课件的现象逐渐减少了。

教学当中,我首先思考的是"教什么",然后才决定"怎么教"。为此我特别关注教学目标的制定,并根据目标思考拟定教学的策略和方法。在听课过程中,我也特别注意上课教师教学目标的确定情况。学生学语文除了要读懂课文"写了什么",还要知道课文"是怎么写的""为什么这样写"。要根据本单元教学任务、本教材语言特点及教学目标,抓住语言训练点让学生进行口头、书面的语言实践训练。如教学一年级上册的《雪地里的小画家》时,用"因为……所以……"说一说"小画家们为什么能画出这样的画",通过置换动物角色代入课文进行语言表达。这样做一方面巧妙地帮助学生理解了课文,另一方面让学生加深了对文本语言表达方式的体会,培养了学生的语感。置换和代入式的语言训练是最朴素、最实在、最有效的语文教学方法。再如教学三年级习作《我来编童话》时,我让学生回顾本单元童话的写法,知道童话情节不同的推进方式与表达形式,让学生总结童话特点,其目的就是引导学生学语言、用语言,在模仿的基础上学习创编。学生语言的成长总要经历模仿到创新的过程。

二、理性启智

"言为心声,文为心智",语文具有"文以载道、文道统一"的特点,语文教学应以感性的情怀,实现理性的智慧。

语文是一门情理交融的学科。要让学生对语言文字产生共鸣,老师自身要有充足的情感准备,教学时要钻进去,潜入去,带着激情、深情、真情和学生一起走进文本,和学生一起随着语言文字一起笑,一起哭,一起怒,一起悲……要达到这样的效果,老师的教学语言就尤为重要。因此,在教学当中,我注意控制自己的语调、语速,恰当运用不同的语气,或抑扬顿挫,或娓娓道来,或激情澎湃,或调皮活泼……用富有感染力的语言引起学生情感的共鸣。还通过简笔画、播放图片、视频,音乐渲染等方式创设情境,从视觉、听觉、感觉等方面调动学生各方面感官，自然生情。比如教学《圆明园的毁灭》一课时，为了让学生感受圆明园这座皇家园林昔日的辉煌，我边播放图片，边动情朗读，让学生边听边看边想象，激发他们对圆明园昔日美景的喜爱和向往。但是光有情感的激荡还不够，更重要的是通过现象产生思辨，客观思考，理性认识。为此，我接着提出问题"现在我们还能看到这些美景吗？圆明园为什么会被毁了呢？"引导学生从情感走向理性，让学生因圆明园的被毁而产生愤慨、悲伤、惋惜、无奈的复杂情感之余理性地认识历史，正确看待圆明园被毁的原因，让学生认识到客观看待历史才能正确展望未来。语文教学就是要引导学生在感性的情感体验中获得理性的认识，在发展语言能力的同时形成客观认识、逻辑判断、健康审美等理性思考能力和理性生活态度。

语文教学的理性还体现在对智慧的追求，对学生思维发展的促进。语文是通过文本的学习学会语言理解与运用的思维方法，反过来用思维方法指导阅读更多的文章。语文教学的思维培养要从识记、背诵、理解、体会等较浅层的思维向比较、辨析、推理、创造等高阶思维发展。我开展的语文单元整合教学以及语文联结阅读教学研究，通过对单元学习内容的重组和构建，引导学生在多角度的、开放灵活的整合阅读中，把握与重构言与意、文与人、表与里等要素之间的联系，从中把握阅读内容的本质，发现语言的规律，促进阅读高阶思维的发展。

三、简约流畅

简约就是简简单单教语文。语文具有工具性和人文性相统一的基本特点。就工具性来说，学生学习运用语言，字词句篇可以展开来教学的东西很多；就人文性来说，语文可以承载很多思想、情感、价值观方面的教育任务。现在的语文教学总想工具性和人文性面面俱到，结果语文承载的东西太多，内容繁杂了，手段繁复了，环节累赘了。每样都想抓住，结果每样都抓不住。陶行知先生说过：凡做一事，要用最简单、最省钱、最省时的方法，还要看是否有收获。简简单单教语文就是抓住"学习语言文字运用"这一核心，把握住每篇文章的特点和关键点，删繁就简，把非语文的东西去掉，有重点、有针对性地开展语言实践活动。简简单单教语文要求我们做到教学目标简明可测，教学过程简洁清晰，教学方式简单有效，教学语言简要精炼。大道至简，语文简单教，但教学不简单，更加考验老师理解教材、处理教材的功力和智慧。

流畅就是各教学环节之间要衔接自然，整个教学要浑然一体。

语文教学要做到流畅，首先要有一条主线串起整个教学过程，这条主线就是语文教学的切入点、关键点，以主线牵一发而动全身，明一点而悟全文。其次，教师要通过简要精炼、富有启发性和感染力的导入语、过渡语巧妙地把各教学环节自然地连接起来，使整节课行云流水、舒展有度。

如人教版六年级上册《穷人》一课篇幅很长，如果逐段讲读，字斟句酌，教学就变得耗时长且繁琐累赘，让这篇艺术精湛的作品学起来索然无味！如何抓住关键点展开高效而深入的阅读，让学生体会到文章高超的艺术表现手法以及蕴含其中的人文情怀？我紧紧抓住《穷人》这一题眼，以"你认为桑娜和渔夫是穷人吗？"作为主问题推进学生的阅读。这是一个具有思辨性的问题，也是一个能够统领全文的问题。学生们带着问题游走在篇章句段中，反复阅读，推敲词句，品环境描写，析人物语言，揣人物心理，逐步形成个人的阅读理解和体会。基于学生的阅读，我及时给予理答、追问、点拨，把学生的阅读思考推向深处，最终形成了阅读的共识：就物质生活来说，桑娜和渔夫确实是穷人；但他们纯朴善良，有同情心，情操高尚，从精神上来说，他们是富足的。最后提出一个问题"作者为什么以'穷人'作为题目？"这是一个有一定思考深度的问题，目的是引导学生去体会作品的写作艺术和思想宗旨。我介绍了作品的创作背景，让学生认识到《穷人》一文的写作年代正是俄国历史上阶级矛盾空前激化的时期。封建农奴制一步步地崩溃瓦解，广大人民对沙皇专制的反抗斗争日趋高涨，逐渐形成了俄国资产阶级民主革命的高潮。在这个时期，贵族、资产阶级吮吸人民的血汗，生活奢华而道德堕落；广大劳动人民生活极端贫困，然而他们的道德情操却高尚淳朴。《穷人》真实地反映了这一历史时期劳动人民的苦难生活和他们的高尚品德。整个教学提出的问题不多，但提纲挈领，紧凑流畅，达到了长文短教的目的。

我的教学主张

一、简约：重返朴素课堂

如同喜欢简约的装修风格那样，我主张语文教学也要简约。简约的教学主线清晰、重点突出、简洁明了、精炼高效。回首以往自己的教学，也曾经陷入过繁杂、琐碎之中。就是什么都想讲，结果语文教学变得婆婆妈妈、絮絮叨叨，越繁杂，越容易老师讲得多、学生读得少。经过这么多年的语文教学实践经历，让我认识到语文教学要简约。简约的教学要求摒弃教学上不必要的"浮华"，回归语文教学的本质。简约教学就是要做到教学内容简要、精辟，课堂环节简单、厚实，教学方法简明、灵活，教学评价简洁、到位。要做到简约的教学并不简单，需要我们老师准确解读文本，深入理解文意。简约的教学更考验教学的智慧，让教学深入浅出，从冗繁走向凝练，从肤浅走向深邃。

现在的部编版语文教材以"人文主题"和"语文要素"两条主线贯穿单元教学，每个单元的学习主题和目标任务都非常清晰明确。教师一定要抓住单元主线研读教材，围绕核心展开教学，实现有效的语言实践训练。比如三年级上册第四单元是"预测策略"单元，要求学生学完本单元课文后，能学习到一些基本的预测方法并加以运用。教学要紧紧围绕"学习和运用预测策略"这条主线，引导学生从题目、插图、上下文、细节等方面进行预测，并能说出预测的依据。阅读文本、解读词句都紧紧为推进预测服务。字词句以及内容的分析讲解与品味运用并不是本单元的主要学习任务。当我们明确了教学目标任务后，语文教学就能聚焦、简明、流畅、有效。

二、有效指导下的生本学习

湛甘泉先生的"随处体认天理"的心学理论强调了"主体用主敬的方法进行涵养，主体通过学习获得知识"的重要性，他明确指出"在从事学习的过程中，一定要确立为学之根本。为学的根本在于学生自己的心有所得"。这指出了学生学习主体地位的重要性。尤其是语文学习，"一千个读者就有一千个哈姆雷特"，不能以老师的阅读体会代替学生独特的阅读感受。语言的习得必须要让学生多读多思多交流。我们都有这样的经验，老师讲得多不见得学生阅读力就会提升，反而学生多读多思多说，阅读的能力就在这种自我的内化中形成和提高了。

但是在提倡"以生为本"的教学理念时，有的老师似乎走向了另一个极端，就是不敢多讲，该讲不讲。有一次我听了这样一节生本课，课堂上为了突出学生的主体地位，整节课老师只是作为旁观者而存在，对于学生的读书分享汇报只是简单地回应"你说得真好，谁再来补充？""不错，你也有自己的看法""你真棒"等。至于学生的回答好在哪里没有具体的评价，只是一味肯定，没有点拨纠正，阅读停留于学生的浅层交流。这样的"生本"课堂止于肤浅，裹足不前，学生的阅读力和认知水平无法得到进一步的提升。

学生的学与老师的导是辩证统一的关系。课堂要达到"有温度、有广度、有深度"，就需要教师通过适切的理答、有效的追问、巧妙的点拨，助推学生往前走一步、再走一步。

特级教师窦桂梅老师在教《再见了，亲人》一课，让学生体会"亲人"所蕴含的情感时，是这样引导学生的：

师：为什么志愿军战士称他们为亲人呢？下面就由同学们来好好讲讲"亲人"，体会"亲人"。

教师引导同学们讨论"讲"的方法：首先要认真阅读课文，理解有关词句，并把这些词句变成自己的话，然后用具体事实深情地"讲"。这样的阅读指导有要求有方法。

学生阅读后自由发言：

生1：我讲的是大嫂。大嫂失去了双腿，可是她还背上自己的孩子，在崎岖的山路上送了我们几十公里。战争期间，她……（略）

生2：我讲的是小金花……

生3：我讲的是大娘……

在学生阅读汇报的过程中，窦老师因应学生"讲"的情况，引导学生抓住故事主要情节进行讲述，还适时地抓住"雪中送炭""情深似海"等词语引导学生深入品味，对主要句段进行感情朗读。每位同学讲完后均进行民主评价。在这里既突显了学生学习的主体地位，又发挥了教师的有效引导作用，教师真正成为学习活动的组织者、引导者和参与者。

师：刚才你们是具体地讲，现在，请你们概括地讲。

生1：为了志愿军，大娘不顾生命危险，把打糕送到阵地上给战士们吃。

生2：小金花她失去了妈妈，可是……

生3：大嫂为了志愿军……

由具体地"讲"到概括地"讲"，通过语言的变式训练把学生的阅读思维引向深入，提升学生的理解力、概括力。

窦桂梅老师就如一位高明的指挥，又似一名出色的导演，运筹帷幄，用巧妙的引导调动并调节着全体学生的情感，步步深入又分寸准确地体验和演绎着文本丰富的深层信息。她说："只有建立在'深度'之上的课堂，才可能持久，才可能给生命以底气……这种课堂生成的'深度'，往往有赖于教师的'拨弹'。"

他人眼中的我

李佩玲老师有着广东人务实进取、开放包容的性格特质，这种性格特质充分影响着她的工作态度和做事方式。作为指导中心语文教研员，她率先垂范、扎扎实实地引领全镇教师在语文教改之路上不断学习、探索、改革、实践，把新塘镇小学语文教学引向良性优质发展之路。特别令人欣赏的是，作为一名有着二十多年教龄并且已经评上了中小学高级教师的教师，她依然保持着谦逊好学、积极进取之心。"海纳百川，有容乃大；壁立千仞，无欲则刚"，我觉得用这句话来形容李佩玲老师并不为过。

——广州市增城区教育局教研室副主任、中小学高级教师、广州市各教师工作室主持人　李旭明

在我的眼中，李佩玲老师就是一个能量球，浑身都是正能量，专业素养高，工作态度好。在小学语文教育方面，李老师有深入的研究，有独到的见解，能够基于实际情况创造性地解决问题，在山穷水复中找到出路，到达柳暗花明的境地，似乎在她眼中没有解决不了的问题和完不成的任务。她是一位值得信赖的工作伙伴。这样一个能量球辐射了整个区域的小学语文教学，引领着新塘镇乃至增城小学语文教学向前进。

——广州市增城区教育局教研室语文教研员　伍敏勇

李佩玲老师是我们的良师益友，深受老师们的尊敬和喜爱。教学上，她用心用情，自成风格，并手把手地指导老师们上课，给老师们带来宝贵的意见和有效的帮助。她公道正直，知人善任，很多老师在她的指导下都得到快速成长，成为了镇、区级骨干。我和她共事多年，对她的业务水平、工作态度和为人处世深表钦佩，她不愧是增城区小学语文学科领头人。

——新塘镇教学指导中心数学教研员　谢才远

李老师在平凡的工作岗位中做出了不平凡的业绩。她把日常工作精细化，把精细工作精准化，以精益求精的精神引领新教师一路向前，以不忘初心的精神带领骨干教师从规范走向优秀，实现从优秀走向卓越。

——广州市增城区荔江小学校长、广州市第三期小学卓越校长培养对象、增城区名教师　李毅兰

第四部分　育人故事

特殊孩子更需要关爱

我想没有哪一位老师在从教生涯中不会遇到一些特殊的孩子，我自然也是。我们常忽略特殊孩子与常人的不同，但他们更需要在情感上被给予更多的关注与爱。别以为这些孩子不懂情、不懂爱，其实他们的内心非常敏感。当你给予了他们爱，他们能深深感受到并且永远记得。我就经历了这样一件事。

自2004年，我就在指导中心工作，没当班主任，没带学生好多年了。我想当年的学生应该早已忘记有我这一位老师了吧！

2014年的教师节，我回到办公室开始了一天的工作。快下班的时候，门外有人叫了一声"李老师"。我抬头一看，哟，虽然时隔多年，但我还是认得他，因为印象太深了！他是我教过的一名特殊孩子。虽然比起当年我教他的时候长高了，成大人了，可是他的大脑袋、那孩童般纯真的眼神、憨憨的神态一点儿都没变。我很惊讶："你怎么会找到这儿来了？"他拿出一个信封递给了我，腼腆地笑着，没说话。我打开一看，上面歪歪扭扭地写着"祝李老师节日快乐！"我心中顿时涌起一股暖流，这孩子居然还记得当年教他的老师！还会找到我的新单位来！我很感动："哎呀，太谢谢你了，还记得老师，你是怎么知道我在这儿上班的？"他还是憨憨地笑着，说不出话来，转头就走了。望着他离去的背影，我的思绪不禁回到了过去。

他是我曾教过的六年级的一名学生。虽然已经六年级，但他只懂得写自己的

名字和几个简单的汉字。在课堂上，他很安静很乖，老师讲课时，就在作业本上反反复复写那几个字。刚接手这个班时，我对他的情况不了解，前期花了很多精力和时间辅导他，希望他在学习上能有所进步。但法子都用尽了，也看不到明显的变化。班里的同学都说："老师，他就懂那几个字，从一年级到五年级都这样！"

对这样的孩子，我应该怎么办？因为学习跟不上，就把他晾一边？他像猫儿那么温驯，安静地活在自己的世界里，绝不会打扰到别人。完全不管他，实际对全班上课不会造成任何影响。可他是我的学生啊，我怎么忍心对他视而不见！更何况老师的态度会影响班上其他同学对他的态度，我的冷漠会导致同学们对他的轻视，甚至引起对他的欺负。这不是我希望看到的！教师的职责是教书育人，教书是手段，育人才是目标。如果为人师者，只顾着教好知识，只把成绩作为衡量学生好坏的标准，而忽视学生情感的需求、道德的引领，那就是没有尽到教师"育人"的职责！我必须以身作则，做好爱的示范与引领。在学习成绩上，我无法扭转状况，但在情感上不能对他吝惜！这样的孩子更需要关爱和保护！

我发现他虽然认字不多，但是给他一个简单的字，他能反复临摹着写，不过写完很快就忘记。我想摹写10个，他能记住1个也是好的。因此，每当上课的时候，我就给他发一张作业纸，起两三个字头，轻声地跟他说："你就好好地写字吧！"他一节课就安安静静地在座位上写，累了就趴着休息。巡堂的时候，我会专门过去看看他，摸摸他的头，赞赞他的字写得好，他就看着我开心地笑了！一到下课，他就把写好的字拿给我看。在我的影响下，班里的同学也特别关爱他。一年下来，虽然他的成绩还是原地踏步，但是字倒是比原来多记住了几个！

六年级毕业后，我再也没见过他。真想不到时隔多年，就是这样的一个孩子能够寻到老师的新单位并且还送上了节日的礼物，让我惊讶而感动！虽然他的智商不如常人，但是他的情商却是那么高！比那些学习优秀的学生还更记着老师！对于那些成绩优秀的孩子来说，他们身边不缺赞美、赏识和爱，来得容易自然觉得理所应当。家常便饭的赞美不会令人刻骨铭心。但是对于那些特殊孩子来说，他们内心更脆弱、更敏感，别人对他一点点的好就足以温暖他们的心，足以让他们记住一辈子！

在教育过程中，有的学生能给你少许安慰，但令你灰心沮丧的也不在少数。有时你倾注了万般的热情，用尽了一切办法，也未必能让每名学生都能如你所希望的那样。像这样的特殊学生，确实会令老师苦恼和失望，但是教育如果只管人的智商，意义又何在？我深刻地感受到教育不能缺乏情感的力量！对于那些特殊孩子来说更是这样！

附录 教学现场与反思

古诗词三首

《古诗词三首》是人教版四年级下册第六单元中的教学内容。《乡村四月》《四时田园杂兴》是诗，《渔歌子》是词。三首诗词在内容和写法上各有异同：它们都描写了田园风光以及农人们的乡村生活，表达了作者对劳动生活、劳动人民的赞美，对秀美恬淡的乡村生活的热爱与向往。三首诗词在写法上各有异同，《乡村四月》《渔歌子》都是先写景、后写人，《四时田园杂兴》只写了人们的活动；《乡村四月》和《四时田园杂兴》写了农人们的忙碌生活，而《渔歌子》表现了渔夫悠闲自在的生活情趣。三首诗词就像三幅美丽的画卷，或色彩艳丽，或趣味盎然，或诗情画意。教学中把三首诗词整合在一起教学，让学生在比较阅读中品味语言，体会写法，获得更深刻的感受。

四年级的孩子已具备一定的阅读能力，在之前已经学习了很多首古诗，对古诗这种文学形式是比较熟悉的。在本册书的第一课出现了《忆江南》这首词的教学内容，这是词这种文学形式第一次通过课本出现在学生面前。可以说，学生在学习本课前对词这种文学形式是了解的，加上在第一课时的教学中老师也已经重新复习了诗词的异同，因而对于学生来说对诗词的初步认知是不存在很大问题的。甘泉小学的学生自学能力和合作学习能力都较强。根据教材特点、学生的已有认识以及学习能力，本课的教学主要采用整合教学、自主探究、合作学习等方式进行。

教学目标

1. 深入品读探析三首诗词，体会三首诗词朴实优美，准确生动地描述画面和场景的写作特色。

2. 边品边读，体会诗歌所表达的思想感情，激发对古诗词的热爱。

3. 在反复诵读的基础上把诗词背诵下来。

4. 拓展延伸，丰富积累。

教学重点 深入品读探析三首诗词，体会写作特色及诗歌表达的情感。

教学难点 辨析三首诗词的异同。

教具准备 多媒体课件。

一、教学实录

（一）深入品读，探析异同

师：同学们在第一课时的学习中，读懂了三首古诗词的内容，有了自己初步的感受和体会。刚才我听了你们朗读三首古诗词，读得特别好。我现在想再听你们读一遍。

出示三首古诗词，学生采取齐读、同桌合作拍手读、男女生合作读等形式朗读三首古诗词。

师：这些诗词美吗？你们能发现它们有什么相同和不同的地方吗？

出示小学合作学习要求：再次品读诗词，看看三首古诗词有哪些相同和不同的地方？（请一名学生读题目，小组合作，再读诗词，探析异同，完成下表）

题目	相同之处	不同之处
《乡村四月》		
《四时田园杂兴》		
《渔歌子》		

该环节把三首古诗词放在一起，读中比较，读中辨析，引导学生在多角度的阅读中探寻、发现、品味语言运用的异同，促进学生的语言理解，紧紧抓住"以读为本"的语文学习本质特点，也是整合阅读的一种教学策略。

（二）汇报交流，点拨评价

请小组出来展示汇报，师生、生生互动补充，教师点拨。

聪明组汇报：《乡村四月》和《四时田园杂兴》是诗，诗人都是宋代。《渔歌子》和《乡村四月》一样，先写景，后写人。《渔歌子》和《乡村四月》不同的地方是，《渔歌子》是词，《乡村四月》是诗。《四时田园杂兴》只写了人，没写景。

师：同意吗？谁有补充？相同的不说，不一样的才补充。

阳光组：《渔歌子》的题目是词牌名。

师：就这个不同？还有发现吗？聪明组果然没有起错名字，他们概括得非常完整。

PPT 出示三首古诗词。

师，刚才聪明组说《渔歌子》和《乡村四月》都先写景，后写人。请找找两首诗词哪些句子是写景的？（指读有关句子）

师：假如我让你们用词语来形容这些景色。你们会想到哪些词呢？

生1：美丽。

师：还有吗？

生2：人间仙境。

师：这位同学真了不起，积累的词语可真多！还有谁来说说你想到的词语？

生3：多姿多美。

师：是"多姿多彩"。还有吗？
生4：世外桃源。
师：哎呀，人间仙境、多姿多彩、世外桃源！美吗？谁能美美地读一读？
（请多位同学有感情地朗读——全班齐读）
师：这么美的画面，能用自己的话来描述一下吗？
（先同桌之间说说——指名说）
师：谁能用"这里的景真美啊！有……有……有……"说一说？
生1：这里的景色真美啊！有白鹭、有原野、有水、有桃花。
师：怎样的山？怎样的水？白鹭怎样飞呢？谁再来说具体一点。
生2：这里的景色真美啊，有辽阔无垠的原野、有叽叽喳喳的杜鹃鸟在唱着美妙的歌。人们在辛勤地采桑叶和插秧田。
师：你说得真美。哪些诗句是写人的呢？
（指读有关诗句）
师：你们想到什么词可以形容养蚕插田的人们？
生1：辛苦。
生2：疲惫不堪。
生3：忙碌。
师：真忙啊！谁能读出他们的忙？
（自荐读）
师：请用"这里的农民可真忙啊，有的在干什么，有的在干什么"来说说农人们辛勤劳作的画面。
（生说略）
（指读"青箬笠，绿蓑衣，斜风细雨不须归"）
师：这个句子写了谁？
生：渔夫。
师：哪里看出是一位渔夫？渔夫穿着打扮怎样？
（理解"青箬笠，绿蓑衣"）
师：箬笠和蓑衣是用什么做的？你是怎么知道的？
生：从竹字头和草字头可以知道帽子和衣服都是用竹子和草叶编织成的。
（出示"箬笠和蓑衣"图片帮助学生理解）
师：渔夫也那么忙吗？你们想到什么词来形容？
生：悠闲。
师：请找找哪些词写出了农民的忙，请在有关词语下面打上一个三角号。
（生默读并批注，回答略）
男女生分别读，读出忙。

师范写生字"昼",生书空。
师:哪个词看出渔夫特别悠闲?圈出有关的词。
(生读并找)
师:谁能读出渔夫的闲?(师生齐读)
全班一起对比读,读出农人的忙和渔夫的闲。
该环节教师在师生、生生的互动交流基础上,抓住关键词句引导学生进行想象、分析、综合和判断,并通过语言表达出来,让语言训练和思维训练紧密结合,体现了"理性启智"的教学风格。同时该环节的教学较好地体现了"生为本师善导"的教学主张,学习小组围绕学习支架展开自读与交流,形成初步的阅读共识,教师根据小组学习成果汇报,适时给予理答、点拨和引导,让学生的思维从浅层逐步走向深入。

（三）体会情感,尝试背诵
师小结:田园风光是美丽的(女生读写景句),农家的生活是忙碌、紧张的(男生再读写农人们忙碌的诗句),偶尔也偷得浮生半日闲(齐读《渔歌子》最后两句)。你从中体会到了什么或感受到了什么?
(生答略)
师总结:无论是忙碌还是闲适,诗人用优美、朴实准确的语言描述画面和场景,表达了对乡村风光的热爱与欣赏,对勤劳朴实的劳动人民的赞美,全诗写满了农家儿女对幸福平淡生活的向往与追求。(板书)
师:谁能把这三首古诗词背下来呢?
(试背小组评分——指名背诵)

（四）日积月累
师:同学们,在本单元中描写田园风光的诗句还有很多,请看"日积月累"
(出示日积月累诗句)
(生自由读,读准字音——指名读,读出感情)
师:选择其中一句说说你想象到的画面。
(生说略)

（五）总结课堂,布置作业
背诵是对之前语言学习的反刍,是语言积累的一个有效途径,也是增强记忆、增进理解的有效手段。过去私塾教学最简单最质朴的语文学习手段就是读与背。这种古老传统的教学方法放在现今仍不过时。多读多背是"抱朴守真"教学风格的体现。

二、教学反思
（一）课程（文化,含地域文化）资源开发与教学设计
在本节课中,我突破单篇教学的局限,进行教学资源的整合教学,尝试把三

首古诗词以及日积月累的诗句链接在一起比较学习，让学生在辨析比较中发现体会古诗词在写作内容及表现手法上的异同。这样处理比单篇的教学更能让学生感受到古诗词文化的意蕴。为了达到理想的整合教学目标，借助多媒体课件可穿插转换的灵活手段，与学习内容有机整合，达到了非常好的教学效果。这体现在以下几点：

1. 为整合学习搭建学习支架。设计了一个探析异同的表格，用多媒体课件展示出来，结合学生的汇报分析，逐一用课件显示三首古诗词的异同，学生看了非常明白。

2. 有效呈现教学思路。运用幻灯片的链接切换功能，在单首古诗词的呈现和三首古诗词的呈现之间切换，体现了"整体到局部再回到整体"的教学思路，有效地帮助学生理解诗词的意思，体会到三首古诗词的写作思路和特色。

3. 帮助理解词语意思。借助课件中图片的呈现，帮助学生形象直观地理解"箬笠""蓑衣"的意思。

4. 实现诗句的整合比较。运用多媒体课件把写景诗句、写人诗句进行整合，达到同类诗句比较学习、深入品读的目的。

（二）课堂教学对话与教学生成

本节课是我整合教学的尝试，学习三首古诗词，有一定的容量。学生学得如何？能否在整合阅读中获得与以往不一样的学习体验和收获？能否有效地完成学习的任务？学生在课堂上会生成怎样的理解和交流？教师如何应答？如何因应学习的生成给予及时有效的点拨？我在备课时都作了充分的考虑。在教学推进的过程中，我顺学而导，在学生自学品读的基础上，根据学生的自学体会，个性感悟，展示汇报，在师生、生生互动补充的过程中，通过适切的理答、追问、点拨，引导学生品词赏句美读，推进学生的阅读理解和深层思考。

（三）教师教学风格与教学艺术

本节课较好地体现了我"抱朴守真、理性启智、简约流畅"的教学风格。比如教学媒体的使用完全因应教学内容的需要，从语言中来到语言中去。用"这里的风景真美啊！有……有……有……"句式表达对诗词的理解，再想象画面，用自己的话进行描述，既有助于诗词的理解又有助于语言表达力的提高。在阅读理解、朗读表达的基础上达到熟读背诵。学语言、用语言、积累语言，这些都回归语文学习最本质的特点，读、说、背也是语文学习最朴素有效的手段。在对三首诗词内容及表现手法的比较分析中提高学生的理解力、思辨力，锻炼学生思维的灵活性、批判性、深刻性和创造性，这是"理性启智"的教学体现。整节课虽容量较大，但各教学环节紧紧围绕"辨析三首诗词的异同"这一主线展开，指向清晰，简约流畅，较高效地完成了教学任务，达到了学习目标。

"活力"语文：大气·明快·饱满

广州市海珠镇泰实验小学　张海华（小学语文）

第一部分　导读语

　　我是海珠镇泰实验小学的一名语文老师（副高级职称），也是学校的副校长，兼任海珠区教育学会第九届教学管理专业委员会理事。曾获"广州市优秀教师""广州市特殊儿童随班就读工作先进个人""海珠区优秀教育工作者""海珠区优秀少先队辅导员"等荣誉称号，三次获海珠区政府嘉奖。多次参与部、省、市、区级课题研究，主持市级、区级课题各一项。逾十篇论文发表于各级刊物，多篇论文、教学设计获全国、省、市、区级奖项。

　　"情有独钟，砥砺奋进"是我从教二十四年的工作写照。虽然自 2003 年开始兼任行政职务，但我对语文教学的热爱从来不改初心，因而不离不弃，至今累并快乐着。我坚持将语文教学与学生生活相结合，使语文课厚实起来，使语文课堂活起来。张弛有度的课堂开放而充盈，让学生情思飞扬徜徉在美的境界，充分感受语言文字独有的艺术魅力和人文光彩，更把学生引向生活、引向社会、引向自然。我善于做学生学习活动的引导者和组织者，尊重学生的个人体验，把理解文本的权利还给学生，珍视课堂教学情感的互动与沟通，在平等对话中师生共同成长。"大气、明快、饱满"的粤派教学风格，使我的语文课堂始终活力四射，扣"生"心弦，丰沛流畅。

第二部分　名师成长档案

有心栽花花满蹊，且行且思勤为径

走进课室，一眼就看到一枝康乃馨插在讲台上的一个矿泉水瓶子里，那么红，那么艳，仿佛一个春天的灿烂浓缩其中。"这是小邵送给您的！"一帮女学生争先恐后地报告。我还没反应过来，那个男孩站起身，腼腆又勇敢地望着我："希望您喜欢，张老师，我只是想用这样的方式告诉您，您是我最敬爱的老师！"我的眼睛霎时湿润了。毕业考在即，恰值语文进入了"难忘小学生活"的综合性学习阶段，充满童真的课室开始弥漫着一种依依的离愁别绪。或许正是在这样的情绪感染下，这个一向自我的男孩做出了这个特立独行的举动。我俯下身子，轻轻地亲了亲那朵花，再郑重地向男孩鞠了个躬："谢谢你带给张老师的惊喜，这样的鼓励，让张老师再一次深切地觉得——当老师真好！"当即，全班自发地响起热烈的掌声。

寒去暑又来，青丝染霜雪，可是我依旧享受站在讲台的感觉，那是一种激情永伴、青春不老的体验。我是幸运的，因为我喜欢当老师；更幸运的是，我当真成为了一名老师。兴趣就是工作，这是一件多么幸福和美好的事情！做一名"学高""身正"的老师，是我"众里寻他千百度""衣带渐宽终不悔"的不变追求。

一、执著是我的不变本色

看了前面的话，大家可能会觉得我的专业发展之路非常顺畅。其实，恰恰相反，我差点就和语文教学擦肩而过。

我工作第一年任教的是音乐。因为原本当年调入学校的音乐老师人事关系转不进来，所以校长临时抓差，开学前才通知我这个刚毕业的有点钢琴底子的师范生顶上。这对于一门心思想当语文老师的我，绝对是晴天霹雳。事已至此，只能服从工作分配，但在"敢为天下先"的广东人精神驱使下，我跟校长"讨价还价"，暂时任教音乐可以，可是新教师培训班一定要参加语文学科，因为教语文才是我的兴趣特长啊！很幸运，我地处的南粤大地，她开明包容的人文关怀由来已久，校长同意了我"身在曹营心在汉"的申请。结果，我成了那一届新教师里的唯一一个特例——任教音乐却参加语文科新教师培训。培训后我收到了当时的区语文教研员张静宜老师下周来学校听我的新教师上岗课的通知，完全没有语文教学经验的我铆足了劲儿准备。因为身份比较尴尬，所以只能自个儿研读教材、备课，然后每晚下班以后留在空旷的音乐室里对着阶梯站台模拟授课。就这样，一遍一遍地试讲，一遍一遍地修改。张老师听了我借班教学的一节《回声》——这是我的第一节真正意义上的语文课，大为赞赏（该课被评为当年一百多名新教师里为数不多的"优"课),评课的时候跟校长建议:"这个新老师语文素养这么好,这节课的表现比那些教了一学期语文的老师强多了,是难得的'明珠杯'人才,怎么让她教音乐呀?"于是,不用我再提出,第二年学校马上安排我转教回语文,并且当年就代表学校参加海珠区"明珠杯"青年教师课堂教学评比大赛。只有几个月语文教龄的我挺争气,获学区第三名,评委都交口称赞:"滨江西二小(我校原名)藏了这么个人才,这位年轻老师上课好甜!"我用执著证明:我爱语文,我更适合当语文老师!

现在每每回想起这段经历,我都特别佩服当年自己身上那份认准目标全力以赴的拼劲,更加感恩海珠区教育界一贯宽松开放的育人氛围:不排资论辈,搭建像"明珠杯"这样的平台,积极扶持年轻人,如广东音乐《步步高》般催人奋进,让我这个初出茅庐的"菜鸟"得以脱颖而出,迈出成功的第一步,为后续发展奠定良好的基础。

对于这个差点失之交臂的挚爱学科,我格外地珍惜——我要以实际行动表达自己对它的诚意!老师的语音,是孩子最直观的模仿范式,所以本来已经获得普通话二甲证书的我,主动挑战更高级别。要知道,我的母语是潮州话,要克服语音系统缺陷,需要花费大量的时间。虽然每天在家捧着字典读得口干舌燥,我却乐此不疲。苦练了三个月,普通话一乙证书考到手了,最重要的是一口字正腔圆的普通话总是让我"一鸣惊人"。当我深情地范读起课文里那些美丽的语句,教室中的每一个孩子表情都是陶醉的、钦慕的。"这位老师的普通话真好听!"这是我给每一个听过我的课的人的第一印象,可以说这也是我身为一名语文老师最为亮丽的一张名片。

2017年4月,经过重重遴选,我成为了广州市基础系统新一轮"百千万人才培养工程"第三批小学名教师培养对象。繁忙工作的同时,还要参加密集的高强度理论学习、实践跟岗和完成大量的培训作业,实在有些吃力。很多人不解,"你已经走上校级岗位,评了小副高,还参加这个培训不是自讨苦吃吗?"年逾四十的我继续"折腾"自己,这也是对语文教学那份执著追求驱使下的选择。一位教育家说过,教师的定律,一言以蔽之,就是你一旦今日停止成长,明日你就将停止教学。所以,"做一辈子教师"必须"一辈子学做教师"。"木铎声声甘余过,而今迈步从头越",在疲乏困顿的时候,我总以这句话鞭策自己振奋精神继续前行。

二、阅读是我的决胜利器

学高方能为师,正是"老师"这个称号,让我视"学习"为己任。

1994年7月11日,带着"广东省南粤优秀师范生"等荣誉,怀着一颗终生献身教育事业的赤诚之心,踏入入职学校大门的那一刻,忐忑、雀跃的我下定了决心:一定要做一个无愧于"太阳底下最光辉的事业"的老师。为了这样的愿景,二十多年来，我没有停止过追寻的脚步。愿景是什么？《现代汉语词典》解释为"所向往的前景"。我所理解的"愿景"是这样的：这个前景既然是所向往的，那它首先应该是理想的、美好的，但更重要的是它虽在前方，然经过努力，应该是可以实现的，最起码是可以逐步实现，绝不是只可远观的。总结这逾二十年的"进步"心得，我最常做的就是一个自选动作：阅读。

人，必须不断学习，教师更是如此，而阅读，就是最重要的学习。我深知博采众长，才能让自己内蕴丰厚。因为在阅读中，人可以不断地观照自我，不断地获得灵感：从先行者那里汲取养分，细品内化，再融会贯通淬炼出属于自己的真知灼见。我从小就喜欢读书，选择了老师这个职业，阅读更成了每天必做的"功课"。伴随着阅读深度和广度的拓展，家里的个人藏书已经接近五千册。文学理论、教育教学理论、教学杂志、各类杂书，都是我案头的上宾，每晚捧读，是我雷打不动的习惯。2018年暑期，由于新学期自己任教五年级，我特意重温了四大名著，并且尝试从文学赏析的角度解读，远折服于脂砚斋，近求学于蒋勋先生。单一部《红楼梦》如此这般反复咀嚼、比对后，似又读出新的况味。

书海浩瀚，无法尽览，书目的选择非常重要，我自有捷径。广州这个改革开放前沿的活力之都，为教育工作者提供了大量的高端的交流学习的机会。每次培训活动上那些教授学者推荐的书目，我都如获至宝马上照单选购，心中暗自窃喜："这些是教育大咖们把过关的，可要好好读进去！"专家们高屋建瓴的引荐，让我的阅读视角更为广阔。一本又一本厚厚的摘抄簿、读书心得，见证了我的阅读历程。

由于自身素质较佳，再加上勤于阅读，涉猎较广，我的课堂旁征博引、趣味横生，引起了教研员关注。工作第二年，我就被吸纳为区中心教研组成员，第三年再次参赛一举获区"明珠杯"语文科一等奖。紧跟着在《小学教学研究》《广州教学研究》等省、市级杂志发表论文多篇，同时多次在区里进行教育教学经验介绍。天道酬勤，因为业绩突出，我提早两年破格评定为语文小学高级教师（中小学一级教师）。

正是从自身成长历程中深刻感受到阅读对一个人精神发育的巨大影响，我一直致力于学生课外阅读兴趣的激发、阅读活动的设计、阅读体系的开发等方面的探索。广州市在教育科研方面极具前瞻性，比如海珠区早在2007年就开始设立教师专项课题申报项目，鼓励更多的教师开展课题研究。因为有前期的实践基础，2012年，我主持的区级课题"小学生课外经典阅读指导的实践研究"顺利立项，这也成为我后来评选小副高一个非常有利的优势。历经几年的深入研究，这个课题以丰硕的成果受到评审专家的充分肯定，被评为"良好"等级顺利结题。

三、写作是我的难以割舍

谈到写作，请允许我先奉上自己写的一篇日志，和大家分享。

奔跑吧，孩子

六月末，初夏。太阳透过树叶的缝隙，洒落一地的金光，犹如斑驳的回忆。

拿着成绩单，从办公室走向课室，这短短的15米路程，我从没这样放慢过脚步。多想就这样走下去，一直走，没有尽头，于是也就没有离别。步入教室，孩子们全体乖乖地趴在桌上等着，就连最好动的小卢也是如此，一如当年第一次和他们见面的情景。那一瞬，想起龙应台的话，所谓父女母子一场，只不过意味着，你和他的缘分就是今生今世不断地在目送他的背影渐行渐远。你站立在小路的这一端，看着他逐渐消失在小路转弯的地方，而且，他用背影默默告诉你：不必追。师生的情分，何尝不是如此？

穿了高跟鞋，站在10厘米高的讲台，也比班长小朱矮了大半个头，孩子们真的长大了。欣慰地拍拍她的肩膀，轻轻向她示意，"上课，起立！""同学们好！""张老师好！"他们齐刷刷地站着，专注地望着我。想到这是彼此最后一次这么正式地问好，我的眼睛不受控制地酸涩了。

拼命忍着泪意。没有打算评讲试卷，该讲的知识点在考试前都讲明白了。想了想，在黑板上写了"前程似锦"四个大字。

"这个成语是什么意思呢？"

"形容前途美好。"孩子们都懂。

"究竟怎么样的前程才是美好的呢？"

课室沉默了下来。

"在张老师看来，只要向着自己的梦想一路追寻，这样的前程就是美好的。当然，真正的梦想应当是积极的，让人充满力量的。因为有梦想，我们可以微笑着面对所有的挑战，不舍昼夜，不畏艰辛。就如诗人汪国真在他的《热爱生命》中所写：我不去想是否能够成功，既然选择了远方，便只顾风雨兼程！今天，你们展翅远航，张老师的临别承诺是：只要你一回头，就能看到我，张老师会永远在你身后为你加油，祝福！奔跑吧，孩子们！"说到最后，已是泪湿。

在万籁俱寂的凌晨写下上述文字的时候，脑海里不断浮现出电影《生命因你而动听》里的霍兰先生和《放牛班的春天》里的马修老师的形象。心念一动，翻出笔记本，轻轻念起来："教师有两项工作，一方面是教授知识，另一方面是指引方向。我们要做的是牵着孩子们对未来充满犹疑和不知所措的小手，鼓励着他们独自走向生命的旅途。教学的奥秘：关于信念，关于信心，关于勇气，关于爱，这些远比知识技能更重要的精髓，正是教育中人性的诠释。"这段从网上摘录的关于教师的语句多么让人心潮澎湃，热血沸腾呀！我常想，有多少老师能让学生在多年以后追忆起自己来，依然动情，满怀感激与牵念？愿自己，能成为那样的老师。

正所谓一方水土养一方人，我生于潮州，长于广州，是地道的广东人，自幼耳濡目染的粤剧、粤曲这些广府文化造就了我敏感婉约的性格。我钟爱文学创作，像上面那样的短文，我几乎每天都写，积少成多，现在已经超过一百万字了。工作、生活、阅读的感悟，都是我笔下信手拈来的题材：教学随笔、工作反思、书评、小说创作……不一而足。我一直认为，一位优秀的语文老师，首先必须是一位文学爱好者。一位本身怕写文章的老师，是不太可能培养出爱写作的学生的，一个没有细腻感触的老师，是无法体悟语言文字之美的。我也要像《死亡诗社》里的基汀老师一样让我的学生知道，我们之所以是活着而不是存在着，是因为我们能够为晨曦中玫瑰花苞上露珠的闪耀而惊叹，能够为"怒发冲冠，凭栏处、潇潇雨歇"而哽咽，能发现、能感受这个世界所有美好动人的东西。而写作，无疑是最好的留痕方式，用笔记录我们的生活、我们的思想，是对生命最好的礼赞和回馈，你们的张老师就是这样做的。我经常和孩子们分享自己的文章，尤其是《教学录》系列，让他们知道原来自己长久地留在张老师笔下了。我相信，榜样的作用是无穷的。也因为有了这些经年累月的笔耕磨炼，参加各类征文比赛我都能取得优异成绩。而这些积累，更为我的论文写作，提供了丰富的素材。

美国麻省理工学院教授彼得·圣吉说："若没有一个伟大的梦想或愿景，则每天忙的都是些琐碎之事。"梦想在远方，选择在路上。只有知道了以后要走怎样的路，才能更好地活在当下。因此，"行"是必然的，"思"更是必须的。"炼"就名师是我永远的追求，如前方的怡人美景，只有以坚实的步伐迈进，才能无限接近。凭着执著不懈的学习、实践，因着阅读、写作的细水长流，我坚信终有水到渠成的一天。

第三部分　学科教育观

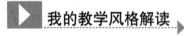 我的教学风格解读

活力语文，"言""意"兼得

叶圣陶这位语文大师说过这样一句话："对于一个语文教师来说，形成自己的教学特色，比不断丰富自己的知识更重要。"从最初为广州市小学语文教研员卢务全老师所盛赞的"甜""活""实"教风一路走来，我历经打磨雕琢，在一堂堂课的实践、反思、超越中，褪去青涩逐渐走向成熟，致力打造"活力语文"课

堂——格局大气，节奏明快，"言""意"饱满。

一、大气

北京师范大学肖川教授在听了我的公开课《一夜的工作》后，以"这位女老师，课上得很有气度"作为评课的开场白，距今已经十余年，仍让我记忆犹新。我想肖教授口中的"气度"，应该指的是我的教学风格比较大气。

大量阅读后的积淀，夯实了我的文化底蕴，提升了我的学科素养。具备了充足的底气，课堂上的我举手投足间自然散发出大气的格局。课堂的大气，还因为多年的教学实践沉淀出的娴熟的课堂驾驭能力。课堂教学是一个富于变化的群体活动，期间不断转换的关系，使它具有很大的灵活性和很强的现场性。我经常根据具体的学情，调整教学的途径、方法、过程、手段，在生成中抓住契机，创造不可预设的精彩。例如异地教学六年级上册综合性学习单元《轻叩诗歌的大门——走近儿童诗》一课时，该班孩子格外偏爱"比喻""拟人""反复"等技法的使用，写出来的诗结构千篇一律，情感干瘪。我没有生硬说教，而是即时现场搜索了最近很火的《挑妈妈》一诗，让孩子们自己去读、去评这首8岁孩童的作品，真切感悟诗歌创作的秘妙——真挚的情感才是最强技法。有了这个临时加插的点拨，接下来学生的二次创作明显构思多样、表达大胆了。

另外，大语文教育观下的我努力丰富语文教学的内涵，拓展语文教学的外延，从来都不会拘泥于课本，而是依据学生实际的接受能力做适当的发散延伸，让孩子们激扬才情，童趣与理性共生。由于我的课堂已经跳出了教材，所以表现得收放自如，更加洒脱大气。

二、明快

讲到"明快"，我们很自然会把它和"节奏"连在一起。节奏，一般指音乐或诗歌中交替出现的有规律的长短现象。教学，作为一种特殊活动，应该也有节奏的强弱起伏，因为受教育者的思维是处于一种不断变化的状态的。苏霍姆林斯基说，在课堂教学中"占据你的注意中心的将不是关于教材内容的思考，而是对于你的学生的思维情况的关心。这是每一个教师的教育技巧的高峰，你应当向它攀登"。要想让学生在课堂上始终保持较高的专注度和参与度，就要让学生在急缓有度、错落有致的思维节奏中行进。

小学生天性活泼好动，思维积极活跃，而我的课堂节奏总是明快利落，以"框架设计"板块推进，减少细枝末节分散他们的注意力。从大处着眼，我关注板块目标的设计、板块结构的把握、板块训练主线的提取，给予学生最大的发挥空间。因为每个板块都有较大的覆盖面，便于学生通过一个相对集中的问题情境进行自主实践。于是，我的课堂教学就像一次向未知方向挺进的旅程，意外的通道和美丽的图景随时可能由学生自己发现，而板块之间的衔接过渡就像途中必要的休整。这样一来，既有学生思维处于最集中、最兴奋的良好状态，又有学生思维处于相对静止的放松阶段，展开与过渡浑然一体、有机地协调起来。如此，动静相济、高低相间，师生的教与学和谐共振，让课堂成为一曲优美的交响乐。

三、饱满

在这里，我的"饱满"首先是情绪的饱满，充满活力的老师才有可能营造活力课堂。赞可夫说："没有课堂上师生间心的相通、情的交融，也就不可能产生教学所需的智慧和吸引学生的技巧。"只要一站上讲台，我就会抛开所有负面情绪全身心投入，显得格外的精神抖擞，因此，我的课堂永远激情昂扬——以情促情，以情动情，学生走神的现象极少。有老师说听我的课，连她自己的状态也不由得跟着兴奋起来。我觉得语文教师的情感应该是特别丰富的，具有热情奔放的内心，这样"生如夏花之绚烂"的鲜活生动的老师才能培养学生"面对一丛野菊花而怦然心动的情怀"，才会呵护孩子的感悟体验，带给学生的也才会是引人入胜的学习旅程。

此外，指的也是将有价值的环节做饱满，尤其重点环节舍得用各种方式扎实巩固，难点环节舍得花时间去细致处理，这样就避免落入看似面面俱到，实则蜻蜓点水的窠臼。例如教完《少年闰土》一课，我不是简单地走走流程布置"阅读鲁迅小说《故乡》"这项作业就算了，而是让学生设想"我"与中年闰土见面的情景。孩子们猜想的不外是"热情相认"或是"含泪重逢"之类的场面。这时候，我把原文中两人再见的片段出示，这种强烈的情感落差，极好地引发了孩子们对《故乡》的阅读期待。

"大气""明快""饱满"的教学风格，使我的课堂总是散发浓浓的个性化教学魅力——教材是开放的，情景是开放的，课堂的主人学生在充实而有活力的语文课堂里实现与文本、与生活的深层对话！

▶▶ 我的教学主张

著名教育家孙双金老师的这句名言："一堂好课应上得学生小脸通红，小眼发光，小手直举，小嘴常开"，每每读之，总令我心生向往。我想，这样的好课一定是充满生命活力的，这样的好课一定是让学生享受其中的，而这正是我一直努力追求的境界，我把它称为"活力语文"。我认为只有在这样的课堂上，师生才能全身心投入，共同感受着语文之美以及生命的涌动与成长。

一、尊重——活力语文的基石

美国心理学家马斯洛认为：只有在真诚、和谐的师生人际关系中，学生才敢于和勇于发表见解。因此，要让我们的课堂充满活力，首先必须还学生以尊重。课堂上，师生之间的尊重当然是相互的，但更重要的是老师对学生的尊重：尊重孩子表达的权利，尊重孩子思维的独特。我接纳学生之间智力、基础存在的差异，欣赏每个个体理解、分析、体验、感悟方式的独特，因此，在教学目标的实现上，从不强求"齐头并进"，而是追求"自我发展"。身处这样一种宽容的课堂气氛里的学生，思维状态自然是放松活跃的。

二、情感——活力语文的灵魂

我极为认同李吉林老师的见解：情感是语文教育的"渠道"和"根"，而"教材—学生"之间情感交流的桥梁便是教师的情感。可见，教师不仅要发掘出课文中的情感因子，更要"润物细无声"般地传递，从而激发学生的情感体验，在老师、学生、文本三者之间营造一个情感共振的磁场，使教学成为学生主观所需，成为他们情感所驱使的主动发展过程。有了这样的前提，课堂上才能让学生在发现、感悟、模仿、创造等积极语用状态下感受语言魅力，习得读写经验，促进语文素养的形成和发展。

三、超越——活力语文的内涵

语文教材具有丰厚的文学资源和广阔的知识背景，因此，透彻地解读文本是前提、是必须，但是，仅仅这样还是不够的。正如特级教师窦桂梅提倡的那样：语文教学要冲破以教材为中心，以课堂为中心，以教师为中心的樊篱。学好教材，又要超越教材；立足课堂，又要超越课堂；尊重教师，又要超越教师。我们应当给学生提供更多开放的、自主的学习素材，这样学生才会更加主动、更加投入，整个语文课堂才会活力四射；应该创造性地"用教材"，致力开发与教材相关的能动资源，使课堂具有文化的视野、审美的深度、生命的高度。

活力语文以尊重为基石，以情感为灵魂，以超越丰实内涵，"让我们的学生在每一节课上都享受到热烈的、沸腾的、多姿多彩的精神生活"。

▶ 他人眼中的我

俗话说"人贵有自知之明"，我们只有对自己有比较清楚的认识，才能了解自己的发展需要；只有认识自己的优势和弱点，才能为自己选择一条更容易成功的道路。访谈他人眼中的"我"，对于自我评判，意义非凡。

张海华老师是我非常欣赏的一位语文老师。她热爱学习，工作勤奋，有较深厚的文学修养，长期坚持在语文教学第一线，夯实了较扎实的课堂教学基本功。对阅读、作文等各类课型都把握得相当好。坚持"发挥学生自主性，努力提高课堂效率"这一现代教学理念，与学校同行团结协作，不断取得可喜的教学与科研成果。如能进一步刻苦学习有关教育理论，结合实践，不断总结提升，追求形成个人较鲜明的教学思想与教学风格，定能更上一层楼，开拓出崭新的教学教研新天地。

——广东省小语会前会长、广州市小学语文教研员　卢务全从海华毕业分配到我校，至今与其共事二十余年，一路同行，见证了她的成长、成熟。她自身良好的素养再加上不懈的钻劲，成就了她公认的"三好"：上得好课，带得好班，写得好文章。愿她一如既往，全身心投入，始终把追求完美和卓越作为自己的目标，一步一个脚印，在名师路上收获成功与精彩。

——海珠镇泰实验小学校长　杨汉山

业务精，政务勤，为人正，待人亲，这是张海华老师给我留下的总体印象。担任行政工作多年，她一直仍坚守在教学一线，基本功扎实，课堂调控能力强，教学效果好。最让我钦佩的是她勤学善思、大胆实践、笔耕不断，常有佳作发表。近年来，她积极投身科研，除了主持个人课题，更多次担任外校课题指导专家，理论水平不断提升。

——瑞宝小学教师、广州市小学语文特约教研员、广州市语文十佳青年教师
邓丹玫

她拥有深厚的语文功底，良好的专业素养，扎实的教学基础。课堂上，她激情澎湃，带领学生在知识的海洋里遨游；工作上，她孜孜不倦，走在新教改的前列；育人上，她爱意浓浓，用爱心滋润每一个孩子的成长。她满腔热忱、耐心细致的工作作风，影响了我们每一位同事，她用爱心、恒心、信心呵护每一个孩子成长，感染了我们每一位年轻教师。

——海珠镇泰实验小学级语文老师　陈妮

张老师在课堂上授课重点突出，层次分明，思路清晰；语言生动，富有感染力，循循善诱，注重启发和调动我们的积极性，鼓励我们踊跃发言，课堂气氛活跃，整节课学下来满是收获和欣喜。她在教学中不时会穿插一些育人内容，旁征博引，深入浅出，通过古今中外的名人事例，带给我们满满的正能量，使我们更能以积极的态度去面对学习、面对生活。在教学上，张老师认真负责，对我们要求严格，着力培养我们独立思考的能力，形成良好的学习习惯；在生活上，张老师和蔼可亲，幽默风趣，平易近人，对我们十分关心，有什么困难找她，总会得到一些有益的指导。最让人难忘的是她常和我们分享自己写的文章。这么多年过去了，她依然是我印象最深刻的老师。

——2002年毕业学生　区锦馨

第四部分 育人故事

特别的爱给特别的你

纪伯伦在《先知》中说道:"工作是看得见的爱,通过工作来爱生命,你就通晓了生命的全部秘密。"孩子是最好的老师,尤其对教师而言。那每一个鲜活真实的生命,每天都告诉着我们最朴素的教育真谛。

还记得那年我接任三年级(3)班语文老师兼班主任,新学期第一天刚走上教室讲台,我就发现了坐在教坛旁一个瘦弱白皙的男孩。许是感受到我的注目,他和我对视了一眼——大眼镜下斜视的眼睛流露出的是呆滞木讷的神情。"你好,孩子。"我刚随口向他打了声招呼,附近一个嘴快的小女孩就喊了声:"老师,他是弱智!"原来他就是随班就读生小马。"哈,张老师怎么感觉这位同学特别有亲切感,原来我们都戴眼镜哦。"我故意忽略掉小女孩的插话,一边暗暗观察小马的反应。只见他面无表情,对刚才发生的一幕一副置若罔闻、事不关己的模样。

不到一个星期的接触,我就发现小马有个极其突出的优点:特别爱劳动,也主动承担了教室的值日工作。于是,我也每天早早地到校和他一起擦窗、扫地,常常是他拧布,我擦桌;他打水,我拖地板,但彼此间还是零交流,因为无论我怎么逗他,他都选择"听而不闻"。一次,他扫地的时候,不小心碰翻了水桶,溅出来的水把站在旁边的我的一双鞋连袜子全淋湿了,他吓得惊慌失措。我毫不在意地一笑:"小马眼睛真灵,张老师的皮鞋脏了,本来今晚就要抹一抹了,现在可省事了,你已经帮我洗干净了,谢谢你呀。"他看着我真诚的笑脸,听着我亲切的话语,也咧开嘴笑了。事情开始有了转机。

第二天大课间上,我和孩子们玩"老鹰抓小鸡",他一个人静静地坐在一旁,那不时偷偷投来的向往的目光真令人心疼。"我有个提议,你们这群'小鸡'太机灵了,所以我这只'老鹰'请了最好的朋友来帮忙。"我用手把他拉了起来,"有信心吗?"他难以置信地点了点头。"小马是张老师最好的朋友!"孩子们意外又羡慕。"你什么时候和张老师交上朋友的?"……大家围着他叽叽喳喳地想要"查问"清楚。小马自豪地向着同学们解释起来:"我和张老师天天一起打扫卫生……"口齿虽然含糊不清,却异乎寻常地响亮。

周一清早我回到学校,穿过校园,瞧,不过两天没见的功夫,那一树树新绿,多么耀眼,那样精神!脑海掠过朱自清的《春》,嘴角不自觉向上弯,春天确已来到!带着这样的好心情,我到教室宣布今天早读的内容是带他们到操场找春天。孩子们别提有多高兴了,簇拥着我,一路欢呼,一路放歌《春天在哪里》,沿途不知引来多少外班学生艳羡的眼光。

"孩子们，用自己的眼睛、鼻子、双手，最重要的是用我们最敏感的心灵去感受春天的气息！"我们捡拾满地的叶片，伸出手指比量小草的高矮，点数树上的木棉花苞。我还和他们一起不顾微雨，不管仪态，在操场尽情奔跑，放声大笑。小马追上来拉着我的手，认真地说："张老师，我好喜欢您，好喜欢跟着您找春天！""谢谢，我也喜欢你。那小马能把刚才的发现写下来吗？其他同学要把今天的发现都写下来，张老师只要求你写写这棵大榕树的变化，可以吗？"我趁机提出要求。小马歪着脑袋想了好一会儿，有些为难地说："我……试试吧。""加油，张老师等着当你的第一个读者，哇，我已经开始期待你的大作了！"我亲昵地搂着他的肩膀给他鼓劲。"好，张老师，您真像我的大姐姐！"小马的脸亮堂起来。

第二天，翻开小马的日记本，里面夹着一张纸，原来是他妈妈的附言：

  尊敬的张老师：昨晚回到家，小马连饭也不肯吃就吵着要写日记，说是要写给张老师欣赏。考虑到他的情况，我们建议由他口述我们记录，没想到他不肯，非要自己写。虽然花了很长的功夫还是写得不好，但这是他入读小学以来第一次主动独立完成的一项作业，已经让我们欢欣鼓舞了。坦白说，以往他的作业长期都是我们做了以后，他再"照单全抄"，有时甚至连抄也不愿抄，我们只好替他做到作业本上。我们也知道这样做会使孩子失去思考的机会，孩子永远不能真真正正地获得知识，学会学习。可孩子确实不会做、不肯想，让他自己做，三、四个小时也做不了几道题，所以只能这样"弄虚作假"了。张老师，您真神，不知道使了什么妙招让孩子自己动起来了。家里摊上这么一个孩子，是我们的不幸，可是得遇名师，又是我们的大幸。"我们张老师今天……"现在孩子每天和我们讲得最多的就是关于您的事情了。他还跟我们说他今年许下的生日愿望就是您能一直教到他毕业，这也是我们家长的期盼。衷心感谢您的付出，孩子给您添麻烦了。

读完这封家长来信，再看看日记本上字迹歪歪扭扭的四个短句，我仿佛看到小马昨晚在灯下努力的情景，欣慰地在他的日记本画了一个大大的笑脸，再用最端正的字迹写上评语："我为你骄傲！"这天的习作讲评课上，我说："同学们，小马也把自己的春天发现写了下来，张老师已经认真拜读了，你们也欣赏欣赏，来，小作家给大伙儿读读。"在我眼神的鼓励下，小马紧张地站上讲台，有些结巴地念起自己的日记。"文章虽然有点短，可这是小马自己努力的成果，我们向他表示祝贺。"听着同学们热烈的掌声，小马放松下来，心满意足地笑了。

抓住这个契机，我乘胜追击。下课了，我把小马带到办公室聊天，"小马自己做的作业，张老师特别欣赏。我也知道完成作业对你来说有困难，老师给你一个法宝，要是你上课专心听讲，做起作业来就会轻松些了。"我和小马击掌约定，但凡他举手,就一定请他回答并发一张奖票,每凑足30张,就可以到我这儿换一份小礼物。为了照顾他的程度,备课时,我总会专门想一想哪些是思考性不太强,或者能在书本里直接找到答案的问题,到了上课的时候,我就找这些特别容易的问题提问他。这样几次下来,他的积极性被充分激发了,整节课竖起耳朵听我提问,看有没有自己能回答的。四人小组讨论的时候,他虽然不大会想,但他专心地听,自己很小声地学着说,讨论结束,他又把手举得高高的。这和他原来事不关己地呆坐40分钟,可谓天壤之别。

后来的小马不再把自己封闭起来,敢于和老师、同学交流、做游戏,他的脸上常露出活泼的笑容,每天的作业也基本愿意独立完成。对于正常的孩子来说,这只是一种本能、"本职"的表现,但对于一个如此内向、怯懦的特殊儿童而言,无疑是质的飞跃。他有了与人交往的勇气,有了"自食其力"的信心,这对于他今后漫长的人生道路来说何其重要。

为孩子的成长欣慰,为自己的付出鼓掌!

正如王君老师说的,"好孩子"谁都能教,能够把暂时"不太好"的孩子教好,才算真正的名师。学校应该是帮助一切孩子成长进步的乐园,不管"丑小鸭"们最后能不能够变为天鹅,每一位教师都应该永远满怀慈悲和激情,认认真真、诚诚恳恳地成全他们的成长。还有人说,教育是静待花开的事业,那么,只要做一名"德""艺"双馨的浇灌者,我相信花开终有期。

每天当我触碰孩子们纯真的目光,与他们天真的笑脸对视时,就会油然生出一种幸福感。哦,享受教育!享受和孩子们在一起的感觉!德国诗人荷尔德林说:"充满劳绩,但人诗意地栖居在这片大地上。"苏霍姆林斯基曾建议老师"让心底的诗的琴弦响起来"。假如我们的生命能在教育事业中诗意地栖居,童心不泯、痴心不改,该有多么惬意!

附录　教学现场与反思

凡卡(第一课时)

《凡卡》是人教版小学语文六年级下册第四单元中的一篇课文,作者是俄国著名作家契诃夫。全文记叙了九岁的凡卡在圣诞节前夜给爷爷写信,诉说自己在鞋店的悲惨遭遇,并苦苦哀求爷爷带他脱离苦海回乡下的事。本文在表达上很有特点:1. 以凡卡写信为主线,穿插了作者的叙述和凡卡的回忆,互相映衬。2. 采用了对比、反衬、暗示等表达方法,增强了文章的艺术感染力和悲剧色彩。

学生与课文中的凡卡年纪相仿,在情感上容易产生共鸣。他们已初步具有读懂比较长的文章的能力,但本文由作者的叙述、信的内容和凡卡的回忆三部分组成,内容较复杂,需引导学生动笔标记、交流疏通。另外,他们也容易忽视作者的表达方式。

本课时教学目标:

1. 学会15个生字。能正确读写"生锈、揉皱、昏暗、眯缝、耸肩、一缕、毒打、撇嘴、欺负、抽噎、匣子、冻僵、逗笑、窜过、孤儿、打搅、甜蜜、黑糊糊、笑眯眯"等词语。

2. 整体把握主要内容,了解凡卡悲惨的学徒生活,体会他极度痛苦的心情。

3. 有感情地朗读课文。

本课时教学重点:

研读第八自然段,体会凡卡的苦难生活,理解凡卡的内心世界。

本课时教学难点:

作者的叙述、信的内容和凡卡的回忆交织在一起,同时交替使用了第一人称和第三人称,这种复杂的穿插和变化人称的写法是理清课文结构上的难点。

一、教学实录

(一) 交流资料,了解作家

师:暂别安徒生的童话世界,今天我们再来认识一位世界级的语言大师,他就是俄国著名作家契诃夫。谁来给大家简单介绍一下?

生:介绍课前搜集的资料。

师:谢谢你的分享。(课件出示)张老师补充四个信息点:

▲联合国教科文组织宣布2004年为"契诃夫年",以此纪念他逝世一百周年。

▲他一生创作了700多部的短篇小说,被称为"世界短篇小说之王"。

▲契诃夫有这样一句名言:"简洁是天才的姊妹。"

▲他生活在19世纪末期,正是沙皇俄国最黑暗的时代。他的作品无情地揭露了当时的社会现实。

师:今天我们就一起走进第14课《凡卡》,感受他的艺术风格和魅力。

(二) 初读课文,理清结构

师:课前同学们都进行了预习,哪位小老师来带读这些新词?(课件出示:楦头、保佑、梆子、别墅、泥鳅、毡靴、烟囱、小崽子、戳、稀粥、鲇鱼、卢布、戈比、山鹬、鹧鸪、枞树、逮住、醉醺醺)

生:小老师带读,其余学生跟读。

师:这些多音字,谁来范读一次?(课件出示:摩平、铺在、铺子、一铺暖炕、挨打、找不着、一杆枪、一斗烟、睡熟、邮差)

生:个别范读后,全班自由练读。

师:这三个轻声词,一起来读。(课件出示:伙计、眯缝、收拾)

生：齐读。

师：这些课文里头出现的名字，又长又拗口，同桌一起读读，再交流一下他们的身份，看能否对得上号？[课件出示：凡卡·茹科夫（伊凡·茹科夫）、阿里亚希涅、康斯坦丁·玛卡里奇、日发略维夫、菲吉卡、艾果尔、阿辽娜、卡希旦卡]

生：自由练读交流。

师：接下来请女同学来读读这三个词，你们仿佛看到怎样的一幅画面？（课件出示：撇嘴、揉眼、抽噎）

生：我仿佛看到凡卡伤心哭泣的样子。

师：光是透过这几个词语，我们已经嗅到一种悲伤的气息，凡卡当时在做什么呢？

生齐答：写信。

师：围绕着"信"，课文是按怎样的线索展开叙述的呢？

生：课文是按照"准备写信—写信—寄信"的线索展开叙述的。

师：看来，同学们预习得相当认真。（课件出示）谁给大伙儿读读自学要求？请同学们细致默读课文：（1）将凡卡写信的内容用"▲"在每个自然段前标记出来；（2）再认真想想，除此之外，课文还有哪些内容？

生：默读、标记。

师：哪些自然段是凡卡信件的内容？

生：第3、8、10、11、12、15自然段。

师：我们发现文中除了地址和收信人姓名以外标有引号的段落都是凡卡信件的内容。除此之外，课文还有哪些内容？

生：还有凡卡的回忆和作者的叙述。

师：写凡卡的回忆是哪些段落，再次快速浏览全文，用"＊"标示出来。

生：第4、5、6、13、14自然段。

师：那剩下的就是作者的叙述。这么长的课文，同学们一下子理清了结构，真棒！下面请同学们把凡卡写的信连起来放声读读，然后想想下面的练习该怎么填呢？[课件出示：用"望"组词，完成下面的填空：凡卡受尽了非人的折磨，生活没有（　　）了。他给乡下的爷爷写信，（　　）爷爷能接他回去，这是他美好的（　　）。信寄出以后，他做梦都（　　）着。]

生：自由朗读并完成填空。

（三）初识凡卡，感受可爱

师：看来，大家都把凡卡的心给读懂了。读了课文，凡卡给你留下的最深刻的印象是什么？

生：悲惨。

师：对，相信这是每个读者的最大感受。可是，在文章中还有这样的语言打动了张老师，让我更加了解凡卡，谁来读？（课件出示：★"亲爱的爷爷，老爷在圣诞树上挂上糖果的时候，请您摘一颗金胡桃，藏在我的绿匣子里。"★"等我长大了，我会照应您，谁也不敢来欺负您！"★"我问候阿辽娜，问候独眼的艾果尔，问候马车夫。"）

生：个别读。

师：这是怎样的凡卡？

生：在村子里，爷爷是最穷的人，最没地位，老被人欺负，所以凡卡强烈地希望保护爷爷，我觉得凡卡真懂事，真有孝心。

生：凡卡自己那么可怜，还惦记着别人，关心别人。

生：凡卡是那么的天真可爱，盼望着圣诞节的到来，让我更加心疼他。

师：散布在文中的片言只语，平平常常，却勾勒出一个有孝心、有爱心、有童心的凡卡，可就是这样的一个孩子，命运却如此悲惨。

（四）走进凡卡，体会悲惨

师：课文有一句话直接点出了凡卡的悲惨境况，是哪一句？再快速浏览一遍找一找。

生：我的生活没有指望了，连狗都不如！

师：九岁的凡卡离开自己的家乡，离开疼爱他的爷爷，到莫斯科做学徒，你们猜他曾经有怎样的指望呢？

生：凡卡想学到一技之长，养活自己和爷爷。

师：可是到了城里才三个月，他就觉得自己的生活没有指望了，文中哪一段最集中写了凡卡悲惨的生活？

生齐答：第8自然段。

师：自己轻声读读第8自然段，看看这个自然段主要从哪几个方面写出凡卡受到的折磨？

生：第八自然段从"挨打、挨饿、困乏"写出了凡卡的悲惨。

师：作者表达得是那么有层次、有条理，你们看，（课件出示）这部分是挨打，接下来是挨饿，第三部分是困乏。请一个同学来读"挨打"这部分，看看哪些字眼深深刺痛了你的心？

生："揪""拖""戳"这些词让我觉得真恐怖。

师："打"前面有一个字？注意到了吗？

生齐答：毒。

师："毒"在这里是什么意思？

生：我觉得是不计后果，毫无顾忌的意思。

生：我觉得是狠狠的。

师：一个"毒"字带出好几种打的方式，找到了吗？

生：揪、拖、揍。

师：你能想象得到这番毒打给凡卡造成怎样的伤害吗？在小组里交流交流。（课件出示：老板揪着我的头发，_____；把我拖到院子里，_____；拿皮带揍了我一顿，_____）

生：老板揪着我的头发来拖，把我的头发扯下了不少，疼死我了！

生：老板把我拖到院子里，我的脚跟被地面摩擦得血肉模糊。

生：老板用皮带把我抽得皮开肉绽，真疼啊！

师：而老板娘教训凡卡的方式竟然是——拿鱼嘴戳他的脸。你能猜到这种青鱼的嘴是怎样的吗？戳在脸上会怎样？

生：这种青鱼的嘴一定是很尖的，否则老板娘不会用来戳凡卡的脸，戳在脸上一定马上见血，"直"字告诉我们，老板娘是不停地戳的。

师：九岁的孩子，竟遭如此虐待，这情景惨不忍睹，这画面触目惊心啊！我们一起读读这一段，把你的同情读出来。

师：关于"挨打"，在第十五自然段还有怎样的描述，马上找找。

生：这儿的人都打我。有一天，老板拿楦头打我的脑袋，我昏倒了，好不容易才醒过来。

师：青鱼、楦头，这些伸手可及之物，成为老板他们随时对凡卡施虐的凶器，每一个人都可以把凡卡当做发泄的工具，挨打成了家常便饭，（课件出示）难怪凡卡会这样哭诉——

生齐读：我的生活没有指望了，连狗都不如！

师：确实是连狗都不如呀，（课件出示）你们看——

生齐读：他们叫我睡在过道里，他们的小崽子一哭，我就别想睡觉，只好摇那个摇篮。

师：同学们，你们知道吗，莫斯科的冬季又长又冷，最冷时在零下三四十度，在四面透风的过道里睡觉，是怎样的滋味？

生：全身都是僵硬的。

生：肯定直发抖！

师：这段还告诉我们，在老板的家里，凡卡都要做些什么活？

生：摇摇篮，收拾青鱼，打酒。

师：九岁的孩子啊，这样的工作强度之下，和老板的大吃大喝形成鲜明的对比，凡卡饿得要命啊，你们听，（课件出示）他发出这样绝望的呼喊——

生齐读：我的生活没有指望了，连狗都不如！

师：（课件出示）此时的凡卡只有一个愿望，无论付出怎样的代价——

男生齐读：我会替您搓烟叶……要是我做错了事，您就结结实实地打我一顿好了。要是您怕我找不着活儿,我可以去求那位管家的,看在老天爷面上,让我擦皮鞋;要不,我去求菲吉卡答应我帮他放羊。

师:(课件出示)而他唯一的愿望就是——

女生齐读:亲爱的爷爷,发发慈悲吧,带我离开这儿回家,回到我们村子里去吧!我再也受不住了!……我给您跪下了,带我离开这儿吧,要不,我就要死了!……亲爱的爷爷,我再也受不住了,只有死路一条了!……快来吧,亲爱的爷爷,我求您带我离开这儿。可怜可怜我这个不幸的孤儿吧。……亲爱的爷爷,来吧!

师:不是说"简洁是天才的姊妹"吗?为什么课文里反复出现凡卡的哀求,光是"带我离开这儿"就出现了三次呢,和同桌交流交流。

生:因为凡卡实在是太痛苦了,他唯一的愿望就是离开这个人间地狱!

生:这是凡卡唯一的指望了,否则他只有死路一条了,所以他反复地哀求。

师:凡卡在哀求中几次提到了"死"?几次提到了"再也受不住了"?读了以后,你有什么怎样的感触?

生:两次提到了"死",两次提到了"再也受不住了",我感觉凡卡现在的生活生不如死,我觉得他已经绝望到了极点。

师:身体惨遭残害,心灵极度孤寂,所以,在这理应快乐的圣诞前夜,凡卡抽噎着,发出一声声痛苦的求救(课件出示)——

生齐读:亲爱的爷爷,发发慈悲吧,带我离开这儿回家,回到我们村子里去吧!我再也受不住了!……我给您跪下了,带我离开这儿吧,要不,我就要死了!……亲爱的爷爷,我再也受不住了,只有死路一条了!……快来吧,亲爱的爷爷,我求您带我离开这儿。可怜可怜我这个不幸的孤儿吧。……亲爱的爷爷,来吧!

二、教学反思

(一)"大气"重组,"明快"推进

一堂好课首先要解决的不是怎么教的问题,而是教什么的问题。《凡卡》篇幅较长,内容和形式比较复杂,我针对这一特点,大刀阔斧地对原文内容进行取舍、重组,突出"凡卡悲惨命运"这一主线,实现长文短教。在学生通过自读自悟和动手标记,整体了解了课文的结构之后,引领学生直奔重点,抓住了主要描写凡卡悲惨生活和痛苦内心的段落反复品读感悟,使内容和情感在学生心灵留下深刻烙印。经过这样的大胆处理,整节课减少了追究情节的拖沓,节奏明快,为重难点的突破留下更多的时间。板块推进利于学生从整体上把握整篇课文,实现课堂的简约高效。板块设计下的教学过程,也更能体现课堂的开放性、生成性。

(二)关注表达,"饱满"落实

这节课的语用关注点放在一些表面上看来并不起眼,但又是理解内容关键所

在的字词，比如对"毒打"的深究领悟。抓住"毒"字，找出文中有关毒打的各种方式——揪、拖、揍，然后引导学生设身处地地想象并且描绘。这样的教学才是厚实的，"毒"这个词在学生的认知里才会立体起来，是看得见，是实实在在，是可感可触的。同样的，还有"戳"字的处理。有了这样的落实，学生对凡卡的悲惨处境的理解才是真切的，对凡卡的同情也才会更为深切。只有注意营造丰富的语言学习情景，让学生在真实的情境中去体验、去感受，多向地与语言打交道，进行尽情的交流：感知语言、学习语言、积淀语言，这种领悟才是到位的。

（三）角色代入，一咏三叹

一节好的语文课，应该也必须充满琅琅的读书声，何况是《凡卡》这样一篇富有艺术表现张力的经典佳作。所以，在这一节课上，我通过多形式的朗读，尤其是角色代入的反复回读，努力还原当时的情境。情到深处才反复，在一声声哀告的悲凉气氛中，让孩子们一次又一次为凡卡的命运同情、悲叹。借助充分的读，相信凡卡这一悲剧形象深深地刻在了学生的脑海之中。

整堂课，在放大语用的细节使教学的脉络显得更为突出的同时，也更为清晰地凸显了语文课的"本职"——感受、理解、积累、运用语言的言语形式，力求在语言实践活动中促进学生语文素养的形成。唯有如此，在与教师、同学、文本的语言交际中，学生才能获得真正的发展。

冰冻三尺　雪晶熠熠

广州市从化区流溪小学　黄雪晶（小学语文）

第一部分　导读语

我叫黄雪晶，本科学历，小学一级教师。毕业以来一直在广州市从化区流溪小学任教语文，是市、区小学语文中心组成员，区教育科研指导专家。曾被评为南粤优秀教师、广州市优秀教师、广州市优秀团员、从化区教学新秀、从化区优秀教师、从化区教育科研先进个人、从化区十佳语文教师；参加广州市第三届青年教师教学观摩展示活动、从化区小学语文青年教师阅读大赛、校级领导常态课展示均获一等奖。我主持省级课题1项，区级课题3项；作为主要成员参与国家级课题3项，省课题1项，市课题4项，区课题10项。

我没有高挑的身材，也没有倾城的容貌，但性格爽朗，淳朴善良，期望以无限的关爱去触动孩子们的心弦，以平和的心态去教育孩子们内心平和。我来自从化，那里是广州的后花园，那里山清水秀、民风纯朴，生活节奏不快，但这并没有使我们懒惰，反而使我们处事更加悠闲自在、崇尚简约。从化民风深深地影响着我，从教17年，一直追求"简约、灵活、扎实"的语文课堂，并逐渐形成"尚简、尚活、尚实"的教学风格。

第二部分　名师成长档案

立志教坛勤耕耘　追求卓越初显效

一、从化——孕育梦想

我是土生土长的从化人。从化从明朝开始就隶属广州府，离广州城60多公里，这里山清水秀，民风淳朴。我生长在农村，但我外婆却是地道的广州西关人。抗日战争时期，广州沦陷之时，外婆为了活命独自一人走路到从化，成了从化乡绅的丫环，中华人民共和国成立以后就嫁给了我外公。我出生后，因为她有点知识，村里就给了她学医的机会，于是她成了村里唯一的村医。外婆那种永不放弃、勇于拼搏的精神深深地感染了我。我曾一度立志要学医，但后来却被当人民教师的外公所感动，就改变了志愿立志要成为一名人民教师。

我外公在中华人民共和国成立以后就一直在从化任教，教过小学和中学，曾在从化城里的中学待过，临退休的时候申请回到村里的学校任教。他爱生如子，在那个年代舍不得把番薯一口气吃光，总想着可以带点回去分给学生们，放学后还常常辅导学生到晚上。那时人们生活比较困难，但纯朴的村民懂得感恩，一有空就会挑水灌满外公家的水缸，一收获庄稼也会想着拿点给外公……那时小小的我把村民们的善意看在眼里，记在心里，同时也对外公高尚的师德肃然起敬。于是，长大以后要成为一名人民教师的想法就这样在我心里生根发芽。

二、"流小"——扬帆起航

2002年7月，我如愿以偿成为了一名小学语文教师，被分配到从化流溪小学。初出茅庐的我带着满腔的热情去实现自己的梦想。

流溪小学原名叫"门口江小学"。1959年1月8日，敬爱的周恩来总理和夫人邓颖超视察了这所学校，提议改名为"流溪小学"。流溪河流经从化大地，哺育着两岸人民。学校改名为"流溪小学"，寓意学校的教师像流溪河一样既要有博大的胸怀，又要有博大精深的专业知识，善待学生，善于向学生传道授业；学生博学多才，具有像水一样善良的本性，与人为善，善于学习。流溪河美好的水文化意象以及周恩来总理博大的胸怀，影响着一代又一代流溪人。

从教的第一年，学校安排我教四年级。俗话说"经验就是财富"，在那个当时平均年龄最大的年级教学组里，年轻的我就如同走进充满财富的宝库。无论是落级领导还是普通的同事都给予了我最大的指导和关心。当时梁淑娴副校长是我们级的落级领导，她是南粤优秀教师，是一朵铿锵玫瑰，而且是一朵不带刺的玫瑰。她非常关心我这个刚刚起步的新老师，从如何备课到怎样调控课堂无不悉心教导，甚至是下班以后还在办公室跟我讨论如何处理教材。她给予我的指导让刚工作本该彷徨的我省去了盲目摸索的过程，一下子找到了指路灯，令我走在正确的教学路上，并不断地前进。

流溪小学的老师都是友善的。特别是邱淑贤老师，她是一名优秀的班主任，在班主任工作上有自己的一套，她所教的班级无论是班风还是学风都很好。当她知道我被调配到一年级时，就不厌其烦地讲述她是怎样管理班级的，她的教导就如久旱逢甘露，让初次接管一年级的我面对幼小的学生时不至于手足无措。有了邱老师的宝贵经验，加上自己的探索，我那年所带的班级在班风、学风上受到了同事的好评。她给予的教导让在专业领域上刚起航不久的我专业知识更加丰富，在教学生涯中又向前迈进了一步。

如果说同事的关心和指导令我感激，那么可爱的学生就让我感动、让我自豪。当我所有的付出，换来一声声"老师我喜欢上你的课""老师我喜欢听你说"时，难道我不应该感动，不应该自豪吗？这份感激、这份感动深深影响着我今后的工作与处事。

三、磨课——助力成长

从教的头几年，我没有教学经验，不像老教师那样可以游刃有余地驾驭课堂。于是，我奉《教师用书》为神明，视教学设计与案例丛书为左右手，上课前必定要研读教参，再严格按照教参的目标要求去备课，然后按照书上的教学设计"依瓢画葫芦"地上课，但由于我对教材解读不透彻，教学思路也是照抄的，所以上课时总被教学设计牵着鼻子走，总忙着在不同的教学环节中切换以求完成既定的教学目标，一节课下来，总是手忙脚乱、汗流浃背的。我很快发现这样的课堂即使老师累死，学生也没真正掌握到知识，目标达成度不高。这不是我想要的课堂呀。我理想中的课堂是老师教得轻松，学生学得快乐！

我开始反思自己的教学。既然从书中找不到答案，我转而向有经验的前辈请教。同时，我又发现磨课是促使教师成长的捷径，于是开始积极申请上公开课，只为了在磨课中汲取前辈的智慧，吸纳别人优秀的教学方法。就在这时，我遇到了潘健辉校长。他是一名优秀的教师，教学风格风趣幽默，整个教学课堂都沉浸在生动、活泼、和谐的氛围中，他的学生是真正地在快乐学习。潘校长很关心年轻老师，是一位很友善的导师。每逢我要上公开课，他都很认真地跟我一起备课，耐心地听我说课，并不时提醒我要注意的地方。2008年，我有幸代表学校参加从化区青年教师阅读大赛。为了取得好成绩，我一次次地试讲，一次次地反思，一次次地修改教学设计。每次试讲，潘校长必来听课。那段日子，几乎每一天，我们都会在办公室交流教学设计、反思课堂。我执教的是人教版三年级下册《女娲补天》。那节课我们预设的最大亮点是培养学生的空间想象力，激发学生的表达兴趣，丰富自己的语言积累。预设很理想，实践起来却不一样。在试教了两次之后，我发现在"品读感悟、想象神奇"这个环节总达不到预期的效果，总是老师讲得多，学生思考发言的时间少。也因为我受限于教学设计，一点也放不开，担心学生的回答达不到预期的效果，总是打断学生的发言。在磨课的时候，潘校长一针见血地指出问题所在，并告诉我要相信学生，不要追求答案是否正确，在课堂上只要学生积极思考、主动学习，思维得到发展就是一节成功的课了。带着这样的理解我进行了第三次试教。又到了"研读想象女娲找五彩石的艰辛"这一环节，虽然我有意识地让学生在自学的基础上再互学，看似"以生为本"，实则仍是一问一答的讲授式课堂。在听试教的潘校长再也忍不住了，示意让我停止上课，说："你还是没能相信学生，你坐在后面，看看我是怎样处理的。"说罢，他就开始与学生交流起来。潘校长风趣幽默的教学语言一下子就吸引了学生的注意，并在他的引导下发挥想象感悟到了女娲补天的异常艰辛。虽然说幽默的语言风格并不是所有人都能驾驭，但潘校长的言传身教却让我深刻地感受到何谓"以生为本"，何谓"心中有学生"。于是，我们又一起把教案重新演绎，细到每一个小提问、每一个过渡语。终于，我信心满满地上课，把课堂还给学生，让学生通过"自学、互相、展示、评价"四步深刻地感受到神话故事的神奇，体会到了女娲冒着生命危险，克服重重困难补天的过程。虽然这节课还有很多不尽如人意的地方，但学生精彩的发言却让听课的每一位老师感触颇深。也正是学生出色的表现成就了我，让我获得了从化区赛课一等奖。

尽管说教学是遗憾的艺术，但是我们一直在追求完美。公开课与赛课的经历让我接受了磨课的洗礼，也让我经受了无数的考验。但就是在这样一次次的考验中，我逐渐成长为一名区级骨干教师，成为了一名从化区小学语文中心组成员。

四、科研——促进发展

如果说公开课是促使我成为区小学语文骨干教师的磨刀石，那么科研则是让我走专业化道路的催化剂。

2003年，为了更新教师们的理念，提高教学水平，学校要求教师们申报校级的课题。对于刚工作一年的我来说，根本不知道"课题"为何物，认为研究是专家的领域，是可望而不可及的。我开始阅读关于课题的理论书籍，参加科研培训。经过学习，我才知道，原来教育学家苏霍姆林斯基早就为陷入困局的老师指明了方向。他曾经说过："如果你想让教师的劳动能够给教师带来乐趣，使天天上课不至于变成一种单调乏味的义务，那你就应当引导每一位教师走上从事研究这条幸福的道路上来。"从那时起，"课题研究"这颗种子悄然扎根在我心上。

那年，乘着课改的东风，我迫不及待地将教学中遇到的一些困惑与当前教育趋势结合分析，初步拟订了关于"认写分开，优化识字方法"的选题，并向当时的市教研室递交了立项申请。可能是因为那时刚开始提倡课题研究，教研室为了鼓励教师们研究的积极性，我的立项申请竟然通过了。我欣喜若狂，想着这下可好了，终于可以大展拳脚了。但是年轻的我以为课题立项就万事大吉了，申报的时候轰轰烈烈，之后的过程却悄无声息。直到结题的时间快到了，我才意识到我只是做了课题申报的前期工作，什么开题、中期汇报这些统统没做好，更别说结题报告和发表文章了。就这样，我的第一次课题研究以失败告终。

经过这次，我意识到我研究经验尚浅，并没有能力主持课题研究。于是，我想加入学校的课题研究中去，扎扎实实地跟着主持人开展研究工作。我作为主要成员参与了学校的课题"以'博善'教育创建特色学校的研究"，从开题报告的撰写到课题研究中的过程性资料的整理，再到结题的研究报告整理，都不遗余力地配合主持人进行研究工作。最终，这个课题在大家的共同努力下先后在区、市、省获得立项，并顺利结题。如此成绩更加坚定了我要作为主持人研究课题的决心。

2009年，我以课外阅读为突破口，尝试申报区级课题"利用课外阅读提高小学生习作水平的研究"，并得以成功立项，2011年顺利结题。通过这次研究，我发现大量的课外阅读确实能提高学生的阅读能力与写作能力。但是这又衍生出了新的问题——如何才能提高小学生课外阅读的有效性呢？于是在2013年、2014年，我分别又向区科研中心提交了"以博阅提高小学生课外阅读有效性的研究""以单元主题阅读提升小学生语文素养的研究"的课题立项申请，都获得了立项，并均以优秀的等级顺利结题。有了这几年的科研经验，我乘胜追击积极申报省级的课题，在尝试申报几年未果后，总结经验，不断调整自己的研究方案。2018年5月，"运用思维导图提高小学生语文主题课外阅读有效性的研究——以从化区流溪小学中高年级为例"这一课题通过了2018年省强师工程立项。喜讯相继传来，2018年11月，我作为第三位主要成员参与的全国教育信息技术研究"十二五"规划专项课题"小学阶段同步教材微课资源的设计与应用研究"经审核准予结题。一个接一个的课题研究经历让我的课堂焕发出新的活力，促使我不断地学习，提高了我的教育教学水平。

得益于公开课的磨炼与科研一次又一次地洗礼，我把教育研究方法、教育统计分析原理等知识融入到日常的教学当中，逐渐形成"尚简、尚活、尚实"的教学风格，慢慢完成从"教书匠"到"专业化"教师的蜕变。

第三部分　学科教育观

▶ **我的教学风格解读** ◀

雨果曾说过：风格是打开未来之门的钥匙。要想成为一名优秀的教师，在教学中必定要体现个性，并将此个性上升为教学风格。我从教 17 年来，一直追求"尚简、尚活、尚实"的课堂教学，这也是我的教学风格。

一、尚简

尚指崇尚、注重。简指简约，指在教学中，摒弃一切不需要的繁华与喧嚣，教学目标明确，精确把握对课堂教学的情景创设、素材选择、活动组织、结构安排等要素，从而使课堂教学变得更为简约、清晰、流畅、深刻。

教学目标是课堂教学的"魂"，我们的课堂教学必须紧紧围绕教学目标去开展才不至于"魂飞魄散"。新课标强调"以人为本"的核心理念，因此，我们的课堂教学要以促进学生的发展为基本目标，关注每个学生的发展。我所在的学校尽管位于街口街，但生源中却有 60% 是城中村的孩子，这部分孩子的课外知识储备不丰富，见识少，教学时如果照搬教参的教学目标，那一节课下来基本达成不了既定的目标，于是，结合学情，备课之时我都会重新设定课时目标。

如人教版五年级下册第七单元《人物描写一组》中的《小嘎子和胖墩儿比赛摔跤》第一课时的教学目标，我确定为：（1）通过体会动词，感受小嘎子和小胖墩儿这两个鲜活的人物形象；（2）学习并运用动作描写表现人物性格特点的写作方法。在教学时以"一明目标，二整体感知，三品读感悟，四写作迁移"四个环节进行。

又如人教版四年级上册第七组《那片绿绿的爬山虎》第一课时的教学目标，我确定为：（1）用段意综合法把握文章的主要内容；（2）运用联系上下文、借助资料的方法，体会第一部分含义深刻的句子；（3）通过学习，学会修改作文的一些方法。在教学时同样以"一名言激趣导入，二整体感知内容，三感悟第一部分，四迁移运用"四步进行。

再如，统编版二年级下册《蜘蛛开店》第一课时的教学目标，我设定为：（1）认识"店、蹲"等 15 个生字，重点指导书写"商"字，复习巩固三包围结构的字的书写规律；（2）能借助示意图讲故事。教学环节也简单，由"一讲故事理脉络，再讲故事明内容，总结故事引阅读"三大环节组成。

目标与内容的整合，既提高了课堂的效率，又让学生在轻松愉悦的语文学习过程中，习得方法，所以无论别人的课堂是怎样的"热闹"，我仍保持我一贯的清醒与理智，坚守语文的本真，让孩子们在有限的时间内收获最多的知识。简简单单教语文，这是我语文教学一贯的追求。

二、尚活

活即灵活。在教学中，能从学生的学出发，注意教学流程的"活"，能根据教学难度的高低与学生的接受能力恰当地选择和使用教学方法，把"听说读写"等多种方法合理地结合起来，注意方法灵活。

《义务教育语文课程标准（2011版）》强调"学生是语文学习的主人，是学习和发展的主体。"因此在备课时，我们要从学生"学的逻辑思维"这一角度去设计教学，并能在教学过程当中，根据学生学习的状态及过程随时调整自己的教学活动。如在教授人教版五年级上册第二课《小苗和大树的对话》一课时，我本来设计让他们在自主探究的基础上，画出四个话题的思维导图，但上课时发现可能是因为思维导图需要提炼简短的关键词让学生倍感压力，竟然有一部分学生把大量的时间花在找关键词上，于是我马上改变策略，让学生先独自完成四个话题内容的表格，再让小组合作画出思维导图。这样一改就让学生能更快地找准关键词，也通过小组合作学习的方式再次验证自己所找的关键点是否正确，课堂效果超出了预期。

在语文课堂中带着智慧去引领学生，灵活变通，语文课堂才会更加精彩，学生的语文和人文素养才会更加丰厚。

三、尚实

实即扎实。课堂教学手段实在而不浮夸，处处立足于使学生"一课一得"。

语文是什么？叶圣陶先生说过："以说为语，书面为文，合称之。"《义务教育语文课程标准（2011版）》指出，语文是一门学习语言文字运用的综合性、实践性的课程，工具性与人文性的统一，是语文课程的基本特点。因此语文教学要实在而不浮夸，处处立足于使学生"学有所得"。如在教授人教版四年级上册第七组《那片绿绿的爬山虎》时，我其中一个教学目标是"通过学习，学会修改作文的一些方法"。在文中直接提到的修改作文的方法有"删、增、改"，而其他方法则在"课后资料袋"叶老为肖复兴同学修改作文的原稿节选当中。于是在学生自主发现汇报的基础上，我再通过微课总结了叶老先生用到的修改方法，并讲述了如何使用修改符号修改作文，在此基础上再让学生根据刚学到的修改方法使用修改符号修改一段文字。这样的设计深化了学生对修改作文方法的认识，同时引领学生走进扎实有效的语言文字运用的训练活动。

"根深叶茂，源远流长"。要在语文教学中实现"尚简、尚活、尚实"的教学风格，还需不断地探索，不断地完善。路虽遥远，但只要努力定能成功！

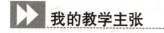
我的教学主张

聚焦"语用",让语文课堂更精彩

《义务教育语文课程标准(2011年版)》修订后,明确指出"语文课程致力于培养学生的语言文字运用能力",在"课程性质"和"课程基本理念"部分再次分别强调"语文课程是一门学习语言文字运用的综合性、实践性课程""语文课程是学生学习运用祖国语言文字的课程"。因此,我主张在教学中必须紧紧围绕学习语言文字运用这一中心任务,聚焦"语用"。

其一,立足训练点,学习"语用"。语言训练点是指那些与教学目标密切相关的,不但有利于学生理解课文内容,而且有利于学生习得言语模式,积累字、词、句段等,也就是备课时教师所预设的语言训练环节。在教学中,只有教师破译语言,找准训练点,那么课堂教学才能把学习语言文字运用落到实处,学生的学才有凭借。

如在教授人教版二年级课文《我是什么》时,可以把第一课时目标确定为:(1)认识11个生字,指导书写"器""浮",同时习得识字、写字的方法。(2)能正确读写要求学会的词语。(3)正确、流利地朗读课文。(4)知道水在一定条件下会变成汽、云、雨、冰雹和雪;了解水既能给人们带来好处,也能给人们带来灾害。从以上目标可以看出教师从"语用"入手,扎实指导低年级学生认字写字,学生在老师的指导下能运用汉字特点科学识字、趣味识字,在和谐欢乐的课堂氛围中,学生乐于探究汉字,提高自我识字能力。并在随文识字的基础上,在"灌溉农田、发动机器、淹没庄家、冲毁房屋"等词语的认知中感知课文内容。正是因为目标定位准确,找准了切入点,每一个环节的设计都是为了学生的学,让学生扎扎实实地认字写字,使学生的语言运用能力得到提高,真正实现了以生为本,提高了课堂的实效性。

其二,巧用方法,理解"运用"。理解是运用的基础,《义务教育语文课程标准(2011年版)》明确指出:"能联系上下文,理解词句的意思,体会课文中关键词句表达情意的作用。能借助字典、词典和生活积累,理解生词的意义。"即学生在理解词句时要有一定的方法,并能运用学过的方法去理解关键词句。

如人教版四年级下册《语文园地五》"我的发现",主题是"体会含义深刻的句子"。教学时可以先让同学们回忆理解含义深刻的句子主要有"抓关键词""联系上下文""联系生活实际"等方法,然后把课文中出现过的有较深含义的句子分门别类地整理出来,便于学生复习理解。如《生命,生命》中"我可以好好地使用它,也可以白白地糟蹋它"、《永生的眼睛》中"一个人所能给予他人的最珍贵的东西,莫过于自己的眼睛"等句子就可以通过联系上下文的方法理解意思。

其三，创新"运用"，提高实效。学习语言运用的最终目标是学生能创造性地运用语言，学生在理解之后，未必能完全掌握，如果他们能联系生活，有创造性地运用，把发展思维和语言训练表达结合起来，就能提高语言文字运用的有效性。

如人教版五年级下册《小嘎子和胖墩儿比赛摔跤》一课，在学生习得知识后要做迁移训练，在教授了作家徐光耀在动作描写上的精妙之处后就可以及时地让学生进行课堂小练笔。基于此，教师引导学生想象小嘎子在摔跤比赛输了的情况下，是如何进行第二回合的摔跤比赛的。为了便于学生写作，可播放小嘎子和胖墩儿的第二次比赛的情景视频，然后再让学生仿写片段《小嘎子和胖墩儿的第二次比赛》就顺理成章了，轻而易举地达到"读写结合，以读促写"的目的。

在教学中，要想让语文课堂更精彩，我主张聚焦"语用"，围绕训练点进行恰当、巧妙的语言训练，让学生在实践中强化语言文字的运用，丰富语言积淀，为以后的语文学习打下坚实的基础。这样的课堂也是我追求的"尚简、尚活、尚实"的理想课堂。

▶ 他人眼中的我

黄雪晶副校长是一位具有正义感的领导者，也是一位有智慧的管理者！同时在教学风格方面独树一帜：有激情、善调控、语言精练，以生为本，体现出一名优秀教师的深厚内力与教学机智。

——广州市从化区流溪小学校长　潘健辉

黄雪晶老师业务精湛，对待教学认真细致，她身上总是洋溢着青春的气息，她的热情、活泼、开朗、向上感染着身边的每一个人。同时她也是一名睿智的副校长，顾全大局，踏实肯干，敢于创新。

——广州市从化区流溪小学语文科长　李金平

黄老师上课总是娓娓道来，像是在讲故事。在语文课上，我们总能收获许多知识，我喜欢上黄老师的语文课。

——广州市从化区流溪小学四（4）班　陈子乐

第四部分　育人故事

给予关爱　触动心弦

我国近代教育家夏丏尊先生曾说："教育没有情感，没有爱，如同池塘没有水一样。没有水，就不称其为池塘，没有爱，就没有教育。"是的，没有爱就没有教育，这句话是班主任的真实写照，因为每个班级里，总会有一些各不相同的学困生，他们受社会和家庭的不良影响，习惯较差，成绩不好。美国著名的心理学家、教育学家杜威认为"教育即生长、教育即生活、教育即经验的改造"，倡导"以儿童为中心"。因此，面对这样的学生，我们要在尊重其个性发展的基础上给予更多的关爱。

我们班有一个非常典型的学困生。论智力这个学生其实还是挺聪明的，但不幸的是他就是新一代"小皇帝"，在家里养尊处优，要风得风，要雨得雨。一直以来都是以自我为中心，从来没有想过尊重别人。来到学校依然我行我素，上课时他想画画就画画，想唱歌就唱歌，想说话就说话，作业不想做就不做。开学已经快两个月了，他都没做过几次作业，没认真上过几节课。在这样的学习态度下，成绩就像飞流直下的瀑布一样，永远都是往下流。更令人头疼的是几乎每天都有学生投诉他，说他骚扰别人上课，科任老师也拿他没办法，每次下课回办公室都对着我摇头叹气。于是，我找他谈话，希望他在学校遵守各项规章制度，学会听课，培养良好的行为习惯，做一名合格的学生。但经过几次沟通交流，他只在口头上答应，行动上却毫无改进。看到这种情况，我的心都快凉了，算了吧，或许他就是那根"不可雕的朽木"。正当我打算放弃他的时候，却发生了一件事让我重新看到了光明。

记得初秋的一天早上，感觉有点凉。但同学们还是早早地来到了学校，如同往日般充满朝气。我也像往常一样面带微笑缓步走进教室，又开始在愉快轻松的氛围中上起课来。课上得很顺利，顺利得不同寻常！我顿觉纳闷，眼睛不自主地横扫课室。咦，捣蛋鬼怎么不捣蛋了？他怎么了？只见他趴在桌面上，呆呆地看着窗外。看到他那安静的样子，我就更加奇怪了，难道病了？想到这我不由得走过去，俯下身子低声问："怎么了？不舒服？"没想到他竟被我吓了一跳，原本有点苍白的脸一下子红了，并乖巧地点了点头，这时反倒我有点意外了，怎么今天这么乖？看来他真的病了。我伸手摸了摸他的头，柔声地说："你就趴着休息一下吧，有什么不懂的等病好了再补吧。"听了这话，他显得出奇的安静，并用力地点点头，眼睛看着我一动不动，从他的眼睛里我似乎看到了晶莹的泪光。

没想到等他病好了之后，连同他的坏毛病也好了起来。上课积极举手，作业认真做，还主动帮班级搞起卫生来。看到他一系列的变化，我不禁喜从心来，不仅在班上表扬了他的进步，还发了一封表扬信给他，他拿着表扬信激动地说："老师，您知道吗？那天我病了，您第一次温柔地问候我，还轻轻地摸了我的头，那时我才知道原来老师您还是关心我的，所以我决定好好地学习。"天哪！他的话好像一块巨石，把我的心湖激起了千层浪。没想到本以为为他好的严肃批评，竟成了厌恶的标志，不知不觉伤害了一颗幼小的心，难怪他那么反叛、那么讨厌学习，原来他以为我讨厌他！而不经意间给予的关爱却能触动他的心弦，让他从此改变。

平静的日子总是过得很快。不知从何时开始，我们班总有人丢东西，不是不见了铅笔，就是不见了尺子。开始我还以为是学生习惯不好弄丢了，于是在班会上总是教育他们要养成良好的学习习惯。可当失物事件越来越多时，就不得不怀疑是否有"第三只手"了。因为这些失物都有一个共同点，都是在课间失去踪迹的，所以就排除了外来人，那就只有本班的学生了，那到底是谁？经过彻查，"第三只手"竟然是各方面都有进步的他！真不敢相信是他，我跟他的家长接触过，知道他的家庭条件很好，而且家人也很宠他，简直就把他当成"小皇帝"一样惯着他。他怎么会想到拿别人的东西？这决不单单是贪心这么简单。

带着种种疑问，我去了他家家访，才知道原来他的父母在闹离婚，而小小年纪的他为了再次引起父母的注意，竟想到用偷东西这种行为来引起父母的关注！他虽然顽皮，但本性不坏，只要好好教育，绝不会走上歧途的。我把我的想法跟他的父母交流了一下，得到了他们的认同，他们暂时放下大人的恩怨，配合我研究教育好他的方法。

从那天起，我经常跟他谈心，及时了解他的内心世界，让他明白"人非圣贤，孰能无过？过而能改，善莫大焉！"的道理。下课时间也安排一些开朗的同学跟他一起玩游戏，使他能拥有好心情忘却家庭造成的伤害。随着时间的流逝，慢慢地，他的生活又恢复到了正轨，人又变得活泼了。

在教育中，只要充分尊重儿童的个性发展，再给予真切关爱，那学生必定能健康地成长！

附录　教学现场与反思

《蜘蛛开店》第一课时

《蜘蛛开店》是人民教育出版社统编版教材二年级下册第七组第二篇讲读课文。这一组课文的主题是"改变"，主要落实"根据提示讲故事"的语文要素。《蜘蛛开店》作为本组的第二篇课文，围绕改变，讲述了妙趣横生的故事，是一篇引人入胜、有思维价值的童话故事，也为学生学习本组课文激发了兴趣。通过讲述蜘蛛开店的故事，巧妙地介绍了河马的嘴巴大、长颈鹿的脖子长和蜈蚣有四十二只脚等有关动物的小知识。故事生动，语言充满童趣，插图形象逼真，能充分激发学生阅读童话的兴趣，培养他们丰富的想象力及根据示意图讲故事的能力。

二年级的学生已经掌握一定的识字方法，大部分同学也养成了良好的阅读习惯。"借助提示讲故事"是本单元的重点，但对于二年级的学生来说，认知能力有限，讲故事的时候容易出现偏题、遗漏的现象。在教学中要引领学生借助图示对故事内容进行梳理，理清故事的顺序，搭建讲故事的支架，使学生在提示的作用下能够完整地把故事内容讲述下来。

设计理念

1. 以读为本：通过多种形式的读，让学生与文本对话，使学生在特定的语言环境中识字，并在朗读中体会童话故事语言的生动有趣。

2. 以生为本：以学定教，顺学而导，让学生通过贴词语的游戏了解故事内容，并能借助提示乐于讲故事。

教学目标

1. 认识"店、蹲"等15个生字，会写"店"等9个字，会写"飞虫、决定"等8个词语。

2. 能正确、流利、有感情地朗读课文。

3. 能借助示意图讲故事。

4. 能根据课文内容展开想象，续编故事。

一、教学过程

（一）初构图示，一讲故事理脉络

1. 激趣导入，走进童话。

师：（出示蜘蛛图片）同学们，初次见面，给你们带来一位新朋友，你能跟它打招呼吗？出示蜘蛛一词，认读。

师：你们读得很准，这只蜘蛛很勤劳，它开店了（板书课题）。请同学们伸出右手食指来一起写这个"店"字。一点写在竖中线上，横要直，撇要舒展，占字在里面不能太大。

生书空。

师：请同学们响亮地把题目读一遍。

师：读完题目，你想知道什么？

生：我想知道蜘蛛为什么开店。

生：我想知道开什么店，来了什么客人。

师：你们提的问题很有价值，现在我们就带着问题走进故事。

设计意图：积极的思维活动是课堂教学成功的关键，本环节通过质疑课题激发他们对新知识、新内容的求知欲。

2. 初读文本，随文识字。

师：请你们打开课文，给课文标标自然段。

生标自然段。

师：（出示答案）你们都标对了吗？

一部分学生举手。

师：表扬你们，不对的也不要紧，赶紧改一改。

生修改标错的自然段。

师：现在我们分段读课文第一自然段，谁先来？

生朗读第一自然段。

师：这一段有一个"蹲"字，谁能出来做动作。

生上台做动作。

师：他做对了吗？好，掌声表扬他。

师：蜘蛛整天坐在网上捉虫子，它感到很——（出示"寂寞"）

学生认读"寂寞"。

师：第二自然段谁来读？

生朗读第二自然段。

师：读得很准，蜘蛛很寂寞，所以——（出示"决定"，认读）开一家商店。你能用"因为……所以……"说说蜘蛛开店的原因吗？

生：因为蜘蛛很寂寞，所以它开商店了。

师：你真会说话，谁来读第三自然段？

生朗读第三自然段。

师：你们都很会读书，先在来考考你们，出示"编"的字源，让学生猜。

（出示"编"的甲骨文）生：我知道应该是"编"。

（继续出示"编"的金文）生：我也同意是"编"。

（继续出示"编"的隶书）生：我确定是"编"了。

（最后出示"编"的正楷）师：你们很聪明，古人用绳子把竹片串起来就是"编"原来蜘蛛开了——（出示"编织店"，认读）编可以组成——

生：编写。

生：编辑。

……

师：谁能读第四自然段？

生读第四自然段。

师：这个词语他读得很准——（出示——"工夫"，生认读）注意"工夫"读轻声。

继续请生分段读课文……

师：（学习第八自然段的生字）同学们一个——（出示"星期"，认读）星期共有几天。

……

师：（学习第十一自然段的生字，认读"蜈蚣"）你还认识哪些含有"虫字旁"的字？

生：蜻蜓。

生：青蛙的"蛙"。
……

师：一点都难不倒你们，奖励你们读一首儿歌。我们来拍手读好吗？要注意读准红色的生字。

生拍手读含有生字的儿歌：

    蜘蛛蹲在网，寂寞开商店。
    蜘蛛好决定，就等人付钱。
    顾客来预订，走进编织店。
    河马买口罩，功夫用一天。
    终于完了工，快快换招牌。
    长颈鹿围巾，织完一星期。
    蜈蚣买袜子，蜘蛛匆忙跑。
    蜘蛛织不完，开店不简单。

师：同学们把字写好，也是识字的好办法。（出示"商"字）你们会观察字形结构吗？谁来说说？谁来读读"三包围"结构的书写规律？

师范写，生书空。

生练习写字。

师：字都写好了，现在同桌之间互相评评，如果你认为同桌的字写准了，占格合理、美观你就给他画三面红旗。

设计意图：字词教学是低年级阅读课堂教学的重点，本环节通过随文识字让学生在特定的语境当中识字，并巧妙地根据课文内容把生字编成儿歌，便于学生巩固生字。"商"字是本课的所有生字当中，最容易出现书写错误的，因此本课重点指导书写"商"字。

3．试讲故事，梳理脉络。

师：同学们，请你们默读课文，读一读，圈一圈。蜘蛛开了什么店？卖什么？来了哪些客人？请用"〇"圈出来。

生自主完成。

指名汇报。随机出示词语"卖口罩、卖围巾、卖袜子、编织店、河马、长颈鹿、蜈蚣"，请生认读。

师：同学们，这些词语就在我们1号词语袋里面，请小组合作学习，要注意按照以下方法来学习：

①小组认读1号词语袋的词语。再按顺序贴在蜘蛛网上。
②小组展示摆放结果，初步梳理故事脉络。
③学生在小组内根据提示简单讲故事。
④小组代表汇报交流。

生上台汇报。

师：刚才我们用了读一读、摆一摆、讲一讲的方法来简单讲了故事。

设计意图：小组合作学习能突出学生的主体地位，培养主动参与的意识，更有利于学生进行独立思考。此环节小组合作贴词的游戏在学生们的互帮互助下完成，不仅增强了合作意识，还清晰地呈现了故事内容，帮助学生理清故事脉络，搭建讲故事的支架。

（二）完善图示，再讲故事明内容

1. 回顾文本。

师：为什么小蜘蛛刚开始要卖口罩，后来又改成卖围巾和袜子呢？

生汇报。

师：出示词语"织完、付钱、匆忙、换招牌、星期、木屋、工夫、终于"，全班认读。

师：这些词语在2号词语袋里，如果你认为这个词语是第一次开店提到的，那你就把它贴在第一次开店的网上，如果你认为这个词语是几次开店都有的，你就把它贴在中间。用上刚才"读一读、摆一摆、讲一讲"的方法小组合作学习。

2. 小组合作。

生小组合作学习：

①小组认读2号词语袋里的词语，再按顺序贴在蜘蛛网相应的位置上。

②学生在小组内根据提示讲述故事。

③汇报交流。

设计意图：本单元的训练点是能借助示意图讲故事，同时也是本课的难点。本环节通过学法的引领和小组合作，学生能在示意图的帮助下讲述故事，能很好地突破难点。

（三）凭借图示，总结故事引阅读

1. 看图示，畅谈收获。

师：请同学们看着黑板的板书（看图示），通过这节课的学习，你知道了什么？

生根据实际情况回答。

2. 凭借故事，引读童话。

师：这么有趣的童话故事，下课后同学们可以讲给父母听。今天学的这个故事选自《小蝌蚪吞了一块天》，课后请同学们读读这个童话。下课。

设计意图：此环节既是对本节课所学知识点的梳理，能让学生更清晰本节课所学的内容。把故事讲给父母听是本节课按提示讲故事的延续，为第二课时创编故事奠定基础。本文选自鲁冰的童话集《小蝌蚪吞了一块天》，这样的设计能激发学生课外进行阅读的兴趣。

二、教学反思

统编教材注重学生的语言实践，用不同的方式提高他们的语言表达能力。《蜘蛛开店》是人民教育出版社统编版教材二年级下册第七组第二篇讲读课文。这一组课文的主题是"改变"，主要落实"根据提示讲故事"的语文要素。而"讲故事"这一语文要素在二年级教材中曾多次出现，虽能力要求不一，训练切入点各异，但都指向了发展学生语言表达能力。

（一）立足文本，关注"语用"

二年级下册第七单元的四篇课文都是童话，故事趣味性强，语言风趣幽默，是学生最感兴趣的学习内容之一。而"借助提示讲故事"则是这一单元的训练重点。这个时期的学生对"讲故事"已掌握了一些方法。因为在学习前面的课文时已有接触，所以对这一能力训练并不陌生。

二年级下学期之前的课文要求学生能够初步借助图片和关键的语句"讲故事"。而从二年级下册第七单元的编排来看，不仅要继续落实先前的要求，还要求在能力训练上要逐渐加强，呈现"梯度"学习。

（二）把握文本，落实"语用"

《蜘蛛开店》通过讲述蜘蛛开店的故事，巧妙地介绍了河马嘴大、长颈鹿脖子长和蜈蚣腿多等有关动物的小知识。故事生动、语言有趣、插图逼真，能充分激发学生阅读童话的兴趣。我在备课的过程中，发现课后练习2其实是一张蜘蛛开店情节的示意图，依据学段目标、单元训练点及文本特点，围绕课后的"图示"展开教学，由浅入深，层层深入。三用"图示"突破本课"借示意图讲故事"这一难点。

一用"图示"，走进文本。本节课，在引领学生随文识字之后，我抓住"编织店、卖口罩、卖围巾、卖袜子、河马、长颈鹿、蜈蚣"这组词语对故事内容进行梳理。先让学生自由读词语，再通过小组合作学习把词语按故事情节贴在画着蜘蛛网的卡纸上，再根据蜘蛛网上的词语简单讲一讲蜘蛛三次开店的情节。可以说这张贴着关键词的蜘蛛网为学生梳理故事情节搭建了支架，同时也为后面的讲故事奠定了基础。

二用"图示"，深入文本。教育心理学认为学习兴趣能让人倾向于认识、研究获得某种知识，是促使人求知的内因。由此可见，只有当学生对学习产生兴趣，才会主动的求知，才能获取知识。

如在用"图示"讲述故事时，我改变了传统课堂教师讲授、学生吸收的教学方式，而是以学生为主体、以学习为中心、以小组合作为方法，转变了他们的学习方式，让学生成为课堂的主人。在梳理蜘蛛三次开店的顺序之后，教师先引导学生关注蜘蛛为什么刚开始卖口罩，后来又分别改为卖围巾、卖袜子的原因，让他们找出河马嘴巴大、长颈鹿脖子长、蜈蚣腿多的特点。基于以上认识，再通过小组合作的方式深入文本。具体操作步骤如下：

第一步：合作学。小组合作的学习方法跟第一次合作的学习方法一样，但要求有所不同。（1）读一读。组员在小组长的组织下准确地读出"织完、付钱、匆忙、换招牌、星期、木屋、工夫、终于"等词语。（2）贴一贴。组长带领组员把这些词语按故事情节贴在之前那张"蜘蛛网"上，完善图示。（3）讲一讲。组长组织组员围绕贴有关键词的"蜘蛛网"讲述故事。

第二步：汇报交流。邀请一组学生把"蜘蛛网"贴在黑板上，展示学习成果。再请这个小组的成员分工合作讲故事，即根据"蜘蛛网"这个示意图，分别讲述三次开店的经过。最后再让学习能力比较强的学生独立完整地讲一遍故事。

第三步：评价。学生无论是在小组内交流还是全班展示交流讲故事时，教师都要明确讲故事的要求：一要声音响亮，二要按顺序讲。这个要求也作为学生的评价标准。在课堂中，学生与学生之间在这个评价标准下，思维发生了碰撞，学习讲故事的情绪高涨，语言表达能力得到提升。

三用"图示"，拓展文本。经过两轮的小组合作，呈现在学生面前的"蜘蛛网"不再是简单的示意图，而是一张融入学生思维的概念图。面对这样的"图示"，笔者让学生畅谈本节课的收获。有几个学生都讲到了蜘蛛想事情不能太简单，做事要持之以恒，而其中一个学生更是联想到自己，希望自己以后做事要做好计划，并坚持到底。从这些学生的发言当中，可以清楚地了解到学生通过借助示意图讲故事已明白了故事所蕴含的道理。接着，教师再引领学生阅读本文作者鲁冰的童话集《小蝌蚪吞了一块天》，本文也正是选自这本书，通过本节课的学习充分地激发了学生阅读课外书的兴趣。

综上所述，在教学实践中要夯实语文要素，提高学生语言文字运用的能力，就必须摒弃复杂而无效的课堂教学行为，立足文本特点，聚焦"语用"，使他们在有限的课堂中灵活运用语言文字，发展思维，有效提高学生的语言运用能力。这也是我所追求的"尚简、尚活、尚实"课堂教学的终极目标。

简约 丰盈

广州市番禺区洛溪新城小学 黎素玲（小学语文）

第一部分 导读语

我是黎素玲，本科学历，中共党员，2016年12月取得中小学高级教师资格，现任职于番禺区洛溪新城小学，担任副校长（主管教学）。曾获广州市优秀班主任、广州市名班主任、广州市番禺区优秀教师、番禺区"阅读之师"等荣誉称号，是广州市第三批"百千万人才培养工程"小学名教师培养对象、广州市卓越校长促进班成员、北片第一期名校长培养对象。

把灿烂的目标放在东沟里的那片田地里，每早在晨鸡啼鸣的时分，急备犁耙踏晨露，翻地播种，浇水施肥，除草灭虫；勤奋里渗着汗水洋溢着诗的想象，果实里蕴含着袁隆平、巴金式的创意，于是，你会发现，在"春种一粒粟，秋收万颗籽"的境界之外，收获的更是幸福的诗意人生。对于教育，我一直追求着"丹心化作春雨洒，换来桃李满园香"，希望在成功的教育实践中成为幸福的人，在教学中一直守望着简约的语文家园，努力抵达丰盈的语文课堂。至今，我已从事教育19年。在这19年里，我一直任教语文，其中做了13年班主任、6年教学管理工作，先后担任班主任、教导处副主任、副校长。不管是课堂教学还是学校教育教学管理，我坚持做到率先垂范、服从分工、勇挑重担、关爱学生、团结同事，并取得了较好的成绩，赢得了学校、学生和家长的一致好评，多次受到上级部门的表彰。教学风格简约、丰盈的我，经过近几年努力，共获奖79项，其中国家级15项，省级18项，市级9项，区级19项，片级14项。

第二部分　名师成长档案

1999年9月，带着青春的无限激情，满怀对教育事业的真诚，我踏上了三尺讲台，开始了我的教师生涯，被分配到大石中心小学任教语文并担任班主任。2002年，因为学校规模过大，政府把大石中心小学拆分为大石中心小学和大石小学，我留在原来的学校，也就是旧中心小学，后改名为大石小学。在那里，我一直是语文老师，担任过班主任、级长、语文科组长、教导处副主任。2014年7月，我受组织安排到洛溪新城小学任职副校长，任教中高年级的语文，一直到现在。

一、爱字当头，醉心育人有创新

在师生交往中，我一直追求着在成功的教育实践中成为最幸福的人。记得刚毕业到番禺区大石中心小学报到，黄校长问："你有什么特长？"我说："我在管乐队里做队长，喜欢语文。"黄校长说："那你就任教语文，做班主任吧。"就这样，我就接了一位退休老师的班，任教二(1)班。一开始退休老师对我说，这班上有一对双胞胎很难搞的，不交作业是常态。听得我心里直打鼓，但我想，没有不能感化的学生，接下来的日子我每天给自己留堂，陪他们做完功课才下班。

(一)真心付出，抓好班集体建设

岁月匆匆，不经意间，在大石小学我收获了很多，我曾笑过、也曾哭过、也曾感动过。在伴随着孩子们的成长中，我也逐渐成熟起来，感到了快乐和满足。是他们让我有了成就感和幸福感。也真正明白了教师的内涵和责任。我所任教的班级班风积极向上，同学团结友爱。通过自主管理，孩子个性得到张扬，我让每个孩子都有当班干部的经验。3名学生被评为区三好学生。在自主管理中，实施奖励与惩罚。每一学期均获得学校先进班称号，三(4)班被评为番禺区先进班集体；校运会上获体育风尚奖，总分名列前茅。

(二)对特殊学生我倾注满腔心血，"以柔克刚"，耐心教育

关心每个孩子是我骨子里的习惯，鼓励他们一点一滴的进步。每当有人问道，哪位学生给我留下深刻印象的时候，第一个浮现在我脑中的是他——××立同学。教他的那一年，我睡觉前肯定会想他，梦里会梦见他，醒来了还是想到他。他一、二年级的时候老师们都说他有多动症，没在课室里安静坐下过，当时我还没有教他，就目睹过他把课室的一组桌子推倒，上课了还在走廊上大喊大叫，班主任就在后面追他，生怕他出事。有首诗中写到："横看成岭侧成峰，远近高低各不同。"写得真好，看物是这样，看人又何尝不是这样？尤其是我们教师，每天面对着很多学生，如果能用欣赏的眼光来看待每个学生，你就会觉得每个孩子都是可爱的。而学生在被欣赏的眼光中，在充满信任的肯定中，在满怀热情的交流中，在恰如

其分的鼓励下,就会变得越来越优秀。由此我想到,要找他的闪光点作为切入口。于是我选他当组长,负责收发作业,使他建立自信,常与家长沟通,抓住其闪光点经常表扬,让他重塑信心,并买了很多课外书送给他,因为课外书对这类学生有启智作用。这个教育改变过程是反复的,但慢慢地他能稍微安静下来,也能完成作业了。

在做班主任的时光里,我珍惜我的工作,理解我的生活。我在这块土地上,如同一股潺潺泉水,汩汩地流淌着,没有喧哗,也没有休止,一直浇灌着、滋润着一棵棵茁壮成长的幼苗,浇灌着朵朵含苞欲放的祖国花朵。因此,我曾被评为2008年广州市优秀班主任,于2012年加入省名班主任胡伶俐工作室,2015年被评为广州市名班主任。

二、务实求真,教研科研成果佳

我有严谨的教学态度、简约高效的教学风格,教育教学效果比较显著,承担了3次区教研活动、2次番禺区北片的专题研究课。任现职以来,我认真钻研业务,不断更新知识;阅读了大量学习资料,并撰写了多篇教育教学论文,在国家、省、市、区、片级评比中获奖或在专题研讨会上交流。2011年撰写的案例获区优秀案例一等奖;2012年在区小语科教研作"研学后教理念下的'相容'教学"专题讲座;2012年区小语科教研中,教授课例《巨人的花园》;2012年教授的课获区教学成果三等奖;2014年负责的"农村小学四步相容教学法的实施研究"为区案例立项项目;2013学年被聘为区学科中心组成员;2012年有2篇论文在中国教育学会主办的全国优秀论文评比中均获二等奖;2015年文章《用一颗温暖的心抒写生命》在《辅导员》发表;2015年有1篇论文在省优秀论文评比中获三等奖;2009年《我们与孩子共同阅读》获市书香家庭征文优秀奖;2015年获市青少年十年阅读系列活动之绘本创作大赛指导奖;等等。

教师参与课题研究,是提高自己素质的有效途径,教师通过进行课题研究,经常反思自己的教学工作,积累丰富的教学经验,使得教师在反思中成长、在成长中反思。通过课题研究,我提高了自身的科研素养,促进了自身的专业发展,从而使自身的教学素养得到了提升。我主持和参与了3项课题(广州市1项,番禺区2项)。2015年9月主持番禺区教育局规划课题"人教版小学语文五年级人物描写的微课教学策略及评价研究",课题编号:2015WK43,现已进入结题阶段,课题组已经在省级刊物上公开发表5篇论文;2009年参与区十一五规划课题"小学语文'三位一体'教学模式的实证研究"专著的撰写与模式的研究,2010年课题顺利完成,获区教育科研成果项目;2015年参与广州市教育科学规划课题"基于不同学习任务的后教策略研究——以小学语文为例"负责阅读类后教策略研究、非连续文本研究,正以点带面的引领本校老师深入探究。

三、美人之美，示范引领作用好

用真诚的心、和善的微笑与同事们共处，是本人每天的工作态度。自从任教科组长以后，我一直积极辅导学校青年教师，主动深入课堂听课，与新教师共同研究教法。2014 年、2015 年在学校组织了"青蓝工程"启动仪式和中期报告。辅导黄丽蓉老师获得区教学观摩活动三等奖，获得广州市优秀教师称号；辅导傅红媛老师参加广州市阅读指导课获得一等奖；辅导宋红新老师、程映云老师参加番禺区研学后教课例分别获得区一等奖、二等奖；辅导陈浩玲老师参加区数学青年教师课堂教学评比获得区二等奖；辅导胡雪华、曾瑜老师参加区习作课例教研活动，辅导孔建新、何燕媚老师参加区科学学科教研活动，辅导谭君仪老师参加区番港学生习作交流活动，辅导黄美琴、苏少霞老师参加区英语教研活动，辅导孔建新老师参加区数学教研活动。以上的 5 场区教研活动都由我策划筹备的，上课老师独特高效的教学方法，获得上级领导、与会老师的一致好评。现正搭建更多的平台给予青年教师，切实提升青年教师的理论水平、教学技能，让青年教师获得成功。深知赠人玫瑰，手有余香，因此，我被聘为番禺区课程改革学科中心成员，在区域里有一定的引领作用。

在 2012 年 7 月开始任职教导处副主任后，我多次组织教师开展各项专题研究，在管理工作期间，为学校获得了多项集体荣誉。2012 年组织语文科组为学校成功申报番禺区"书香校园"，2013 年组织大石小学全体师生参加"体艺 2＋1 大课间评比活动"，经过细心筹办、巧妙调配，1400 多名师生全力展演，在区内获得一等奖，同年代表北片在区内进行展示；2014 年带领的体育科组被评为区优秀科组一等奖；2014 年 4 月带领的语文科组被评为区优秀科组二等奖；2014 年 6 月为番禺区大石小学成功申报"广州市乒乓球特色项目"和"广州市体育传统项目学校"；2014 年在大石小学负责了区小语科"研学后教"教研周活动；2014 年 6 月 21 日带领学校师生在市桥文化中心成功举办大石小学师生书法展览；2015 年带领洛溪新城小学语文、数学、英语、体育、科学科组获得区优秀科组评比二等奖。2014 学年、2015 学年在洛溪新城小学分别筹备了科学、数学、语文、英语学科共 4 场区级教研活动，组织了学校老师对这些主题的内容进行培训、集体备课、磨课，活动效果显著，有很好的辐射作用。

第三部分　学科教育观

简约　丰盈

近年来，小学语文教学逐渐返璞归真。课堂上教师们都努力脱去华丽的外衣，追求真实、朴实、扎实的语文教学。工作以来，我在小语教学的道路上如同一个蹒跚学步的孩子，曾有过不知所措的茫然，有过反复磨砺的煎熬，也曾有过茅塞顿开的喜悦。对于小学语文的教学理论，无论众家说得如何高深莫测，在我看来，无非是帮助学生学会阅读、写作、听话和说话，从而获得一种可以终身受益的能力。

我的教学风格解读

简约是智慧的灵魂。我追求简约，力求达到语言简洁精炼、形式精准有效、内容丰富适度。简约不是简单意义上地做"减法"，而是源于教师对课标精神的深刻理解，源于对年段要求的准确把握，源于对教材的深度解读。我追求丰盈，希望语文课堂教学充满着张力，有思维的严谨、情感的共鸣、审美的享受、思想的深刻、智慧的启迪。语文教学需要简约，简约让语文教学更高效，由简约抵达丰盈，是我们共同的追求。我多年从事小学语文教学与研究工作，且行且思，渐行渐悟。简约、丰盈的教学风格，成了我矢志不渝的追求。

我的教学主张

一、守望简约的语文家园

崔峦老师这样说过，语文教学一定要删繁就简，返璞归真，简单实用。提倡简简单单教语文，完完全全为学生，扎扎实实求发展。我认为，这里的简单不是草率，不是省事，是从"虚、杂、偏、闹"这些偏离语文的怪圈中解脱出来，努力追求用简便的方法和手段引领学生走进复杂丰富的语文世界，让学生学得轻松、扎实。因此，我们的语文教学目标要简明，教学环节要简化，教学手段要简便，教学语言要简洁。

（一）教学目标简明，聚焦语文核心素养

语文素养是学生在积极的语言实践活动中积累与构建起来，并在真实的语言运用情境中表现出来的语言运用方式及其品质；是学生在语文学习中获得的语言知识与语言能力，思维方法和思维品质，情感、态度与价值观的综合体现。语文学科核心素养是指语文素养的核心要素和关键内容，主要包括"语言建构与运用""思维发展与提升""审美鉴赏与创造""文化传承与理解"四个方面。

根据语文核心素养提出的方向，我们语文的教学目标，可有两层意思。宏观上指的是学生学习语文的大目标要简明。学习语文的主要目标是什么？我认为就是"识字""写字""阅读""表达"。只要将这四件事情做好了，语文也就学好了。微观上指的是具体到教学实践中，每篇课文的教学目标都要简明。

教学目标简明，教师要抓语文学习的大目标，在各个学段都不忘紧扣"识字"

"写字""阅读""表达"这四大块内容。涉及具体的课文,则需要教师对文本进行深入解读,紧紧围绕"语文素养的综合提高",根据文本的表达形式和人文意蕴,确立相对集中的、切合儿童认知规律的教学目标。

(二)教学环节简化,留足自主空间

近年来,核心素养成为了基础教育领域的一个关键词。新课标指出小学语文素养是指小学生具有比较稳定的、最基本的、适应时代发展要求的听说读写能力以及在语文方面表现出来的文学、文章等学识修养和文风、情趣等人格修养。其核心素养是语感、语文学习方法、语文学习习惯。在平时教学中,我着眼于改革和优化现有课程的教学内容和教学方式,通过开展语文教学实践活动,培养学科关键能力,进行了一些以提高学生核心素养为目标的积极尝试。具体到一篇课文的教学,我突出体现以下四个教学环节:

(1)学生个人初读课文、认读生字,熟悉生词,把课文读正确,读后有初步感受,提出不懂的问题(内容方面的、词句方面的、表达方面的……)。

(2)教师引导学生在初步交流的基础上,整体把握课文,或理清思路,或抓住主要内容,在整体把握的过程中培养分析、概括能力。

(3)梳理学生提出的问题,结合教学设计中的预设,明确本课教学重点,并通过提出和解决整合的问题来引导学生学习。

(4)回归整体,对课文赏读或完成积累语言或局部写法迁移的练习。

综上,环节的简化,关键在对学习内容的精选,对理解、积累、运用语言整合的处理上。

(三)教学手段简明,突出学生语文能力

当下的语文课,尤其是公开课,成了现代教育媒体的大展台。声、光、电齐上,图、文、像兼备。教学课件极为精致,制作上费了很多心思。不可否认,适当运用现代教育技术,的确能帮助学生学习语文。但在平时的课堂,教师不可能有这样的精力制作课件。现代教育技术太多反而会阻碍学生学习语文,甚至会限制学生的想象,让他们的思维不再灵动,想象的翅膀被无情地折断。所以,我们要寻求用简便的方法和手段,引领学生走进丰富的语文世界,探索常态课的实效性。即使是公开课,也应是常态课的展示,应为常态课的研究服务。

我认为教学手段要简明的同时,更要重点培养的是学生的语文能力。课堂的主角是学生,课堂时间要还给学生,这样才能培养学生的语文能力。传统的教学方法习惯于通过教师讲演、示范和学生模仿,使学生掌握现成知识。现代教学方法既要借助学生的模仿,使学生获得现成的知识,又需要借助于学生的创造活动,使学生构建并获得"新"知识。可见重视模仿是必要的,但更应重视学生创造性思维的培养,这有助于学生不断发展基本能力,也是我们语文教学的出发点。创造性思维,不仅能揭示客观事物的本质及内在联系,而且能指引人们去获得新知

识或对问题的新解释，从而产生新颖的、甚至是前所未有的思维成果。对学生来说，主要是激发他们的好奇心、求知欲，锻炼他们的形象思维和抽象思维，增强观察、质疑、判断、推理的能力，引导他们去发现知识，进行创造性的语文学习活动。

（四）教学语言简洁，放飞学生思维

听了不少公开课，有的教师语言优美，课堂上行云流水，但整节课听下来，有过多教师自我表达的痕迹，上课像是在演课。相比较，于永正、贾志敏等特级教师的课堂里，他们基本没有使用现代教育手段，只凭着一支粉笔一张嘴，就能让课堂精彩纷呈。尤其让人钦佩的是，他们的教学语言清新、质朴，没有华丽精致的辞藻，没有气势如虹的排比，但是学生却在他们的带动下充分地说，投入地读。这种朴素的美，是真正的大美！教师要锤炼自己的教学语言，学习运用富有激情的导入语、不可或缺的过渡语、充满智慧的点拨语和耐人寻味的总结语。

重视教师和学生的双方互动，才能放飞学生的思维。传统的教学方法注重的是教师的方法，而现代教学方法是以完成教学任务为目的，师生共同活动的方法。它包括教师传递信息和调控过程的教授法，也包括学生听讲、观察和阅读的学习法，体现了指导者与被指导者双方的互动。双方互动主要表现在三个方面：一是在强调教师教法的同时，加强学生学法的指导，以学辅教，培养学生的自主学习能力，让学生"乐学""会学"；二是让学生积极参与教学过程，使学生真正成为学习的主人；三是因材施教，发挥学生的潜能，发展学生的个性。

二、抵达丰盈的语文课堂

如果说"简简单单教语文"指从目标到环节、从方法到语言都不蔓不枝，干干净净，那么"丰盈"则是指在教学过程中所呈现的课堂张力——思维的张力、情感的张力、文化的张力乃至于智慧的张力。正如特级教师孙双金说的："上课如登山，一堂好的语文课，老师应该引领学生登上知识的高山、情感的高山、智慧的高山。"一节语文课在老师的带领下，学生的知识增长了，情感发展了，智慧碰撞了，精神润泽了，我们才能说这样的课堂是丰盈的。那么，如何在简约的教学中让语文课堂丰盈起来呢？除上述四点之外，我们还要寻求在"简约"这一大前提下采用教学新策略，努力让语文课堂因简约而丰盈。

（一）抓住关键字词，品出丰富韵味

语文就像一杯酒，越品越有滋味儿。叶圣陶先生曾说，阅读教学必须引导学生推敲、揣摩、细细品味语言。可见阅读教学的感悟关键还是得通过咬文嚼字、品词斟句来实现文本、作者、学生、教师之间思想的碰撞、情感的共鸣和经验的共享。比如在四年级上册《巨人的花园》教学中，教师牢牢抓住"洋溢"一词，引导学生细细揣摩、静静分析。

案例：《巨人的花园》教学片段
1. 指名读第一、二自然段。
师：谁来给我们朗读一下第一、二自然段
师问：在第二自然段中有不明白的词语吗？在第二节自然段中有一个词，（课件字："洋溢"）是什么意思？
2. 品味"洋溢"。
师：先理解"溢"这个字（课件字："溢"，字下是图片：流出水来的水桶）。这是古时候篆文中的"溢"，我们再追溯到最早的文字甲骨文，商代人们就是用这甲骨文来表示"溢"的，你似乎看到了什么？"溢"是什么意思呢？
生抢答
师："洋"也是满的意思，"洋"+"溢"，多得满出来了。一起来读一读这个句子。（课件出示文中句子："花园里洋溢着孩子们欢乐的笑声"）
生：读课文句子
师：这是什么满得流出来了？
生：是孩子们欢乐的笑声满得流出来。
师：要了解"洋溢"光读这句还不够，要把这一段也读读，就更明白了。
生齐读一段
（课件句子：从前，一个小村子里有座漂亮的花园。那里，春天鲜花盛开，夏天绿树成荫，秋天鲜果飘香，冬天白雪一片。村子里的孩子都喜欢到那里玩。）
师：（课件：春天图、夏天图、秋天图、冬天图）孩子们的欢乐洋溢在（鲜花盛开）的春天，洋溢在（绿树成荫）的夏天，洋溢在（鲜果飘香）的秋天，洋溢在（雪白一片）的冬天。难怪课文里说……
生读：（课件句子"花园里常年洋溢着孩子们欢乐的笑声"）
师：看来同学们都能体会文中的洋溢了，我们要记牢这个洋溢，还得动手写一写，在写之前我们先观察一下这个"溢"字，谁来提醒一下大家写"溢"字要注意哪些地方呢？（课件："溢"）
生：略
师：现在请同学们跟着老师的笔一起来书空，"溢"左窄右宽，先写三点水，右上角是两点，请大家在《研学稿》上的第一题，抄写一遍这个词。
这一品，学生品出的不再是表面上的洋溢一词，而是能想象出来的勃勃生机、充满快乐的花园，与文中后面提到的冷冰冰的花园就能做一个铺垫，并形成强烈的对比。最后还进行了书写指导，加深了印象。

（二）巧妙设计训练，整合教学资源
语文课堂是听说读写的训练场。语言要在训练中发展，思维要在训练中凸显，情感要在训练中体验，方法要在训练中掌握。语文课要让学生掌握语言工具，提升学生语文学习的综合能力,需要教师整合教学资源,巧妙设计多功能的"训练"。

案例:《黄鹤楼送别》教学片段

师(指图):你们看,江边这醉景的兰花似乎也收敛了笑容,它们在为友人的分手而伤感,你们看到柳树了吗?柳树好像怎么样?

生:依依的柳树仿佛也在挽留孟浩然匆匆的脚步。希望孟浩然不要这么快就走。

师:你看到那点点沙鸥了么?你觉得它们在干什么?

生:那点点沙鸥,他们飞着向孟浩然送别。希望他慢点走。

师引读:岸边(杨柳依依),江上(沙鸥点点),友人登上了船。让我们寻着李白的目光去追随他的友人吧!请同学们自读第四自然段。

要品味语言,老师应有教学智慧,在及时点拨中激发孩子的丰富想象力。其实在我们的教材中有大量文质兼美的文章,为学生语言实践提供了很好的范例,应充分利用其价值。

师:此时,你感受到了什么?

生:李白不舍得孟浩然离开。

师:从哪里感受到的?

生:我从伫立和凝视这两个词看出来的。

师:能说说你的理解么?

生:伫立是长时间的站立,说明李白站了很长的时间。还有凝视,凝视表示李白一直看着孟浩然的船。

师:你理解得真好,真是会读书的孩子。

"一切景语皆情语",上述案例中教师没有忽略杨柳和沙鸥,教师紧紧围绕焦点,抓住"伫立""凝视"两个中心词,创设语言情境,再现送别情境。教师利用插图激发想象,巧妙运用引读、层层递进的回读,学生真真切切地感受到纵然孟浩然乘坐小船已消失在水天相接的尽头,李白的视线却能飞越千山万水,久久地追随,随着牵挂的人儿走向海角天涯。

(三)适当拓展反哺,润泽智慧心灵

《义务教育语文课程标准》指出:努力建设开放而有活力的语文课程,应"拓宽语文学习和运用的领域,注重跨学科的学习和现代科技手段的运用,使学生在不同内容和方法的相互交叉、渗透和整合中开阔视野,提高学习效率,初步养成现代社会所需要的语文素养"。简简单单教语文,并不是排斥一切语文课本以外的东西。"逢课必拓展"的做法固然不值得提倡,但我赞同适度的拓展。互文理论告诉我们,每一个文本都是对其他文本的吸收与转化,它们相互参照,彼此牵连,形成一个潜力无限的开放网络。这样的互文反哺,让文本的意蕴得以最大限度的提升，让课堂更具文化的张力、情感的张力。

例如《黄鹤楼送别》教学的最后，我创设语境将课文中的诗与文有机整合，让学生再次诵读，让那一江春水绵绵不绝地流入学生心里。而由诗改写的送别歌词此时出现，升华主题，感人肺腑，学生对孟和李之间的友情有了更形象具体的理解。歌词对仗工整，韵律优美，学生沉浸在文字中。适当拓展的文本如细雨般润泽学生的精神生命。学生再读此诗，怎不入境入情！

又例如，我在解读千古名句"春风又绿江南岸"的时候，没有单纯地在"绿"字上做文章，而是设计了想象说话环节"又……江南岸"，让学生仿照诗句展开丰富的想象。一石激起千层浪，由于学生对春天太熟悉了，一至六年级也积累了大量的描写春天的词句，于是他们很快调动了自己的生活体验，唤起相似的记忆，用鲜活的语言，活灵活现地描绘出他们心中江南岸的春天美景："桃花又红江南岸""蝴蝶又舞江南岸""小鸟又唱江南岸"……就这样，教师没有多余的讲解，更没有采用花哨的课件，而是采用一次简单的说话训练环节，让学生在适度的拓展中明白：在春风的吹拂下，江南又显现出一片绿色的、充满生机的景象。

语文教学需要简约，由简约抵达丰盈，是我们共同的追求。简约而丰盈的语文教学之路，我会坚定地走下去！

▶ 他人眼中的我 ◀

重习惯、重发现、重生活，具有探究精神和启发教育，她的课堂教学风格简约而不简单，让学生探索到语文的丰盈，而且总会有意想不到的亮点，让人耳目一新、感触颇多。课堂上，她为学生营造了一个民主、平等的课堂氛围，让每位学生都能畅所欲言。点评学生的回答时，语言亲切、过渡自然，并且时常采用"互助互动"方式，让生生之间可以进行借鉴学习，注重培养学生宽容的合作精神和敏锐的审美鉴赏力。她时刻践行"授之以渔"的理念，将学生视为教育的主体，切实地将他们看作教育过程中的平等参与者、合作者。简明的教学目标、紧凑的教学环节、灵活务实的教学手段、精炼的教学语言，诠释着她对高效语文教学的理解。她不仅是一名教学的教师，也是学生的教育者、生活的导师和道德的引路人。这一切硕果，只因她始终把课堂教学艺术的完美与课堂教学的高效作为自己一生孜孜不倦的追求。

——番禺区小学语文学科教研员　张坤炽

众雁高飞头雁领，黎校是一位严于律己、求真务实、积极上进的好领导。她的课堂教学环节简约，知识点明确，条理清晰，言简意赅，这样的简约让语文教学更高效，而且能联系书本以外的知识，扩大学生见闻。她注重学生学习和思维习惯的养成，教学语言形象丰富生动，恰如其分，语调亲切，并能不断鼓励学生，使学生在和谐融洽的课堂氛围中学习。她的语文课堂不仅促进了学生知识的掌握和智力的发展，达到了良好的教学效果，还是一件艺术品，让人津津乐道、回味无穷。在多次成功举办的大型公开课中，她都以开阔的思维、智慧的教学向校内外同行诠释了一位魅力语文教师应有的素质，起到了很好的示范作用，更是得到了上级部门、全校师生的一致好评。

——番禺区洛溪新城小学老师　谢结红

她的课堂充满着张力，有思维的严谨、情感的共鸣、审美的享受、思想的深刻、智慧的启迪；她一直凭借干脆利落的做事风格、孜孜不倦的专业探索和底蕴厚实的知识素养成为全校教师的典范。她始终坚持最朴素的、最简洁和最有效的教学手段来引导学生学习。她亦师亦友，能从学生实际出发，充分相信学生的能力，对学生进行语言教学、智力开发和情感熏陶。她教态亲切和蔼，与学生互动频繁，启发式、讨论式恰到好处，课件制作有效到位，切实推动了学生的学习，课堂体现着"互动、合作与探究"的教学氛围。所任教班级的学生思维活跃，学习热情高涨，信息交流畅通。她的语文课堂成为了学生的梦想和快乐的期望，成为思考开始的地方，成为心与心融会交流的家园。

——番禺区丽江小学老师　李献生

我的语文老师很美，她有一双会说话的眼睛，笑起来让人感到舒心；她有一张厉害的嘴，所谓的"厉害"不是批评别人厉害，而是教书很厉害：那些乏味的文字一到她的嘴里，马上变得生动起来，而且她还会把知识联系到生活，举一些例子会让人感到有趣，而且很容易明白，记得也特别牢。

——番禺区洛溪新城小学五（3）班学生　覃茵

第四部分　育人故事

它们从哪里来

我对中途新接管的二（2）班挺满意的，可一提到他们的早餐，我就头疼，为啥？跟我走一趟您就晓得了。

今天的早餐是三丝炒粉，小文忙着挑胡萝卜丝，小梅急着翻葱丝，满桌狼藉。小虎也开始了与肥猪肉的大战，就因为一丁点的肥肉，连带粉丝大口地吐了出来，边吐边嘟囔："真难吃！给乞丐吃还差不多！"趁大家不注意，他干脆把粉全倒进了垃圾桶。

这样的情景在我们班并不少见，针对浪费挑食的严重问题，我决定开个主题班会。我利用平时同学们吃早餐的情景照片作为导入，中间播放山区孩子因穷苦而无早餐的录像等环节，我期待着会有奇迹发生，然而事与愿违：除了几个相对听话的学生有所改进，其他依然是：外甥打灯笼——照旧。"你忘了上次班会课上看的录像了吗？""看看，我不是说过要节约粮食的吗？"早餐时间又传来了我不停的唠叨。

我2岁多的女儿从不爱吃青菜。这天，我责备她偷偷把青菜丢桌底下，没想到她狡辩道："是青菜自己跑下去的。"

"自己跑下去？"荒唐！我突然有了妙想：何不来个"食物大拷问"？当晚，我便把思路设计出来，准备在第二天班会课上问我的学生。

"孩子们，谁能告诉我这是什么？"我指着刚刚从垃圾桶里捡回的胡萝卜和猪肉问道。孩子们争先恐后地抢着回答。"那谁能告诉我，这胡萝卜是怎么来到我们碗里的呀？"我暗自心喜，他们上套了。小虎按捺不住，大声说道："是农民伯伯在地里种出来，炒菜阿姨从他那买来再炒给我们吃的。"看见全班同学都被这新鲜话题深深吸引时，我趁势向大家提议："不如我们把胡萝卜的来历说出来好吗？"顿时，课室里炸开了锅，种地的、送货的、买菜的、炒菜的……他们把知道的所有行业人员全都说了出来。"孩子们，看来这胡萝卜来到我们的碗里真的很不容易啊。我们病了会去看医生，胡萝卜病了也要有农民伯伯给它洒农药；遇上刮大风下大雨，还得给它们搭上雨棚；胡萝卜的根须很发达，农民伯伯要挖40厘米左右深的地，它们才能很好生长。这些都要花费很多人力物力，我们每天丢掉的仅仅是胡萝卜吗？"

以后的早餐时间，每当有人再挑出碗里的食物时，还没等我开口，就有同学说："不能浪费食物，它们很辛苦才来到碗里的……"我听着，欣慰极了！

苏霍姆林斯基在担任校长期间，曾多次提出"要思考教育"的口号，然而很少有人知道，触发他产生这一思想的契机，是他在一次小学语文课堂上受到的触动，这也是他在与学生"换位"的体验中发现到的问题。教育要考虑到学生的可接受性，以人文关怀的态度教育学生，这样的教育才会更有效！

附录　教学现场与反思

《父母之爱》第一课时

人教版小学五年级上册第六单元的主题是"父母之爱"，本次习作的内容是通过具体的事，体现对父母由不理解到理解的转变，体会到父母的爱；建议父母改进教育方法，劝说他们改掉不良习惯；同父母再说说其他心里话。要求选择最想对爸爸妈妈说的话，畅所欲言，表达真情实感；写完后读给爸爸妈妈听。教学中，首先要引导学生打开思路，选好写的内容，这是习作能否做到真实具体、言之有物的关键。第二是沟通要真诚，只有真诚，才能表达真情实感。把习作读给父母听，这个环节一定要做好，目的是让孩子加强与父母的沟通，增进了解，融洽关系，形成良好的家庭育人氛围。写作课尝试让学生抓住人物的外貌、语言、动作和心理描写，再现情境并联系生活实际。习作意在让学生联系生活、表达真情上下工夫，让习作源于生活、服务于生活，通过习作加强与父母的沟通。

备课必须先备学生，对学情的准确把握是好的教学设计的必备条件。认真研究学生的实际需要、能力水平和认知倾向，为学习设计教学，优化教学过程，可以更有效地达成教学目标，提高教学效率。本班学生共45人，对学习语文兴趣浓厚，喜欢阅读课外书，学习基础较为扎实，平常有积累好词好句的习惯。尽管大部分学生习作句子完整、通顺，文辞优美，但在写作内容上稍欠具体，感情表达略欠真实。

针对学生作文中叙事空洞，感情牵强附会的现象，要引导学生更好地根据自己的生活经历写作，打破常规的思维和习作的定势，能多角度地去观察事物，多层面地进行回忆、思考、分析、想象，并从自己的生活经历中寻找切题的内容。

为了让学生抒发最真挚的情感，使学生的作文在"真"与"情"这一层面有所突破，本课开端便设置了"学生生活照展播"环节，唤起学生对父母的真实情感。然后在堂上交流自己的故事，激起其他学生的联想。通过思维导图建设自己的习作架构，这样学生就能有条理地进行阐述。最后再回顾本单元的细节描写的方法，让学生尝试在习作上运用，那文章就不会空洞牵强了。

教学目标

1. 学会审题并筛选自己感兴趣的习作内容，能运用思维导图构建文章架构。
2. 巩固本单元细节描写的方法。
3. 在表达交流中感悟父母的爱，表达出真情实感。

教学重难点

教学重点：能运用思维导图构建文章架构。

教学难点：尝试借助细节描写表达真情实感。

一、教学实录

师：上课！同学们好！

生：老师好！

师：今天在我们的课堂上来了很多辛勤的老师，当然还有一位外出学习了很久，但是很想大家的人。

生：我！

师：在我们课堂里还有45位同学一起学习一起成长，但是我们每个人还有两位至亲至爱的人缺席了,他们是?

生:爸爸妈妈。

师:是的,我们的爸爸妈妈,请同学们看。(播放影片)当我们呱呱坠地的时候,是爸爸妈妈将我们抚养成人,虽然个中有不少辛苦,但他们无怨无悔。他们尽管不是最完美的,但他们努力为我们创造最好的生活。此时此刻,你有什么想讲呢?(生情绪高涨,讨论照片)

生:我想说,无论去到哪里,都要记住父母有一颗爱我们的心,他们时刻都会惦记着我们。(生富有感情地说)

师:是的,你知道爸爸妈妈很爱你。还有哪位同学?

生:我觉得,父母是很关爱我们的,他们从小到大都陪伴我们。

师:嗯,看来还有很多同学想表达自己的想法,第六单元的习作就给我们提供了一个畅所欲言的平台,请同学们翻开课本111页,谁来大声朗读一下习作的要求?

其他同学思考一下问题,专题是?内容是?要求是?

(边巡视边提醒学生圈画关键词)

师:哪位同学找到答案了,请起立。

生:这次的专题是"父母的爱",内容第一是"通过一些事情感受父母的爱",第二是"对父母提出一些建议,让父母改进教育方法"。

师:这里再简洁一点,用关键词概括是……

生:提建议。

师:说得真好,我发现你特别会筛选信息,能把一些关键点说出来。

生:第三是"给父母说说心里话"。要求是"表达出真情实感",关键词是"真情实感"。

(教师根据学生答案,相机板书关键内容)

师:是的,表达的时候应该表达出真挚的感情,还有没有不同意见?

生:我认为要求应该是"写完之后跟父母沟通交流",关键词是"沟通交流"。

生:我认为要求的第二点应该是"敞开心扉"。

师:嗯,也就是真实。

生:我觉得应该是大胆交流。

生:我觉得应该是交流沟通。

生:我觉得应该是写出想与爸爸妈妈沟通的话。

师:哦,也就是事情。我们或许会想到很多事情要与父母沟通,但是这个事情是否典型呢?是否值得写呢?这也是其中一个要求。刚才有同学提到"与父母沟通"也是其中的第三点要求,老师补充上去。(根据内容相机板书)我们在口语交际里是提过类似的与父母沟通的事。口语交际里的是评价别人的事情,现在是谈谈我们自己的亲身经历。老师布置了一个研学案上的预习，就是在生活中，你从哪些地方体会到父母的爱的？谁来汇报一下？

（课堂现场手机拍下学生预习情况，用 eworld 快到上大屏幕）

生：我要分享，就是以前曾经发生过一件事……

师：哦，这是表格上的事情一。

生：嗯，事情一是有一次期末，老师给了我很多奖状，我有点骄傲地拿着奖状拿回家，等着父母表扬，但是他们却说："你先别骄傲，你有奖状别人也有，别人有的你或许是没有的，你还要更优秀才行。"那时候我是非常不理解的，也曾经因为这句话跟父母争吵过。但是最后我才弄懂，为什么父母要拿我跟其他同学相比呢，是因为他们想我变得更优秀。

师：你说的第一件事情描述得很详细，体会特别深刻是吧？那第二件事呢？

生：第二件事是有一次下雨的时候，我在教室里等家长过来接，但是我看到班上很多同学已经被接走了，我爸爸还没来，他们平时都是忙着上班，我就一直等。等爸爸来的时候，我特别生气，但是没有说出口。因为是中午，我已经很饿了。

师：你这里是给父母提建议是吧？你读一下。

生：是的，我想对父母说，希望我做得不好的地方，爸妈可以把我教得更好。我还想对父母说一些心里话，谢谢你们的无限关爱，但是我知道我们的心永远连在一起。

师：好，我看你事情罗列得非常清楚，但是我们不能每件事都这么具体地写在文章里，如果让你选其中一件最典型的事情，你会选择哪件事跟父母交流？

生：我会选择第一件事，因为最近刚刚发生过。

师：好的，谁来再跟我们分享一下。

生：我的第一件事是我体会到了母亲的爱，就是有一次我发高烧，母亲立即赶回来，途中扭伤了脚，但是回到家她第一时间是带我去医院，没顾得上自己的脚，这让我特别难忘。第二件事让我从不理解父母到最后理解父母了。有一次我没有考好，爸妈批评我，但是期末考我考好了，他们却没有表扬。我特别不理解为什么我考好的时候没有表扬，但是考差了就要批评。像其他同学的父母，他们做得好了都会表扬。这让我特别不理解。但是我学习了《学会看病》这一课之后就知道，这是一种深远的爱，其实是为我好的。我想提一点建议，我想你们在我做得好的时候多表扬我，上次是我误解你们了，对不起，我知道你们是爱我的。

师：看来你课文学得挺深刻的。那么在这里，如果让你选择最典型的事，你会选择哪个？

生：我会选择第一件事。

师：原因是什么呢？

生：因为这件事比较深刻地让我体会到了妈妈的爱。

师：好，请你在第一件事情后面打个钩，请其他同学也在你选择的事情后面打钩，你打算写什么？选好的，坐直。看来同学们事例都选好了。那我们要怎样表达出自己的真情实感，又能让父母接受呢？这就是我们今天要研究的研学问题：如何具体表达对父母的心中之情？请同学们齐读。我们想说的话肯定很多，也许我们的思路还没有很清晰，老师现在给大家播放一节微课，看能否给大家带来帮助，请同学们边看边记录。

（播放微课《思维导图建设文章架构》，生边注视屏幕，边动笔记录）

师：看完微课，你知道了什么呢？请起立说。

生：我知道了，在作者眼里他的父亲很严厉，他学自行车摔跤了才明白父亲的爱。

师：哦，你看思维导图很细，还举了里面的事例。那有没有同学看到思维导图列提纲的方法？

生：第一是"定主题"，第二是"画主干"，第三是"细化枝干"。

（教师相机板书）

师：因为微课一下子就播完了，有些笔记部分同学还没记清楚，没关系，我们总结出了方法。现在就按照这个方法来给我们选择的话题画思维导图。拿出彩色笔，在研学对话位置，根据自己选定的内容画思维导图。

（生兴致勃勃，提笔画画；师边巡视，边指导，用手机拍下学生作品，通过 eworld 快传到屏幕）

师：时间差不多了，请同学们根据自己的思维导图，小组交流，并推选出一位优秀的同学上台展示。

（师边巡视，边指导简评个别学生作品）

师：好的，准备好的小组代表请站到讲台上。我挑选其中最好的几幅来给大家分享。其他同学认真看看，给他们评价。

生：我选择的主题是"慈母情深"，我一直不理解妈妈，也不理解"慈母情深"这个词，我是从一篇课文里面学到的。妈妈经常打骂我，数落我。有一次我考不好，妈妈就骂我，我觉得这是一个坏妈妈，我很生气。接着有一次我生病了，我看见妈妈特别担心，急着带我去医院，一直陪在我身边照顾，后来我明白妈妈是很爱我的。

师：你问问同学有什么其他建议？

生：请问大家有什么建议？

生：我认为"慈母情深"这个题目是很好的，但是感谢母亲的道理怎么没讲到？

生：悟懂道理和感谢母亲是一起写的。请问还有同学有建议吗？

师：好的，谢谢你，思路很清晰。下一位同学，请你说说。

生：我的主题是"爱攀比的父亲和无法攀比的父爱"，父亲拿我跟其他同学攀比，但是没有给我鼓励，虽然我拿了很多奖，但是没有鼓励我。我很不理解。后来有一次下大雨，爸爸迟到没来接我，我就拿我的父亲跟别的爸爸攀比，为什么别人爸爸那么早就过来接孩子，而我的爸爸迟到。最后我理解了，我感觉到了父爱的伟大。

师：你是从哪些事情发现的？

生：我是从这些地方发现的，第一件事我知道他是为了让我更好地提高才这样严格要求我。第二件事是，他迟到不是因为他不想来接我，而是因为路上太赶了。他还没带雨伞，这一点我也很生气，后来才知道是因为他太匆忙了。学校地板比较湿滑，父亲因为跑着过来接我，还摔了一跤。

师：你心疼吗？

生：心疼。

师：谁评价一下？

生：我觉得"攀比"是一个贬义词，能不能换一个词？

……

师：你的题目重复使用了同一个词，能不能再调整一下？你可以再思考思考。

生：好的。

生：我的主题是"母爱如海"。一开始我非常不理解母亲，为什么她总是在我面前夸别人，却从来不鼓励我。我觉得自己很渺小。直到有一次我半夜发高烧，我母亲很瘦小，她独自带我去医院。那时我迷迷糊糊，想象不到我母亲是怎么带我去医院的。

师：你这样的体型，你的母亲是很瘦小的吗？

其他生：她妈妈很瘦小的！我们见过。

生：第二天起床的时候我看到母亲双眼布满血丝，我才知道母亲这么累，我特别感动。还有一件事是我学骑自行车，我心想"不学了，算了吧，放弃吧"，母亲过来鼓励我。那时候我很惊讶，自从上一件事之后母亲就变得非常关心我。后来我知道其实母爱很伟大，就像大海一样无止境，总是能包容我。

师：你说得真好，大家给点掌声。你是个很乖的孩子，听说你还经常给家里做饭。了不起。我相信这些同学的思路都是非常清晰的，能出来展示的都很了不起，给他们一点掌声。请回去！我们的思路清晰了，如果能加上一些细节的描写就更好了。我们回顾一下，这个单元里，有很多关于细节描写的方法。（播放微课《细节描写的方法》）

（生边看屏幕，边动笔记录）

师：好，《细节描写》给我们提了四个小诀窍，我们在预习的时候读过朱自清的《背影》，他用了什么小诀窍？

生：我找到了三个句子，我想说其中一个，"他用两手攀在上面，两脚再向上缩"，我的批注是，用了动作描写，把父亲的艰难写得传神，使读者感受到心酸。

师：这里用的是哪个小诀窍？

生：细化动作，延长过程。

师：是的，其实我们也可以将这些小诀窍用在我们的习作上。现在请同学们翻开最后的习作，我们确定思路了，再用上细节描写能使文章更精彩。请同学们动笔写一写吧。

（边巡视边指导个别学生）

师：布置作业，请完成本节课习作，下节课评讲修改。

二、教学反思

我的《父母之爱》作文指导课，能够根据《语文课程标准》，结合具体的教学内容，突出以学生为本的思想，使学生的主体性地位得到很好的发挥，同时体现了思维的广度和深度，是新课改下一堂有意义、有效率、有生成性、常态下真实的优质课。

（一）合理开发课程资源，科学设计教学

写作是生活的需要，是有话要说，有情要抒，有事要叙。作文者，即生活之反映，为生活而作，因生活需要而作，内容为生活，形式为生活，终极目的为生活。离开了生活便没有了作文。《义务教育语文课程标准》在习作目标中指出："养成留心观察周围事物的习惯，有意识地丰富自己的见闻，珍视个人的独特感受，积累习作素材。"其目的在于让学生以多姿多彩的生活为素材，创作出富有生活气息的习作。学生怕写作文，总感到写不好，尽管大部分学生习作句子完整、通顺，文辞优美，但在写作内容上稍欠具体，感情表达略欠真实。针对这些情况，我在教学中引导学生打开思路，选好写的内容，让学生能够在习作中做到真实具体、言之有物。

在教学过程中，我通过微课手段将课本的抽象知识变得形象，是本节课最为创新的地方。鲜明的色彩，直观的形象，立体的动画将学生的兴趣引起。学生在绘声绘色的微课展示中，通过真实生动的教学情境，身临其境。思维导图不仅能提高学习能力和记忆力，清晰的思维方式也会改善人的诸多行为，并能成倍提高学习速度和效率，更快地学习新知识与复习整合旧知识，还能激发学生的联想与创意，将各种零散的智慧、资源等融会贯通成为一个系统。所以在这个环节设计了用思维导图来建立文章架构，激起孩子的联想，融会成一个体系。本节课引用了两个微课，一个是思维导图的微课，突破重难点，让习作教学更加简约。教学重难点的突破是教学的重要抓手。针对这节课的重点，我制作了思维导图列提纲

的微课演示，帮助学生理解。这样可以拓展学生的思维、强化理解效果，能较好地帮助学生突破学习重难点。另一个是关于细节描写方法的回顾性微课，有利于巩固本单元的知识。外貌描写、语言描写、动作描写、心理描写等细节描写是本单元的学习重点。在这节课中，运用微课这种教学形式再加以回顾，让学生尝试借助细节描写，将文章写得更具体，表达出真情实感。

（二）课堂对话动情，尊重教学生成

我首先从激发学生的写作兴趣入手，教师用富有感染力的语言，借助动情的音乐、父母关爱孩子的照片，创设出一种情境，唤起学生心底那柔软的情感，感受父母对自己的那份深情，使学生明白生活中的小事都蕴含着深厚的爱，继而激起孩子们表达与写作的热望然后指导学生进行说的训练，在说的基础上再指导学生进行写的训练。同时让学生知道加进人物的语言、神态、动作描写后，会使文章更具体、形象，其目的是让学生在叙事的时候不要平铺直叙，要将学过的描写方法加进去，文章才会生动，富有感染力，才能表达出真情实感。

教师好的评价不仅可以激励学生，还能引领学生、提升学生。作文，重要的是语言，所以我的评价尤其注重对学生语言的提升。比如本堂课，我十分注重对学生的语言进行及时肯定的评价。这不仅激发了学生的兴趣，使课堂更加活跃，而且还根据学生的个性，给予中肯的评价，让学生得到成长和启发。在这样的课堂中，我们能够听到生命拔节的声音，能够看到生命成长的画面，是真正高效的课堂。同时，通过师生点评、生生点评，紧扣教学目标和内容，让学生将学到的知识和方法在习作中得到落实，让学生的习作内容更加具体、真实。

同时，这次作文指导课之所以能如此成功，还得益于教师成功地结合了口语交际。我这堂课融口语交际、习作为一体，激发了学生的写作兴趣，开拓了思路。说和写相互配合、渗透。我们知道，说话是从内部语言到书面语言的桥梁。加强学生口头语言的训练，是保证由句、段过渡乃至完成作文这一教学任务的需要。口头语言倾泻于笔端，便是生动的文章。我的这节课无不体现着"从说到写"的科学规律。

（三）高效务实的教学风格

本节课秉承了我一贯的教学风格"简约语文，丰盈课堂"。此次的习作教学总体很成功，我在上课前的准备工作充足，在课堂上能够利用多种教学手段激发学生的学习乐趣，让学生能写出自己的真情实感，也学会运用语言、神态、动作等人物描写方法将事情写具体、写生动。

学生的习作内容是否具体、生动、有文采、有个性，取决于教师点拨的技巧与艺术。在这堂自由写话课上，教师始终注意学生说话和写话的评价，而且评价方式多元，学生与学生互评、教师点评以及师生互评。在评点中，再次让学生揣摩写法，感悟本次习作的要领，体验成功的乐趣，教学效果令人满意。在课中，我们看到的多是我的真诚倾听，听到的多是老师的热情鼓励。教师的尊重促使学生拓展思路，开拓想象，真正还学生"真本性"。我在每次学生交流之前，总不忘交代学生认真听，想想"你觉得哪个词语怎么样？可以换其他词吗？"我们可以看到，课中，学生始终在专心地聆听同学的说话，始终用欣赏的眼光看待同学的发言。学生与学生之间在相互启发，相互补充，相互碰撞的过程中获得共同提高。

自主 质朴 尚行 融达

广州市八一希望学校　林华娜（小学语文）

第一部分　导读语

广东茶文化源远流长，影响深远。"英红九号"享誉海内外，"凤凰单枞"是国家地理标志产品。潮州是功夫茶的故乡，花城居民热衷"饮早茶"。这片茶香氤氲的热土培养了我，茶文化对我产生了深刻的影响。我耳濡目染，学会泡茶、品茶，还从中得到启示：老师和学生，就像茶壶和茶叶，语文教学则如茶艺，整合各种资源，追求炉火纯青，享受优美意境。

茶叶在茶壶温馨的怀抱中唤醒茶性，舒展身姿，释出营养；学生在我的悉心引导和帮助下树立自信，主动历练，做学习的小主人。是为"自主"。

茶叶保留真味，坚守本质，升华品性；学生彰显个性，亮出真我，与自己、他人、环境对话，成长为最好的自己。是为"质朴"。

茶叶与水共舞，把握良机，寻找出口；学生脚踏实地，力学笃行，夯实生命的根基。是为"尚行"。

茶叶融合优化，茶汤色味双美，沁人心脾；学生立足课堂，亲近自然，拥抱生活，联系古今，放眼远方，健康成长。是为"融达"。

我经年历炼，孜孜以求，沉淀夯实，逐步凝练出"自主、质朴、尚行、融达"的粤派教学风格。我努力前行，就是为了赶赴与学生的一场场美好"遇见"，陪伴他们砥砺奋进。

我，林华娜，中小学一级教师，广州市八一希望学校班主任兼中队辅导员，承担语文、品德与社会等学科的教学任务。曾被评为越秀区优秀班主任、少先队优秀辅导员，广州市优秀教师、优秀班主任，受到区人民政府嘉奖。参与或主持多项课题研究，多篇论文、案例、教学设计获奖或发表。2018 年，课例被评为"一师一优课，一课一名师"广东省优课。指导学生在《岭南少年报》《现代中小学生报》等刊物发表多篇习作。

第二部分 名师成长档案

一、勤奋求"经"未识"真经"

大学毕业，我踌躇满志，豪情万丈，走上了三尺讲台。很快，我发现在大学储备的教育教学知识和实际工作有相当的差距，远远不能满足实际的需要。我开始努力钻研、虚心求教、勤奋学习，忙碌其中不知疲倦。正当我有了些许进步而稍感满足的时候，一群二年级家长投诉了我，理由是：他们孩子自小习惯使用粤语，而我上课讲普通话，孩子有时听不懂。要求我用粤语上课，或者先讲普通话，再翻译成粤语。当时，我无法满足这个要求，一是当时我不会讲粤语，二是我认为课堂使用普通话教学是国策，家长的要求"不合理"。后来在领导的支持下，事情总算过去了。这件事引起了我的反思和警醒：

（一）恪守原则底线，学习融会贯通，努力达成目标

战略当坚持，战术可灵活。因材施教，不仅针对学生，还要面向家长甚至其他社会人员。老师无法选择学生及其家长，应该做的就是角色置换，学习和不同类型的家长交流，争取他们的信任和支持。

（二）技多不压身，遇惑探究竟，"口"上得来终觉浅，绝知此事要躬行

适当的解释是必要的，更重要的是用实际行动证明自己。要超越学科，博学多思，积累各种知识。

接下来，我努力学习粤语，不久以后就能用粤语和家长沟通。家长会上，满头银发的学生祖辈说"听唔明"，或者估计他们可能听不明白时，我就会在普通话后补上粤语翻译出来。虽然粤语讲得不够标准，但是对方听得懂，交流没有问题。我开始有意识地了解广府文化，关注学生的交流话题，学习一些健康知识，以备不时之需。

那段时间，我大量听课。曾经，我听了名师的课，摩拳擦掌，在自己的课堂上"依样画葫芦"，结果却往往"画虎不成反类犬"。经过分析我才明白，原来我

学了名师课的"形",却未把握其"神"。另外,我发现,当我潜心学习某些专家,自以为"学有所成"时,我的课堂并不为另外一些专家青睐。当时我疑惑了,原本我以为的教学"真经",究竟是不是"真经"呢?

二、与书为伴反思总结

"书犹药也,善读之可以医愚。"为人师表,读书不仅是爱好,更是责任。小学阶段,培养专注的阅读习惯非常重要,小学语文在这方面责无旁贷。苏霍姆林斯基说,只有当教师的知识视野比学校大纲宽得无可比拟的时候,教师才能成为教育过程的真正能手、艺术家和诗人。如何开阔知识视野?与书为伴,读书学习,反思总结是重要的途径。我喜欢读书,倒没有达到"一日无书,百事荒芜"的痴迷境界,只是觉得"清风、草木、茶韵、书香"是一种非常美好的意境,沉醉其间,物我两忘,人生一大乐事。读专著,读"闲书",读报刊,各得其所。后来,为了完成工作任务,我有目的地读了一些专业方面的内容。觉得有价值的内容,我会反复看、用心记,必要的时候摘抄、复印,现在是拍照保留。适当的时机,还会和别人分享。2016年,我在《小学语文》上看到一篇文章,题目是《从"学过"到"学会"——让学生在阅读教学中经历语言学习的过程》。文章讲了四个方面:以读为本,变"问懂"为"读懂";渗透学法,变"教过"为"教会";随文书写,变"体会"为"练会";尝试迁移,变"举一"为"反三"。全文通俗易懂,针砭时弊,引发共鸣。我认为,"学过"与"学会"之间横亘着"理念差异",后者的"读懂""练会""举一反三"是以学生为主体的自主学习,学生经历语言学习的过程,在实践中感悟反思总结提升,这才是语文教学的本真。我把这篇文章印给本单位的语文教师们,在科组教研的时候进行分享,取得了预期的效果。与此同时,我时不时会写点文字:写反思,写案例,写论文,写总结等。发表第一篇教学类文章《发挥想象,巧记生字》是在工作的第三年,发表在全国中文核心期刊《小学语文教师》。后来,《反思小学语文课堂三种不良评价》《从"一曝十寒"到"风雨无阻"》《〈新型玻璃〉教学例谈》《学生合作巩固生字词的研究》《提高小练笔的育人成效》陆续发表。我想,喜欢读书是我从学习型教师努力向研究型教师转变的一个推动力。

随着时间的推移,相当一部分的时间和精力淹没在零碎杂务里,读书方面就有所放松了。2018年,我买了一本书,名为《习惯的力量》,看了部分内容,进展缓慢,有停歇的趋势。正好我们小组去深圳跟岗,导师宋鹏君校长给我们的推荐书目里赫然印着《习惯的力量》。经过对照,就是我买的那本,该书在我心目中的分量骤然加重。回来后,我挤时间断断续续终于把它看完了。习惯的力量!我们每天的活动中有超过40%是习惯的产物,只要掌握"习惯回路",学习观察暗示与奖赏,找到能获得成就感的正确的惯常行为,就能改变根深蒂固的习惯。学会利用"习惯的力量",有些棘手的教育教学问题就有突破口了。小学阶段是儿童形成良好习惯的关键期,如果学生自觉阅读成为习惯,如果学生主动学习成为习惯,是不是一件非常美妙的事情呢!

三、沉淀开拓仰望北斗

北斗七星是指示方向的重要标志,我国研制的北斗卫星导航系统服务全球、造福人类。"北斗"保障,目标明确,方向清楚,事半功倍。

有一次听讲座,了解到这样一件事:台湾著名演说家、企业家张锦贵教授童年生活极其困难。八岁时他第一次煮饭,把饭烧糊了,被妈妈狠狠打了一顿。他哭着怪妈妈没有教他怎样煮饭,妈妈说:"我没有教你喝水,你怎么会喝?我没有教你偷糖果,你怎么会偷?"对呀,许多小朋友不也是这样吗?2006年至2008年,我参加广东省基础教育系统"百千万人才工程"区级名教师培养对象高级研修班进行学习,聆听专家讲座,到省一级学校观摩学习,还到省外学校参观交流。广东省教育科学研究所所长郭思乐教授是研修班的指导专家,他强调说:"人的生命蕴藏着学习的本能""儿童是天生的学习者""教学的本质是学"。学习既是儿童的本能,也是儿童的需要。有需要就有兴趣,而兴趣催生学习知识的内在动力。教育界历来重视"培养学生的学习兴趣",实际上就是要把这种学习的本能和需要引导、激发出来,利用学生无限的学习潜能去推动自身的发展,提高生命的素质。要鼓励学生大量、自主阅读,形成独特的语文能力。"行是知之始",语文课堂要让学生动起来,运用灵活多样的学习方式,多种感官参与活动,才能感悟文本以及文本以外更深广的知识,让语文学习表现出精彩来。生本,以生为本,一切为了学生的发展!后来,我坚定了一个标准:对教育教学形式方法策略手段的选择和判断,就看其是否有利于学生的学习与发展。是,则优,则用;否,则劣,则弃。

2017年4月,我参加广东第二师范学院承担的广州市基础教育系统新一轮"百千万人才培养工程"第三批小学名教师培养项目的学习。依托这个平台,专家们高屋建瓴,循循善诱;北京、杭州等地的教育也提供了思考、借鉴的资源;学习伙伴们互相帮助,互相鼓励,携手共进。接近两年的学习,让我开阔视野,理清思路,坚定理念;回顾过去,反思当下,放眼未来;去粗存精,去伪存真,勇于尝试。2018年11月,项目组学员到惠州示范带学,我执教一节研讨课,做了一个专题讲座,得到交流学校的好评。《惠州日报》在专题报道《带学能手作表率,示范交流共提升》中这样写:"……名师林华娜、梁思伟分别作了语文《遵循学习规律,培育高效课堂》、综合实践《深化课型研究,践行综合实践活动》的专题讲座。林华娜围绕如何提高学生语言表达能力,结合自身教学案例、先进的教育理念深入浅出地阐明了语文教学要关注学生个体差异,遵循学习规律。"这是我从教以来的"第一次"。

我想,我已经找到自己教育教学工作的"北斗卫星导航系统"了。只要遵循它指引的方向,牢记初心,砥砺奋进,必能闻一知十,因势利导,开花结果,为教育事业尽绵薄之力。

第三部分 学科教育观

我的教学风格解读

戊戌年凝练教学风格有感
二十年来痴探求,童龀成材是根由。
自主学习循善诱,质朴课堂争上游。
崇尚品行夯基础,倡导实践广厦就。
融合通达得真意,桃李争艳竞风流。

在修改本文的过程中,我回顾自己的教育教学经历,写下上面这些文字。自主、质朴、尚行、融达,是我对语文教学的一贯追求,也是我对自己教学风格的概括。

自主 学生自己做主,主动学习,主动经历,主动成长,做学习的小主人。《义务教育语文课程标准(2011版)》要求"积极倡导自主、合作、探究的学习方式""教学内容的确定,教学方法的选择,评价方式的设计,都应有助于这种学习方式的形成"。学生若茶叶,我则如茶壶。茶壶,不论材料有多珍贵,器型有多优美,颜色有多诱人,其根本身份都是一把"茶壶"——为茶叶大展拳脚,展示本色提供条件和可能,见证茶叶转变形态,芬芳弥漫,服务大众。"一器成名只为茗,悦来客满是茶香。"茶叶在茶壶温馨的怀抱中唤醒茶性,舒展身姿,释出营养。我如茶壶般敞开胸怀,尽我所能,涵养助益,引导学生树立自信,主动历练,做学习的小主人。不论有多少光环,我的根本身份都是"老师",是为学生"传道授业解惑"的人,帮助学生激扬生命,成为有用之才,实现自身价值。在课堂上,学生能够通过努力掌握的,我绝不越俎代庖、拔苗助长;确实有难度的,我提出建议,点拨示范,鼓励学生尝试解决问题。给予了学生充分的自主学习和合作交流的时间和空间,学生的主体性得到了较好体现。例如教授《各具特色的民居》,我设计导学表,给予学生充分的时间自学课文,提炼信息,总结方法。安排小组讨论,请学生主持集体汇报,学生合作完成板书。我只是在学生遇到困难的时候相机点拨。学生的内在动力被充分激活,成为课堂学习的真正主人。

质朴 是一种本真状态,天真自然,简约朴实,专注课堂,心无旁念。茶壶看似简洁却韵味无穷,它竭尽所能涵养壶里的茶叶,助其舒展身姿,保留真味,释出营养,升华品性。我也一样,全心全意培育祖国的花朵,遵循教育教学规律,把握语文教学的本质,简简单单教语文,让学生欢欢喜喜学知识,扎扎实实打基础。大道至简,拒绝浮华;以生为本,以学定教。早在十年前,著名特级教师支玉恒老师就针对语文课堂运用多种手段极力追求奢华、轰动、"精彩"、"艺术"的课堂效应的现象,呼唤"洗尽语文课堂上的浮华""实实在在、本本分分、干干净净地去上课"(《名师怎样观察课堂(小学语文卷)》华东师范大学出版社2009年版)。我深以为然。语文课着力于培养学生的语言文字运用能力,大量的时间和空间是留给学生进行语言文字学习和实践的,媒体网络等方法手段的选择应符合语文特征,以简约高效为准,杜绝老师表演,杜绝技术炫耀,杜绝虚伪造作。有一次离穗北上观课,其中有一节《成吉思汗和鹰》,作课老师声貌俱佳,导语精彩,课件精美,环节紧凑,课堂热闹。可我对它的评价却不高。无他,语文课堂的铁律在"学","学"若不足,什么都是浮云。

尚行　崇尚品行,崇尚笃行。第一,崇尚品行。品行决定生命的走向,推崇高尚的道德品质和良好的行为表现,应当贯穿教育的始终。语文课程的基本特点是工具性与人文性的统一,"吸收古今中外优秀文化,提高思想文化修养,促进自身精神成长"[《义务教育语文课程标准(2011年版)》]是它承担的一个重要任务。第二,崇尚笃行。推崇实践,坚持不懈,知行合一。"实践是检验真理的唯一标准。"老师有了理念就尽快行动,探索,实施,检验,改进。"行是知之始",学生通过语言实践,经历学习活动过程,在"做"中获取和强化知识,在"做"中检验对错感悟良莠,在"做"中习得技能提高本领。语文课整合资源,任务驱动,精讲多练,文化熏陶,都是我努力追求实现的。不久前,我和学生分享"有道无术,术尚可求;有术无道,止于术也",鼓励学生正确看待事物,培养高尚的品德,用实际行动展示自己的风采,抵制别人的错误言行,取得预期的效果。

融达　融合通达。茶壶适茶性广,几乎适合泡中国六大茶类的茶叶(红茶、绿茶、乌龙茶、黄茶、黑茶、白茶)。长久使用的紫砂茶壶,内壁会挂上一层棕红色茶锈,使用时间越长,积在内壁上的茶锈越多,冲泡茶叶后茶汤就更醇郁芳馨。老师和茶壶一样,不论分配到怎样的班级,都必须全力以赴,教书育人。优秀的语文教师就像长久使用的紫砂茶壶,无论面对怎样的学生,都能够敞开胸怀,尽其所能,涵养助益。我推崇大语文观,构建开放的课堂,沟通课内和课外,联系不同的学科,融合思维训练,注重培养高阶思维,努力引导学生通过学习而得趣,得意,得言,得法,得能,培养学生的语言文字运用能力和文化选择能力。倡导学生立足课堂,亲近自然,拥抱生活,联系古今,关注中外,放眼未来,鼓励他们勇敢地与文本对话,与自己对话,与他人对话,与环境对话,成长为最好的自己,为学生形成正确的世界观、人生观、价值观,形成良好个性和健全人格打下基础，为学生的全面发展和终身发展打下基础。有一次分析语文阅读题目，我随口举例说明"先概括后具体"的写法："例如，林老师特别喜欢小何（一个腼腆的女孩，但成绩欠佳），因为她有很多优点。她有礼貌，爱学习，自觉做值日。不久前我们学习诗歌，她写的诗很有意思，林老师还把她的诗发在我们的QQ群上分享。前面讲'她有很多优点'就是概括写的，后面的内容就是具体写的。"那段时间，我发现小何双目炯炯有神，嘴角漾着发自内心的微笑，作业写得特别认真。我也偷着乐：无心插柳效益大，信手拈来的例子推动了一个幼小灵魂的提升。

我的教学主张

茶壶，不管器型大小身价高低，终极身份都是"茶壶"，泡茶是它最主要的职责。教师不管身兼多少角色，终极身份都是教师，教书育人是其第一要务。2018年11月，教育部长陈宝生重申，教师不管名气多大、荣誉多高，老师是第一身份，教书是第一工作，上课是第一责任。我喜欢学生叫我"林老师"——在我心底里，"林老师"三个字是神圣的，有希望，有责任，有温度，有情义。作为一位语文老师，我的教学主张包括下面几个方面：

一、立德树人"爱国"当先，传承中华优秀文化语文教学责无旁贷

教育的首要问题是"培养什么人"和"为谁培养人"。我认为，立德树人要从继承和弘扬中华民族优秀文化开始，我们的学生血液里应当淌佯着中华优秀文化的细胞。文化是一个民族的灵魂，增强民族的归属感、认同感和尊严感，决定了民族的性格。泱泱中华，悠悠文明，虽然屡遭劫难，却都能浴火重生，屹立不倒，就是因为中华民族的优秀文化铸就了她顶天立地的脊梁，强大的精神力量让她越挫越勇，遇强自强。今天，中华优秀传统文化所蕴含的思想观念、人文精神、道德规范等，依然滋养着我们的精神世界。学生深入学习中华民族优秀文化，才能够产生文化认同感和归属感，夯实激扬生命的根基，自觉继承和弘扬中华民族优秀文化。热爱中华民族的优秀文化，热爱脚下的每一寸土地，进而热爱无私哺育自己的伟大的"国"。爱国，是调节个人与祖国关系的行为准则。在"世界大同"的美好愿景实现之前，必须牢记"我为祖国育英才"的使命，在教育教学中厚植爱国主义情怀。《义务教育语文课程标准》明确提出，"语文课程对继承和弘扬中华民族优秀文化传统和革命传统，增强民族文化认同感，增强民族凝聚力和创造力，具有不可替代的优势。"承担这样的任务，语文教学责无旁贷；每一个语文教师，不管教学风格如何，都义不容辞。我的教学风格中的"尚行"，崇尚品行，推崇高尚的道德品质和良好的行为表现，爱国当居首位；"融达"，融合通达，帮助学生养成正确的世界观、人生观、价值观，家国情怀、民族文化是其底色。

二、学生是课堂真正的主人，语文教学必须保持语文本色

儿童是天生的学习者，教学的本质是学，学生才是课堂真正的主人。感悟只能由学生自己获得，别人无法代替其精神生命的拓展。语文教学坚持一切为了学生，高度尊重学生，全面依靠学生。提供时间和空间创造条件让学生大量进行语言文字活动，更多地自主阅读，自主写话、习作。唯有自主，才可能形成学生自己的个性语文，学生才能说出和写出许许多多的灵动、饱满、张力十足的个性话语。要充分发挥学生的主体作用，采用自主探究、合作交流等学习方式，让学生积极参与到学习中，构建积极、愉悦的课堂。苏霍姆林斯基说，在学生的脑力劳动中，摆在第一位的并不是背书，不是记住别人的思想，而是让学生本人进行思考，也就是说，进行生动的创造，借助词去认识周围世界的事物和现象，并且与此联系地认识词本身极其细腻的感情色彩（《给教师的建议》）。我一直致力建设"小主人"课堂，倡导学生自主学习。当"自主"形成习惯，也许就是他们将来的人生姿态。坚持不懈地践行，凝练成我"自主"的教学风格。

大道至简，质朴成就语文课堂的精彩。语文教学就是要把握语文教学的本质，教学目标明晰，抓住关键，整合创新，自然朴实，杜绝浮华，干净利落。坚持简简单单教语文，学生通过语言实践，经历学习活动过程，在"做"中获取和强化知识，在"做"中检验对错感悟良莠，在"做"中习得技能提高本领，欢欢喜喜学知识，扎扎实实打基础，让语文课扎实而高效。课程改革后，各种理念、模式纷纷进入语文课堂，使它时不时会出现"华而不实"的弊病，危害学生的健康发展，如过度使用媒体，喧宾夺主，用科技手段代替学生的个性化学习过程。语文课人文泛滥化，把语文课教成情感熏陶课、生命教育课、品德与社会课。教学环节繁琐，贪多务得，营养过剩。还有的语文课成了老师的才艺展示课，学生成了观众。要警惕这样的现象，勿忘初心，保持语文教学的真本色。一直以来，朴素的我持之以恒地追求"质朴"的语文教学，培育真实自然且高效的语文课堂。

三、语文是激扬生命的纽带，语言积累是小学语文教学的基本任务

教育的本质是培养一种"生命自觉"，尤其要关注学生的主动投入与过程中的自我教育能力的提升。语文学科的核心素养由语言的建构、文化的理解、思维的发展和审美的鉴赏组成，具有基础性与发展性，语文课要改变学生被动学习的状态，创造师生、生生多向互动和实现动态生成的可能。我们推崇大语文观，构建开放的课堂，沟通课内和课外，联系不同的学科，融合思维训练，努力培养高阶思维，推动学生全面发展。我将这些概括为"融达"，融合通达，激扬生命。语文课堂上要让学生行动起来，运用灵活多样的学习方式，多种感官参与其中，才能感悟文本以及文本以外更深广的知识，让语文学习精彩纷呈。

2018年11月，异地教学《金色的脚印》。在读词语的时候，有一个女生站起

来看着屏幕不出声。旁边有一位学生告诉我："老师，她平时都是这样，不出声的。"我说："没关系，我用心来听！"边说边走到那位女生身边，左手搂着她的肩膀，说："来，读哪一个？"她依然沉默。我请前一排的一个同学读该女生要读的词语。随后，又搂着这位女生，头贴着她的头，说："好，你读一遍。"她的嘴唇动了动，依然没有声音传出来。我说："她是用心在读！我们掌声送给她！"学生鼓掌。第二天，我才从班主任那里得知，这个女生有自闭症。对于这样的特殊学生，我初次见面了解不深，不能贸然进行干预或者矫正。但我注意保护她，走到身旁搂着她，头贴着她的头，做倾听状，缓解她的孤独和紧张，同时也以身作则引导其他学生以后要怎样关心这位女同学。我还"偷换概念"，说"她是用心在读"，请同学们给予掌声支持，化解她的尴尬，也给她鼓励，希望激发她的斗志，以后大胆争取进步。

小学生处于语言发展的关键期。语文学习，一靠积累，二靠实践。吴忠豪教授说，积累语言是语文学习的基础；处于语言发展关键期，语言积累和实践比语文知识与方法的学习更加重要，更加有效。"巧妇难为无米之炊"，量变将会引起质变。"熟读唐诗三百首，不会作诗也会吟。"所以，大量的语言积累是小学语文教学的基本任务。

我的教学风格中"尚行"的另一层含义是崇尚笃行，扎扎实实积累语言就是"尚行"的一种表现。我一向注重学生的语言积累。除了课堂学习外，我还组织学生筹集图书，充实班级"图书角"，并定期更换图书。向学生推荐《中国人阅读书目（二）：中国小学生基础阅读书目·导赏手册》等，提供权威阅读书单，发布"南国书香节"等信息，组织学生参加省、市、区的各种读书活动，鼓励学生多读书，读好书。

因势利导灵活积累，换种方式更加精彩。例如，在生字词的学习与巩固上，我曾用这样的形式：（1）"六年一班词语大会"：模仿央视的"成语大会"，按一定的规则，在做好充分准备的前提下，学生分组进行猜词比赛，奖励优胜组；（2）"六年一班词语听写大会"：在规定的范围内，学生分组进行准备，然后按一定的规则选出代表，选词听写，奖励优胜组；（3）"出张卷子考考人"：内容包括复习日积月累、要求背诵的课文，积累古诗词，找形近字等。围绕同一内容，学生当上小老师，出卷考别人。这样的形式让学生在出题、做题、批改过程中反复复习、整合已经学习的知识，达到自觉巩固的效果。

他人眼中的我

林老师是一位勤恳踏实、爱岗敬业，深得领导肯定，深得同事敬佩和深受学生爱戴的好老师。她负责学校部分行政工作，同时担任一个班的班主任，承担语文、品德与社会等的教学任务。虽然任务繁重，但她始终坚持积极且严谨、务实且高效的去面对工作,为学校的发展尽自己最大的努力,主动真诚地帮助年轻教师,以博大的胸怀、深厚的文化底蕴、积极乐观的人生态度教育和影响着每一位学生。针对实际情况开展课题研究,以学生为本,以教育为媒,切切实实开展研究,实实在在进行总结,灵活务实地运用和提高。硕果累累,桃李芬芳,爱生敬业,勇于担当,团结同事,携手共创。这就是我眼中的林老师。

——广州市八一希望学校老师 孙咏贤

我女儿说起学校情况的时候,经常会情不自禁地夸奖你,她是你的"拥趸",我也是你的"拥趸"。我不但欣赏你的才干,同时我也非常欣赏你对工作的认真,对事业的追求态度。……平时对这班"仔"的各个方面,无论是学习、生活都考虑得很细致,做得非常周到。你不但使这班"仔"学习不断进步,同时你的敬业精神,也将深深影响着他们今后的学习和成长过程。

——摘自毕业学生罗盈家长的来信

思悦也在奋斗和忙碌中,年前通过了雅思考试,下半年准备申请去欧洲的交换生项目。都是要感谢当年林老师的教导,她才会一路向前,向着自己的目标努力,感恩有你。得遇名师引路,是她的福气和我们全家的荣幸。

——摘自毕业学生黄思悦家长的信息

特别感谢林老师一个学期来对乐尔无私的关心和教导!您勤勉负责地在一言一行中引导孩子,让她感受到老师的厚爱,增强了自信。我们非常惊喜!林老师的悉心陪伴,对乐尔来说是一段难忘的岁月!一段美好的光阴!对林老师来说是耕耘不息,付出不止!对乐尔来说是心灵的滋润,精神的向导!

——摘自学生张乐尔家长来信

升上毕业班,我接触到了认真负责的班主任——林华娜老师。林老师刚刚接手我们班,就立刻到同学们家里进行家访,了解各位同学的情况,因材施教。除了这种认真负责的工作态度,她的教学水平也是数一数二的。对每一个知识点都进行详细的讲解,直到我们全部弄懂为止。而且,林老师还很注重对我们进行品格的培养。记得在上学期的一次数学测验中……以此来鼓励我不要在小事上斤斤计较,要把眼界放得宽一些。林老师真是我生命中不可多得的一位良师。

——摘自2010年9月10日《现代中小学生报》广州市第二中学初中一年级七班黄思悦登文《别了,我小学的老师们》

谢谢您的谆谆教导。在这两个学期中,您教会了我许多东西,包括一些做人的道理。如果没有您，我的名字根本不会出现在《现代中小学生报》和《校报》上。我在六年级的成绩比五年级时更好。任何时候看见您那迷人而又灿烂的笑容，我们就更加有动力了。当我们失意时，您鼓励我们；我们成功时，您与我们分享成功的喜悦，要我们不要骄傲，应当不断努力。我衷心地感谢您！

——摘自毕业学生麦家琦的来信

您还记得我吗？……您教了我们一年的时间，我觉得您好像我另一位母亲，这样用心去教我们，让我们学到更多的知识。您曾经说过的每一句话，我都深深地记着。……您不仅是一位好老师，更是一位好朋友，谢谢您为我们所做的一切。我们喜欢您做我们的老师……明天是教师节，祝您教师节快乐！我不是您最出色的学生，而您却对我最好，也是我最崇敬的老师。在您的节日里，您的学生愿您永远年轻！

——摘自毕业学生吴颖琦的来信

就快毕业了，我有许许多多的话想对您说。林老师，您是我见过最好的老师了！平时，您虽然批评我，可是，您的批评对我是有好处的。您的批评不但带有鼓励我的意思，还让我知道了自己的错误。从这一点，就知道您是个好老师！

——摘自学生肖润笙的来信

第四部分　　育人故事

慢慢来，回常态

新接了四年级的班级。开学第一天，孩子们按从低到高的顺序在课室门口走廊集队，准备去东校区参加开学典礼。队伍前面，"鹤立鸡群"的情况出现了——有一个黝黑圆脸的男孩赫然站在队伍的最前面，在白净的小个子同学的衬托下显得特别扎眼。

"你为什么站在这个位置？"我问。

"小黑圆脸"笑笑。没等他说话，同学们就争先恐后地汇报情况了："老师安排的！""他不是排在最前面，就是排在最后面，不能排在中间！""因为他老违反纪律！""一直都这样！"……

"好了，那都是他过去的事了。"我转过来问"小黑圆脸"："你叫什么名字？""他叫×××！"同学们又抢着回答。哦，是他！小L。前任班主任跟我介绍过他。我对小L说："从今天开始，你已经是四年级的学生了。老师相信，经过前面三年的努力，你长大了，懂事了，能管好自己了。现在，请你按身高站到队伍里去。"

小L一进队伍，前面的同学马上往前挤，后面的同学立马往后缩。看这情形，真没有想象中那么简单啊。我问小L："你能不能保证，这次开会排队遵守纪律，不要故意去碰撞同学？""能。"声音低弱。我握住他的手："好！"

这一次，小L在活动过程中的确有不守规矩的表现，但也不是特别离谱。

我记得自己见过他。什么时候？慢慢的，小L这张小黑圆脸穿越时空，和我记忆中的另一张小黑圆脸重叠在一起。

那是三年前东校区一年级新生招生现场。我负责审核新生资料。"叫老师好！"家长反复提醒。"小黑圆脸"看了我一眼，摇头晃脑的，没有按家长的提醒跟我问好。他笑了笑，伸手拿我摆在桌上的回形针等物品，那样悠然随性，无拘无束。"不能拿老师的东西！""放下！听见没有！"家长伸手阻止他。左边拦住了，他的手很快从右边伸向桌上的物品。"没礼貌！"家长又说他。但是，这种"说"显然效果不佳。

看着家长带他离开的背影，我有些感触：家长知道要教育孩子讲礼貌，学会尊重他人，可惜没有落到实处或者说是家长没有意识到其中的利害关系而不了了之。其家庭教育之力薄可见一斑。以后要辛苦老师了！

三年过去了，我依然记得这张小黑圆脸。而他，果然很让老师费心。经过老师们的共同努力，他已经有比较大的进步了。可是，情况依然不大乐观。三年级下学期，他语文、数学成绩岌岌可危，英语成绩已经不合格。屡次违反纪律不改正，集队排在最前或最后，自己却习以为常。交班时，前任班主任特意介绍他的特殊情况。

四年级，上课易开小差，或者答非所问。欠交作业，改错拖拉，成绩依然糟糕。大错较少，小错不断。妈妈为他流了不少眼泪，却没有威信。求助于爸爸，爸爸对妈妈说：随他啦，读得懂就读，读不会以后做乞丐！妈妈来开家长会，第二天小L照样没交作业。据他所说，他做作业的时候，妈妈上夜班了，爸爸在看电视。偏离常态多年，看来他们已经接受现实了。

有的老师说，找小L的家长没什么作用，自己努力吧。是的，老师自己得努力。

接下来，我调查分析，尝试寻找对策对他进行干预，引导他回归常态。我认为，当务之急是要想办法"激活"他以及家长的斗志，恢复他们的自信心。突破口要小，鼓励的点也要小，只要他行动起来，哪怕迈出一小步，都要正面强化。鼓励小L勇敢地与书本对话，与自己对话，与他人对话，与环境对话，努力成长为更好的自己。当然，在这个过程中，要有"爱心"，更要有"耐心"：假以时日，春风化雨，温暖心灵，接受反复，期待成长。

我反复和他谈心，鼓励他克服困难，为自己争口气，尽可能按要求完成学习任务，减少欠交作业的次数。还让他参与同学午饭的管理，经常在他出乱子的时候帮助他解决问题，为的是给他提供与同学正常互动的机会，在互动中学习。协调相关任课老师，形成教育合力，若他有明显进步，就表扬奖励；若停滞或后退，就创造机会推动他前进。利用主题活动和团体辅导，引导班里的学生正确对待同学，接纳同学，帮助同学，让他在集体中逐渐找到归属感。反复和他的家长沟通，协调家校教育，一起分析情况，商量对策，分享孩子进步的喜悦，增强家长的信心，争取家长的支持。

教育不一定立竿见影，但聚沙成塔，集腋成裘。慢慢地，小L有了变化。有时上课还有开小差的情况，可是更容易接受提醒了。也会"答非所问"，但内容有些相关了，说明他在听课。抢着举手读词语，说些简单的句子，看得出他的积极性提高了。依然欠交一些作业，可是次数减少了。难度低的作业做得比以前认真了。终于交作文了，虽然篇幅短错误多，偏离中心甚至文不对题，但毕竟他愿意写点东西了。学期末考试，数学成绩终于合格了，虽然只有60分，可毕竟比上学期进步了。轮值拖地认真了。当初入学时，班主任老师去家访，听不明白他说什么。现在，他与别人的交流基本顺畅，老师同学能够听懂他的话。见到课室里有失物，会帮助寻找失主……

五年级下学期结束后，我在班级QQ群上和家长分享时写道："有一位同学，他的成绩记录是这样的：63（四上）—61（四下）—60.5（五上）—73.5（五下）。这一次的题目比过去的难，他的成绩却提高了。这和他自身的努力是分不开的。那天的监考老师向我表扬这位同学，说他在考试过程中一直在认真答卷。不管起点高低，只要'想学好''认真''努力'，老师就欣赏，就点赞！"后来，他的妈妈给我发了这样的短信："林老师，您好，本来今天想留下来跟你说说××的事情，后来有点事情先走了，在这里我要谢谢您一直以来对××的关心，同时我也借着暑假来帮他继续努力！你在QQ群发的信息我真没想到是××，这让我很意外也惊喜！真的很感谢你！"（注：××代表小L的名字，其他皆为原文）家长的努力也鼓励着我"更上一层楼"。我一直都在努力唤醒小L心中那个勤奋上进的"自我"。翻开他的六年级语文课本，在最显眼的地方，他用黑色签字笔认真写着"正面鼓励"四个字，下面配了一张笑脸简笔画。那是我鼓励学生好好和自己相处，经常鼓励自己，传递正能量。他总结成"正面鼓励"四个字，写在课本上提醒自己。

六年级下学期，学校请几位老师在校会上分享心得体会。美术老师展示了一幅画，请同事们猜猜是谁画的。让大家没想到的是，这幅画得不错的画，出自小L手笔。美术老师通过前后对比，介绍了他的喜人进步，还顺便插叙："那天他告诉我，林老师奖励了他一盏台灯，说希望台灯的光芒照亮他努力前进的道路。感谢班主任林老师！"后来我才知道，原来他们家经济条件比较差，借住在地下室，光线比较暗。

纵向比较，小L的确进步很大。上进心增强，学习积极性提高，书写变得整洁，学习成绩提高……甚至，有些学生害怕的习作，他都认真写，再无欠交。某些文字还有独特的见解。

这是老师们持续付出的累积，是多方教育合力浇灌出的成果。我们像《安的种子》中的安遵循大自然的规律，用心期待千年莲花盛开那样，充满爱心地去陪伴小L成长，给予正能量，给予温暖，给予期待，帮助他唤醒自我，主动进步。如今，他已经是中学生了。教师节那天，他回来看我，脸上荡漾着灿烂的笑容。

几年的时光，沉淀为六个字：慢慢来，回常态！

附录　教学现场与反思

各具特色的民居

《各具特色的民居》是人教版小学语文六年级下册第二组第三篇课文。本组课文围绕"中华民风民俗"这一主题，从不同角度介绍了各具特色的民风民俗。《各具特色的民居》引领学生窥豹一斑，欣赏丰富多样的民居类型和建筑形式，感受这些珍贵文化遗产的独特魅力。"精读学方法，略读练能力"，本课是本组第二篇略读课文，承载着学生巩固学习方法，进行语言实践的任务。

本班崇尚自主质朴的语文课堂，倡导任务驱动的教学方式，重视语言的学习实践过程，学生具备一定的自主学习和合作探究能力，思维比较活跃，乐于表达交流，勇于质疑问难，能够自行组织集体学习研讨。有的学生曾经当小老师给同学们上语文课，表现可圈可点。经过前面的学习，学生掌握了一定的学习方法，具备调动储存的知识完成本课学习任务的条件。学生大多生长在广州，对传统建筑西关大屋有初步的印象，又在综合实践活动中加深了认识，收集过有关的资料，使课堂练笔有适用的材料。

根据年段特征和本班学生实际情况，紧扣单元目标和本课课型特点，采用任务驱动的教学方式，引导学生自主学习，互动探究，积累语言，巩固方法；立足文本内容，关注本地特色，读写结合，落实语言文字运用；构建开放课堂，培养系统思维能力，注重拓展延伸，夯实传统文化根基，实现学习的可持续发展。

教学目标

1. 能正确认读"布局、和睦、酷热、蜂拥而至"等词语，并在课文中理解意思。

2. 能用比较快的速度默读课文，填写导学表，了解客家民居和傣家竹楼的鲜明特点，体会中华传统民居丰富的文化内涵。

3. 学习课文准确的说明和生动形象的描述，积累语言，领悟表达方法，学以致用，完成"西关大屋"小练笔。

教学准备

1. 教师制作课件，准备相关视频。
2. 学生预习课文，完成导学表。参观西关大屋，收集相关资料。观看视频《走进广州，从西关大屋开始》。

一、教学实录

（一）导入新课，激发兴趣

师：我国是多民族和谐共处的国家，五十六个民族生活丰富多彩，风俗习惯各有特色。这组课文，围绕"中华民风民俗"这一主题，从不同角度介绍了各具特色的民风民俗。《北京的春节》描绘了节日风俗，《藏戏》聚焦多姿多彩的戏剧艺术。这节课，我们一起去欣赏传统民居的风采，感受它们的独特魅力。（导入环节紧扣本组课文主题，温故知新，激发兴趣）

观看视频《［新闻直播间］住建部：首次国家层面传统民居调查完成》，初步感受传统民居多姿多彩的地域特色，培养作为华夏儿女的责任心和自豪感。

师：传统民居是弥足珍贵的文化遗产。下面，让我们一起走进各具特色的民居。

齐读课题。

（二）任务驱动，合作探究

师：这是一篇略读课文。略读课文的学习，更加注重自主学习，合作探究，学以致用。课前，大家收集资料，自学课文，观看视频，填写导学表。现在，请用比较快的速度默读课文，检查导学表，看看是否需要修改补充。然后在小组内交流，做好汇报分工，为汇报做准备。（关注略读课课型特点；明确学习任务，指导学习方法。）

PPT 出示："学习提示：（1）用比较快的速度默读课文，检查导学表后补充、修改；（2）小组交流，分工，准备汇报。"

学生先默读课文，自主完善导学表内容。接着小组交流，修改、补充导学表，准备汇报。

师：交流结束。先请一个小组的同学来汇报。（各小组纷纷举手）请你们这个组。

一个小组（四位同学）起立，汇报。

生1：客家民居的地理位置在闽西南和粤东北的崇山峻岭中，建筑成因是为了防备盗匪的骚扰和当地人的排挤，建筑材料是在土中掺石灰，以竹片、木条作筋骨。形状结构——房屋如橘瓣状排列，布局均匀，宏伟壮观。土楼围成圆形的房屋均按八卦布局排列，卦与卦之间设有防火墙，整齐划一。文化内涵——吉祥、幸福、安宁，和睦相处，勤俭持家，平等互助。

生2：傣家竹楼地理位置——处于亚热带，建在竹林之中；建筑成因——竹楼有利于防酷热和湿气；建筑材料——大多用竹子、茅草编织的草排或竹片做屋顶，近年来大都改用瓦顶；形状结构——每幢竹楼呈正方形，分上下两层，楼上住人，楼下关牲口、堆柴火；文化内涵——一家盖房，全村帮忙，吉祥平安，家道兴旺。

生3："在闽西南和粤东北的崇山峻岭中，点缀着数以千计的圆形围屋或土楼，这就是被誉为'世界民居奇葩'的客家民居。"这句话用了打比方和作比较的说明方法；"它们大多为三至六层楼，一百至二百多间房屋如橘瓣状排列，布局均匀，宏伟壮观。"这句话用了列数字和作比较的说明方法；"比如，许多房屋大门上刻着这样的正楷对联：'承前祖德勤和俭，启后子孙读与耕'，表现了先辈希望子孙和睦相处、勤俭持家的愿望。"这句话用了举例子的说明方法。

生4："竹楼由20至24根柱子支撑"这句话用了列数字的说明方法。我们组已经汇报完毕，谁有质疑或补充？

生5：我想更正陆×烨刚才说的一个字的读音：是—"zhuàng zhuàng"（幢），不是—"dòng dòng"。还有，我想质疑李×熙刚才说的33页的内容，"在闽西南和粤东北的崇山峻岭中，点缀着数以千计的圆形围屋或土楼，这就是被誉为'世界民居奇葩'的客家民居。"这里哪有作比较？

生4：我来回答。这句话把客家民居和世界上其他民居作比较，"世界民居奇葩"就是说客家民居在世界民居里是"奇葩"，比较之后，显得客家民居特别一点。

生5：这里没有说"特别一点"啊。

师：悦×的意思是，把客家民居和世界上其他民居进行比较，比较之后发现客家民居是"世界民居奇葩"。什么是"奇葩"？很独特很美丽的花。你们认为这里有作比较吗？

生齐声：有。

师：作比较是为了说明事物的特点，下文就介绍客家民居的特点了。

生4：谁还有质疑或补充？钱×宇！

生6：我补充。傣家竹楼的文化内涵还有团结和睦、乐于助人。写法方面，"它们大多为三至六层楼，一百至二百多间房屋如橘瓣状排列，布局均匀，宏伟壮观。"这句话运用了列数字和举例子的说明方法，形象地说出了客家民居的外观与布局特点。

生3：我有质疑。这句话哪里有举例子？

生6：举出了"如橘瓣状排列"的例子。

师（微笑，对生3）：其他同学也有看法，你可以请其他同学说说看法。

生3：冯×安！

生7：我认为钱×宇的观点是错误的。"一百至二百多间房屋如橘瓣状排列"用的是打比方的方法，就是房屋像橘瓣一样排列，而不是举例子。

生6：接受你的意见。

师：经过讨论，你们统一看法了。刚才×宇说到傣家竹楼的文化特征，用了两个词语。是什么？

生：团结和睦、乐于助人。

师（指黑板）：请你上来，把两个词语写在这里。

生6板书。

生4：谁还有质疑或补充？何×颖！

生8：傣家竹楼的形状结构，"每家竹楼四周，都用竹篱围着。篱内种植着各种花木果树，可谓'树满寨，花满园'。"简化来说，就是四周像花园。

师：竹楼四周围上竹篱，篱内种植着各种花木果树，这叫花园式住宅，是吧？

生8：是！

师：刚才，同学说傣家竹楼是什么形状的？（生：方形），请你上来，把"方形""花园式"写在这里。

师生一起梳理、补充客家民居和傣家竹楼的特点。生9、生10、生11、生4、生12、生13、生5合作完成板书。

  老师给予学生充分的自主学习和合作交流的时间，学生在课堂中的主体性得到了较好的体现。小组分工汇报，关注的是合作意识的培养。由学生主持，生生交流互动，质疑解答，注重培养学生的高阶思维，学生的质疑精神以及自主解决问题的能力。

师：刚才同学们交流的时候讲到一些说明方法。导学表最后一项是"我的发现"。同学们通过比较本课两篇短文，结合自己收集的资料和以往的经验，发现了什么？（学生纷纷举手）×欣，你说。

生14：我发现每一个民族都有自己独具特色的民风民俗，让人感受到中华传统文化的深厚久远。

生15：我从形状结构那里发现了：客家民居比较坚固，而傣家竹楼比较精美、别致。

师：除了这些，你们还发现了什么？例如写法方面的。

生5：我还发现了《客家民居》和《傣家竹楼》都是运用了一些说明方法，详略得当地写出了民居的特点。

师：他讲了两个方面。一个是说明方法，恰当地运用说明方法能够更好地写出事物的特点。另一个是详略得当，关于详略得当，你能不能说具体一些？

生5：好像客家民居的内部结构就写得具体，地理位置就写得简单，只有一句话。

师：从这里发现，有些内容是可以略写的，有些内容是必须详写的。根据我们表达的需要，决定哪些内容要详写，哪些要略写。表扬他！

同学鼓掌表扬，生5鞠躬致谢。

师：他说了两个"发现"，我们就要像他这样，做有智慧的人。还有吗？

生16：我发现了，这两篇文章采用了大量的说明方法，把我们不熟悉的事物写得生动、具体、形象。

师：×玥讲的也是说明方法。还有补充吗？请你说。

生4：我发现了客家民居和傣家竹楼的建筑材料和建筑目的有密切的关系。

师：好。请你解释一下。

生4：客家民居的建筑材料给人的感觉比较坚固，不容易被摧毁。它的建筑目的是要防备盗匪的骚扰和当地人的排挤。所以我觉得它们有密切的关系。

师：真的是这样。好！还有吗？×彤！

生17：我发现这两篇文章采用了多种说明方法，但列数字的方法最突出。写出了不同建筑的特点。

生6：我发现了我国多姿多彩的民居无不体现了人们的智慧和深厚的文化底蕴。

师：正因为有智慧的民族，才有那么丰富多彩的建筑。还有吗？请你说！

生18：我发现无论是客家土楼、傣家竹楼，还是其他各种各样的民族建筑，都是根据当地的温度、环境、人文条件建造的。

师：也就是说建筑和地理位置环境条件有密切的关系。同学们说得非常好。我们是善于思考的，有些原来没有留意到的，现在也知道了。

设计"我的发现"一项，意在训练学生的基本思维模式，引导学生关注语言，分析推理，求异创造，正面考虑，落实核心素养的培养目标。

师引导小结：如果要写建筑，我们可以从哪些方面来写呀？请一个同学来说，请你说！

生19：我觉得可以先从它的地理位置入手，写出它在哪里，然后描写形状结构，再简单说说它为什么要建成这种形状，为什么是这个样子。

师：也就是写出建筑风格的成因，最后还可以加上——

生：文化内涵。

师：我们今天学习了这两种传统建筑（指板书），通过学习我们掌握了写法，以后要写其他民居，就可以用这样的方法来写。我们要善于学习和运用各种表达方法，写出事物的鲜明特点。

（三）拓展延伸，写法迁移

师：传统民居是民族的生存智慧、建造技艺、审美意识等传统文化要素最丰富、最集中的载体。丰富多样的民居类型和建筑形式，是难以再生的文化遗产。

在我们广州,也有非常有特色的民居,那就是——西关大屋。今年春节,广州接待外地游客超过1590万人次,西关大屋给游客们留下深刻的印象。(师播放课件,分享关于"西关大屋"的资料)

师:西关大屋是我们广州很有特色的建筑,可以说是我们的一张名片。课前,我们参观了西关大屋,收集了有关的资料。接下来,请你结合自己收集的资料,选择一个你最感兴趣的或者你觉得最有代表性的特点,运用今天学到的方法,写一写西关大屋。

PPT出示:

"小练笔:运用所学的方法,写一写西关大屋的一个特点。"

学生根据任务进行练笔。

师:老师想请同学上来展示自己所写的文段。如果在展示的时候,你能够说出自己运用了什么方法,那就更好啦。请你上来。

生20:西关大屋设有三重门扇,分别是角门、趟栊、硬木大门。趟栊是一个活动的栏栅,用13条或15条圆木条构成,横向开合,所以称为"趟栊"。角门和趟栊有通风的功能,是为适应岭南气候而特制的。大门用高级木材制造,厚约8厘米,门后用横闩扣门,以防盗贼。这段话我用了列数字的说明方法。

师:你们有没有什么建议?

生5:我觉得你可以用上打比方的方法,比如趟栊用13条或15条圆木条构成,可以说"像什么"。

师:运用打比方的方法,写得更生动形象。对吧?

生20(对生5):接受你的意见。

集体鼓掌。

……

师:刚才几位同学都能够运用所学的说明方法,如举例子、打比方、列数字等,写出西关大屋的某一个特点。相信大家写的文段也能用到这样的方法。下面给大家一段时间,同桌互相交流,可以给对方提建议;同学有写得好的地方,你也可以学习。开始。

同桌交流,给小伙伴提出修改建议,修改小练笔。

这样的学习活动有助于提升学生的课堂参与度,增加学生的学习积极性,也能很好地锻炼学生在交流中探究问题的能力。

(四)课堂总结,推荐资料

师:今天这节课,我们学习了两种传统民居,并且用所学的方法写了西关大屋的一个特点。从学习到运用,这是一个过程。俗话说:百里不同风,千里不同俗。在我国,像客家民居、傣家竹楼这样别具一格的民居建筑还有许多。丰富多样的民居类型和建筑形式,是难以再生的珍贵文化遗产。希望大家课后继续收集有关的资料，了解各具特色的民居，保护这些弥足珍贵的文化遗产。

推荐学习资料：

1. 文本资料：中华人民共和国住房和城乡建设部策划组织、中国建筑工业出版社出版的"中国传统建筑解析与传承"丛书（著名专家学者参加编写，地域覆盖范围广，图片、文字资料丰富翔实）。

2. 视频《远方的家：五湖四海访民居》《这里是北京：四合院的前世今生》《中华民俗大观：中国民居》。

（附）板书设计：

8 * 各具特色的民居

客家民居	傣家竹楼
崇山峻岭	竹林深处
圆形　营垒式	方形　花园式
八卦布局　整齐划一	结构简单　宽敞别致
传统文化　深厚久远	团结和睦　乐于助人

二、教学反思

《各具特色的民居》是人教版小学语文六年级下册第二组第三篇课文。本组课文围绕"中华民风民俗"这一主题，从不同角度介绍了各具特色的民风民俗。《北京的春节》描绘了节日风俗，《藏戏》聚焦多姿多彩的戏剧艺术，《各具特色的民居》引领学生窥豹一斑，欣赏丰富多样的民居类型和建筑形式，感受这些珍贵文化遗产的独特魅力。这篇课文是本组第二篇略读课文。"精读学方法，略读练能力"，在这节课上，我特别注重学生的"小主人"地位，为他们展示"英雄本色"提供广阔的"用武之地"。

（一）精心设计，安排紧凑，引领自主学习

六年级的学生具备一定的自主学习能力，但是水平各异，自主学习成效参差不齐。我从单元主题出发，尊重学生的个体差异，精心设计导学表，引导学生自学课文，提炼信息，总结方法。在表格最后还设计了"我的发现"一项，基于文本又高于文本，意在训练学生的基本思维模式，引导学生关注语言、分析推理、求异创造，落实核心素养的培养目标。学生在这一环节的表现令我惊喜不已。课堂上，部分学习环节由学生主持，我给予学生充分的自主学习和质疑互动时间。在环节二，学生说："我们组已经汇报完毕，谁有质疑或补充？"有学生马上站起来说："我想更正陆×烨刚才说的一个字的读音：是一'zhuàng zhuàng'（幢），不是一'dòng dòng'。"直接纠正同学明显的错误。在环节三，一个学生展示了自己的小练笔，同学提出建议："我觉得你可以用上打比方的方法，比如趟桄用13或15条圆木条构成，可以说'像什么'。"既尊重了同学的劳动，又表达了自己的看法。展示练笔的学生说"接受你的意见",班里的其他同学用掌声表示赞同。可以看出,学生自主学习、主动思考、互动交流取得了预期的效果,学生是课堂学习的小主人。

(二)整合资源,实践感悟,呈现真实简朴的学习情境

我收集并整合各项重要信息,制作PPT,设计导学表,播放一段关于我国民居的短视频,资源的运用恰到好处,大量时间留给学生进行语言实践。学生吸收课本及相关资料的丰富营养,经历学习活动过程,在"做"中获取和强化知识,在"做"中习得技能提高本领。课堂呈现出自然的学习状态,简约朴实,学生专注于语言文字实践,心无旁念收效明显。语文课整合资源,任务驱动,精讲多练,文化熏陶,是我一直努力追求的。

(三)立足文本,融会贯通,构建开放、对话的课堂

这节课,我立足文本,引导学生了解客家民居和傣族竹楼的鲜明特点,学习课文准确的说明和生动形象的描述,领悟课文的表达方法。学生积累语言,内化知识,结合参观调查广州西关大屋的收获和感悟,进一步体会中华传统民居丰富的文化内涵。通过本课的学习,学生得趣、得意、得言、得法、得能,培养他们的语言文字运用能力和文化选择能力。最后,我对学生说,在我国像客家民居、傣家竹楼这样别具一格的民居建筑还有许多,丰富多样的民居类型和建筑形式是珍贵的文化遗产,希望大家课后继续收集有关的资料,了解各具特色的民居,保护这些弥足珍贵的文化遗产。这既激发了学生的自豪感,又培养了保护珍贵文化遗产的责任感。向学生推荐"中国传统建筑解析与传承"丛书和视频资料,使这节课的学习有了延伸。这节课结束了,可是学生更大范围、更长时间的学习才拉开序幕。他们将会关注相关内容,进而徜徉在中华优秀文化之中,提高思想文化修养,促进自身精神成长。甚至,放眼全球,仰望穹苍。

踏实　思辨　悦读

广州市天河区龙口西小学　邹　丹（小学语文）

第一部分　导读语

　　学生很爱叫我蛋蛋老师，我是广州市天河区龙口西小学语文老师邹丹（中小学一级教师）。我主张"以学生为中心的课堂"，凝练成"踏实、思辨、悦读"的教学风格。

　　可爱的蛋蛋老师很爱学生。我爱笑，对岭南文化有种独特情怀，喜欢带学生读相关书籍，做走访观察，走近本土文化，热爱家乡，写下实践报告。我还带领学生分享读书推荐，制作精美读书卡，创作活泼可爱的绘本故事，写读后感。

　　踏实的蛋蛋老师很爱阅读。我坚持多元阅读，每年阅读教育教学类书籍至少5本，文学类作品2部。2007年起整整十年间，我用积极的态度踏实地带学生参加各类阅读活动，培养出省市级"阅读之星"多达15名。

　　坚持的蛋蛋老师很爱钻研。我致力于小学生课外阅读研究，主持参与省市区课题项目6项，出版论著《悦读·乐写》。积极投身教研，与名师同行，获奖众多。我是天河区小语会常务理事、广州市小学语文中心教研组成员、广州市优秀班主任，成为"广东省阅读点灯人"、广州市阅读种子教师。

　　努力十七载，终锤炼出自身教学风格。现在，我觉得自己依然活泼有朝气，踏实热情投入研究，乐于分享，培养学生思辨能力，喜欢与学生交流迸发思维火花，但更专注于引导学生深层次悦读，读整本书，读出方法、想法与做法。一切尽在书中，一切尽在悦读中。

第二部分　名师成长档案

我出生于越秀区，生活就读于荔湾区，毕业于原广州市第一师范学校，在海珠区与天河区均工作过，深受岭南文化熏陶，一直走在寻找思考粤派教育风格的路上。工作的这些年里，从普通老师成长为好老师，踏上骨干老师之途，再一步步朝着名教师发展，我深知教师成长没有捷径。

一、初出茅庐，一腔热血，差点半途而废

海珠区有许多值得细数的瑰宝，有文化之地——中山大学、广州美术学院和岭南画派纪念中学等，也曾经有重工业区。后来整体规划出了城市新中轴，打造了广州塔、琶洲国际会展中心，建设了有轨电车，规划了"四大馆"，开始了海珠创新之路。踏实而创新，是海珠区的文化底蕴。海珠区相当支持教学投入并教研扎实，把地域文化融进课堂，使语文课堂焕发活力。这对我的踏实的教学风格影响深远。

怀着满腔热血，我投身海珠区教育事业，朝着理想出发，当上了一群"小萝卜头"的老师。

每天上班就是跟小朋友们互相切磋"武艺"，例如谁的狮子吼得更响亮，谁的螳螂跑得快……总之花样百出的招数，没有深厚"内功"，还真有点应接不暇。于是有好一段时间，我开始观察偷师各位老教师。终于感觉自己有点能压制这群"小猴子"了时就接到任务，学校要来听我的研讨课。这简直是晴天霹雳，刚刚才搞定吵闹的课堂，到底我还需要做些什么？完全没有头绪。幸亏当时还算是家里有网线能上网的一代人，所以赶紧回家翻找别人的课例，逐字照搬，应付了检查再说！

检查的日子来临，还没上课呢，校长、主任们就已经镇守在我的班级门外，山猴子们比山大王还要镇静，各个都严阵以待。在紧张的 40 分钟后，当我们都松一口气时，校长却板着脸，把我喊到了校长室，说是评课，实际上，我被批评到严重怀疑自己为什么要当老师。

不过，我是真的把校长评语听进去了："我相信你读了五年师范，不是为了拿着书本照本宣科教学生的。假如你觉得上课就是照本宣科，那不如把你宣读的内容都给学生好了，你都不用读了。两周后，我要再次听你讲课，好好准备，记得不要再读了。"

痛定思痛，我跑到别的老师班上，不请自来地听起课来。这时期的我，处于模仿期，学到的多数是一节课应该怎么上完。所以两周后，校长再次听完课后，让我要多看点教学设计，师范学的毕竟是皮毛，还是要在日常教学中自己慢慢

摸索。

校长的鼓励让我走上慢慢摸索阶段。自此，我踏踏实实地通过阅读学习、研究。我的课堂开始迈向踏实，带着学生踏实地学习，踏实地阅读。

二、潜心科研，用心实践，名师指引促成长

漫漫时光，从教第四年，我来到了全新的学校——海珠区菩提路小学。在菩小，我从一个生涩的教学新手，转变为寻找专业发展之路的骨干教师。当时，我很幸运，遇到了一名公正严明的好校长陈健，他安排海珠区名师许晓玲当我的师傅。从此，我跟着师傅学习，最大的收获是认清了自己的方向。

当我第一次参加区里面的说课比赛，师傅指导我的时候，我才发现，我一直以来的上课流程是那么单一，而仅仅是稍微变更一个环节，整个课时的设计可能都会因此受到牵连而要全部调整，这是我之前所不知道的。本来我讲得不好的时候，还担心晚上恐怕彻夜不眠也改不好稿子了，但是师傅一直陪着我修改，并告诉我哪些地方可以做什么处理。就这样陪伴了我几天后，比赛时我以第一次接触说课比赛的新手身份获得区二等奖。这是我在教学竞赛上获得的第一个奖，弥足珍贵！我因此加入了区的中心组，向郑爱华老师学习，并坚持了八年，除了学校学习之外，多了一条学习渠道，虽然忙碌，但是却无比满足。

之后，在菩小教研严谨、教学开放以及质量把关等方针和措施之下，我以十倍、二十倍的速度成长着，就像新生的芽苗一样拼命吮吸着教学养分，让自己成长起来，强大起来。

2007年，我正式加入学校科研团队。因为我个人喜欢看书，所以研究方向一直都是小学生课外阅读相关课题，参加了学校区级课题并结题，教学成果获得区级三等奖。在此基础上争取到学校的支持认可后，个人研究方向开始转变为"小学生课外阅读读写结合"。在研究过程中，我收获颇丰，培养了广东省教育厅颁发的广东省百佳"阅读之星"9名，广州市教育局颁发的"羊城书香少年"2名，所带领的班级曾获海珠区特色中队、特色小队的称号。也因为我在书香班级建设方面卓有成效，受到教研员赏识，书委班级建设经验在多区做推广，我也受邀进行相关讲座；还被评为广州市中小学优秀班主任，也被广东省教育厅评为"广东省阅读之师"，被广州市教育局多次评选为"广州市课外阅读活动优秀指导教师"等。

2011年，感觉到做课题的过程中缺乏理论指导，我报考了研究生进修。那几个月简直是地狱般的考验——通过了笔试后的研究生复试与海珠区第十届"明珠杯"青年教师课堂教学大赛同时进行。好不容易感觉自己可以为学校挣点光，我勇敢报名参加了当年的比赛，结果正要准备比赛，集备的时候，传来要参加研究生复试的通知。两边都是我努力争取的结果，两边我都不愿意放弃。于是，我咬

紧牙关，两边同时努力。但是我并没有预料到这个过程是十分痛苦的，在这个海珠区来说是盛事的比赛里，备课相当累，堪比一节市级赛课，也许有过之而无不及。我的集备小组包括我师傅在内的几名老师，为了我的比赛，在背后默默付出支持，使我无后顾之忧，得以顺利通过复试。

人的精力毕竟有限。为了复试，我那周每天晚上都在学校加班到12点多，花费的时间和精力相当于其他科目的双倍。但是我知道背后的团队更累，为了不负他们的努力，我只好不断努力，最后一天没有睡觉，通宵在背流程以及相关语句。

到了比赛当天，其实我的状态已经极其颓废，但是我硬撑着一口气，不放弃。当我撑着那股劲儿，完成了《闻名于世的丝绸之路》的教学后，其实内心很崩溃，因为我也知道自己弄错了两个环节，还犯了一个知识性错误，最愧疚的不是感觉对不起自己这一段时间的辛劳，而是感觉对不起一直陪我成长的师傅，以及这段时间陪我一起加班、甚至抛开自己家庭不顾的同事们，还有一直默默看着不吭声也不批评的校长。

后来勉强获得了三等奖，虽然心里的愧疚减少了，但是我知道，这个奖并不是给我的课堂，而是给我的设计，给我背后的团队。

痛定思痛，从那时候开始，我更致力于研究如何使我的课堂更踏实、高效、专业。因此后面几年里，我潜心好好学习，幸得广州大学禤健聪教授的悉心指导，我的理论水平提高了。同时在就读研究生期间开始着力研究语文阅读课堂与课外阅读的融会贯通，带领学生阅读，教会学生各种学习语文的策略，在课堂进行思维训练，最后得到学生的喜爱。

三、人生转折，自我凝练，走向专业发展路

本来以为自己会一直在菩小，从青年教师工作到骨干教师，期待有一天，在菩小成为一名优秀教师。但是在2014年，多重原因合力下，我来到天河区。这里是广州着力打造的又一新城市中轴，可谓文化聚宝盆，坐拥众多文化代表的建筑，如奥体中心、广州图书馆、广东省博物馆、广州大剧院等，且天河区外来人口多，众多文化互相促进，多元而包容。

我成为骨干教师并进入天河区工作后，马上投入新岗位，带徒弟，搞科研，活课堂，促成长，无论是科研道路还是教学上，力求一步一脚印，越走越扎实。人不怕走弯路，只要方向正确，多远的弯路也是积攒经验的旅途，每一处多看的风景都将成为珍贵的宝库。

因为一股拼劲与实干心，我把握住一切发展与学习的机会，我积极研读课标、课本，参加各类型比赛，承担公开课任务，乐于帮助同事，是年轻老师的学习好榜样，迅速走向专业，也更专注于语文教学的研究，主持参与课题促进专业发展。在研究过程中，我深刻认知到，在课堂上，只有真正让学生当学习的主人，才能让我的课堂有情趣、有理有序，才能实现踏实、思辨、悦读的教学追求与理念，从而凝练出我的风格。

这几年，我对教学科研的执著追求依然没有改变，不忘初心，一直走在路上。我依然致力于研究，指导学生作文，指导学生参加各类比赛，力求在广袤的生活空间内，让学生爱上阅读，喜欢表达，爱上语文。每一次的新尝试，都让我的专业发展又迈上新台阶；每一次的认真尝试，都带领着学生更靠近语文的殿堂。而每一次的教学实践研究，都更坚定了我前行的步伐。我一直在努力，也一直在收获。

时光依然前行，我没有原地不动。2016年，我有幸参加了"广州市百千万第三批名教师培养对象"的学习，这是我专业发展的再一次飞跃。衷心希望我在这三年的学习后，能在熊焰教授、王卫国主任和郝洁老师三位导师的带领下更上一层楼。将来，我希望自己不忘初心，更豁达，让时光充满灿烂阳光。向名师学习，向教育专家学习。

第三部分　学科教育观

我的教学风格解读

粤派教育应是大道至简，踏实创新的。作为粤派教师，现阶段，我的教育教学主张以及追求的是以学生为中心的课堂，引导学生产生思辨火花，并成为学生成长路上带领他阅读的人，并由此凝练出踏实、思辨、悦读的教学风格，让语文课堂焕发活力。

我的教学主张

一、踏实：简约而不简单，让课堂有理

中共中央办公厅、国务院办公厅印发的《关于深化教育体制机制改革的意见》中明确指出："要注重培养支撑终身发展、适应时代要求的关键能力。在培养学生基础知识和基本技能的过程中，强化学生关键能力培养。"培养关键能力的关键在课堂，这跟语文课堂息息相关。高效课堂应该踏实，简约而不简单。

如今许多教师的课堂教学，在设计之初谨慎认真，但课堂教学的"连珠问"费时、费事、费力。随着时代进步，现代教学媒体走进课堂，也导致儿童对课件更感兴趣而忽视文本学习。例如，在教授《真理诞生于一百个问号之后》一课时，我只有一个问题"作者通过哪些事例阐述观点"，力求课堂教学"简约而充满理性"，以尽可能简单的大问题引发学生思考，使之通过思考、碰撞，互为补充，解决一些基本问题，老师再通过追问"纵观这三个例子，它们都是为了说明什么"解决关键问题——带领学生领悟文中的科学精神。以简洁的表现形式来满足儿童对语文学科学习的那种感性的、本能的和理性的需求，从而使课堂有理，符合教学客观规律以及学生身心发展的客观规律。在课堂中，学生能够从咬文嚼字中学会语文知识，并能通过语文学习培养起语感，更学会用正确的思维方式去评论社会现象，分清对错是非。

二、思辨：无为而无不为，让课堂有情

根据党的十九大精神，新时代的教育工作要以习近平新时代中国特色社会主义思想为指导，全面贯彻党的教育方针，落实立德树人根本任务，深化教育改革，发展素质教育，推进教育公平，加快教育现代化，建设教育强国，培养德智体美劳全面发展的社会主义建设者和接班人，培养担当民族复兴大任的时代新人。

这一精神与语文课堂教学中教师真正意义上的"无为"境界以及素质教育和新课标提倡"自主、合作、探究"的学习方法并不相悖。只有教师课堂上更多时间的"无所作为"，学生才有更多时间的"有所作为"。学生要从"学会"走向"会学"，让学生主体性得到充分体现，让课堂有情，让学生充分发展成长。广州是一个兼容并包的城市，城市中处处体现出广州的情趣、情义、情怀。而学生课堂是有情的课堂，只有让学生感受到他身上智慧的存在及价值，让学生学会思辨看待问题，才能让学生在课堂上焕发自身的活力，这也就是有情，也是我所体会到的情怀。如带领学生阅读《中华上下五千年》，当讲到《大禹治水》之时，我会引导学生从多方面理解大禹为什么三过家门而不入。学生在各种推敲、思辨后产生了更深的理解。

学问基于问题，教师要隐退自我，鼓励引导学生思考发言分享，使其从"不敢交流"到"勇于交流"。只有树立这样的教学理念，才能很好地贯彻落实新课标，才能培养出有"独立之精神、自由之思想"的大写的"人"，这也是思辨的过程。

三、悦读：自然而不随意，让课堂有趣

习总书记在2018年教师节的重要讲话中指出："既要教育引导学生珍惜学习时光，心无旁骛求知问学，沿着求真理、悟道理、明事理的方向前进；又要教育引导学生培养综合能力，培养创新思维。"

《义务教育语文课程标准》一直让我们老师要把学生放置在学习的主体上，也就是说，课堂必须归还给学生，才能焕发活力，才能引人入胜。有趣是广州人的特点，源自于生活情趣、学习情趣，表现为敢于创新，维持兴趣。一节有趣的语文课必定是醒脑的，让人的郁闷情绪在笑声中得到缓解，让人的心理压力在笑声中得到释放。更重要的是幽默风趣的语文课堂还能寓教于乐，让学生在笑声中增

长学问，明白事理，获取广博知识。有趣的课堂既和谐又能抓住学生的关注点。为了上好每一节课，我总是深入钻研教材，不断探索改革教学的方法及手段，努力挖掘教材的内涵。教学中，为了让学生更理解大禹治水时的环境，我特地选择了杨箕地铁这一身边例子作比较，寓教于乐，让学生自然而然地接受知识。

宋代一些理趣诗文因其质朴隽永的理趣滋味，对后世留下深远影响，我希望我的课堂能够含理且丰富学生的情趣。而阅读可以拓展儿童视野、丰富其内心，促使语文课堂焕发活力。为此，我让学生阅读，甚至以身作则，让学生跟着我一起在课堂上自然而然地把阅读、学习与生活相融合，使课堂充满情趣，我们最爱一起读历史，学为人处世的道理。以人为本、以生为本，只有让学生感受到民主平等，学生才能成为自身学习的主人，课堂教学的主体性才能得以彰显，学生才能自然而然地学，体会情趣，绽放活力。有人说："用心灵赢得心灵，是教育的最高境界。"正是如此。

他人眼中的我

邹老师是我最幽默可爱的老师。她教会了我思维导图，她会找尽各种办法"偷懒"，让我们小组讨论后上台轮流讲课，互相改进与补充，让我们锻炼了能力。谢谢邹老师，您的小"偷懒"把勤奋的机会留给了我们。

——我曾经的学生　余小乔

邹姐姐简直全能，我实在是佩服得五体投地！她的电脑打字速度飞快，数学会解答，英语也流利，能唱还会画，居然还会教接力赛技巧……窍门在阅读，读书破万卷，不懂也会说，从此把我们带进"悦读"的殿堂。

她让我坚信，教学生语文，最该坚持的是带领学生阅读，并感受到阅读的快乐。

工作这些年，我不光赢得学生爱戴，也获得家长的支持与信任，以下选取肖彤晖爸爸在学生毕业时为表感激，写下赞颂之文，还发表在了他们家乡的地方小报上：

方寸讲台是教师足下的地平线。一位优秀的老师，就是需要大爱激励、心灵唤醒和微笑鼓舞。很幸运的是，我女儿遇上了邹丹老师这样一位木秀于林的典范。

从孩子们那里所了解到的点滴得知邹老师教学方法新颖、授课内容发散、板书隽美工整；思维启发多于教条格式、课后拓展超越方寸讲台。看着学生洋溢的幸福，我感觉到老师对学生的学习、心理、人生观和价值观的正面引导与塑造远远超过了作为家长的我。而学生也在潜移默化之中发生了改变，学生渐渐爱上了书法，爱上了阅读，还会制作 PPT 课件和自我编制思维导图……学习已经成为他们的快乐。这不就是激励、唤醒和鼓舞吗？

——节选自已经进入高中，还经常跟我联系的学生陈芊希所作的《来自地平

线的风景——写给敬爱的邹老师》

邹丹是一个专业素养扎实、乐于助人、勤学好问的年轻人，时刻以饱满的工作热情、求真务实的工作态度，认真高效地完成各项任务。她是一个优秀的班主任，乐于帮助同事，她刻苦钻研教学教法，她爱看书爱分享。她还勇于承担任务并收获好成绩。她这种踏实工作的态度是年轻教师们学习的好榜样！

——我的师傅　岳卫红

丹丹老师精研教学，博学善思。她的课上，思维导图运用、智慧课堂巧思、学生研讨自设计等方法层出不穷，总不拘泥于一般套路。她积极求索，乐于奉献，想方设法激发学生潜能，真正做到以生为本。面对问题挑战，勇于迎接而不畏惧。待人又极无私，不计较，是位好师傅。她热爱阅读，笔耕不辍，自身亦像一本丰富多彩的好书，值得细读。

——我的徒弟　陈远春

邹丹老师是一个热情而上进的老师，总是积极争取每一个学习机会。处理好学习与工作的关系虽然不易，但是我看到她身上似乎有无限的热情。我相信：一个有着无限热情的人，几乎没有什么是做不成功的。她是一个善于将思考与实践相结合的老师。多年来，一直坚持教育创新，坚持教育科研，坚持教学实践，虽然年轻，但是已经积累了教学笔记二十多万字，成绩是显著的。期待邹老师在今后的工作中继续追求卓越，以出色的业绩与良好的修为，在名师的成长道路上留下坚实的足迹！

——龙口西小学校长　陈武

第四部分　育人故事

我与学生同成长
——燃点快乐，悦读美丽

同时作为小学语文老师和班主任的我喜欢带领学生阅读。

"亲爱的同学们，从今天开始，咱们班要举办班级读书会，大家想要当上'阅读之星'吗？"我大声宣布。

"要！"孩子们兴奋地回答。

"那大家可要多看一点课外书，才能评上这颗星呢！"

……

书籍是培植智慧的工具，课外阅读对培养学生的语文素养具有重要的作用，在小学低年级开展课外阅读实践活动效果尤为显著。小学低年级以绘本、连环画、带有拼音的较为浅显的文字书等为主。为了让更多经典润泽学生的心，将学生引进无限广阔的生活，我对一群刚入学的孩子提出了"阅读之星"的学习目标。

就这样，我们开启了悦读之旅。一次班级阅读课上，我们共读《海的女儿》，让我记忆尤为深刻。

那天，我才刚走进课室，雅斯就来跟我提出要求："老师，我们今天能不能一起读《海的女儿》啊？"

我没有立刻答应，只是微微笑了笑，问："为什么呢？"

雅斯说："我只想确定一下，大家读完之后和我想得不一样。"

我略略思考了一下，虽然有点疑惑，但还是点了点头，答应了。

课堂上，当我读到人鱼公主正准备要投入海中化为泡沫的时候，雅斯站了起来，她打断了我声情并茂的朗读，大声地说："老师，能不能让我和人鱼公主说两句话？"

我诧异了，细细地观察了雅斯的表情，实在想不到这孩子想说什么，但是想到要保护她的发言积极性，于是我把时间让出来给雅斯。

"谢谢老师。人鱼公主，其实我想跟你说，你这样做虽然很伟大，但是不值得。你能不能求助你的父亲，让他帮帮你……"雅斯才刚说了一点，就被另一些学生打断了。

"可是如果她跳入海中，就会变成泡沫了啊，怎么求救啊？"

"但是，她是那么善良，一定会有很多她的朋友愿意帮助她的啊，不然应该还有其他方法的……"雅斯说着说着，眼睛都红了，还带着哭腔，看来雅斯是真的想要帮助人鱼公主，所以课前才特别要求我今天共读的故事是《海的女儿》。至此，我总算明白了。

听到这些，学生沉默了，然后从各个角落传来了"雅斯说得对""应该可以让朋友们帮忙"等声音，他们也逐渐赞成了雅斯的说法。

其实这样的做法，不是只有雅斯想到，每个故事我们都不能单独阅读而脱离了作品产生的年代，或者那时候安徒生他老人家没有想到更好的方法，但是其他人想到了。这时候，我灵机一动，想起了迪士尼有一部动画片《小美人鱼》，正是改编了《海的女儿》，把结局整个改变了，而想法居然跟雅斯的有点不谋而合。

于是我给学生总结："其实，大家的想法也是可行的，有一部《小美人鱼》的动画片，故事也是讲美人鱼公主，不过这位人鱼公主比较幸运，她遇到了会帮她扭转命运的编剧，所以，后来她很幸福快乐。同学们想认识她吗？"

"想！"孩子们坚定有力地回答着，而其中雅斯的声音最为响亮，这个多愁善感的小女孩，也许正在期待着看到人鱼公主不一样的命运。

"那下周的班级读书会,我们就来看不一样的人鱼公主吧!"

于是,在下一次的班级读书会上,我们转变了方式,把阅读搬到了电视上,一起观看了《小美人鱼》,我们都为人鱼公主命运的改变而感动着,也再次坚定了"好人有好报,恶人终将接受报应"的道理,同时我也对学生强调了阅读也有拓宽我们视野的作用,我们的阅读方式还可以是对比同类型书籍阅读。

课后,雅斯腼腆地对我说着:"谢谢老师,您总是要求我们努力克服困难,其实我觉得人鱼公主就应该学会坚强地面对困难。"

一次小小的经典重温可以引发学生的深思,这是我所没有预料到的,不过却得到了一个预料中的结果,因为阅读,让我们的学生学会了思考,学会了从更辽阔的人生观、世界观出发看待问题。

燃点快乐,阅读美丽。只有学生感受到阅读的快乐,他们才能从中阅读到美丽!为此,我愿意继续走进学生的内心世界,以兴趣为钥匙,引领他们领悟悦读的无穷魅力。

附录 教学现场与反思

真理诞生于一百个问号之后

本文为小学语文(人教版)六年级下册第20课。"真理诞生于一百个问号之后"也是课文观点,用事实论述了善于观察,不断发问,不断解决疑问,锲而不舍地追根溯源,就能有所发现的道理。选编本文意图,一是让学生了解科学发现的一般规律——真理诞生于一百个问号之后,从中感受、领悟到见微知著、独立思考、锲而不舍、不断探索的科学精神;二是学习议论文用具体典型的事例说明观点的写作方法。

六年级学生基本具备调查、整合信息的能力,有一定阅读基础与自学能力,但对议论文的学习仍有一定的困难。我根据自身特点,结合学生特点,规划设计理念:在开放的课堂中让学生通过踏实学习,积极思辨,外加平时阅读积累,形成自主、探究的课堂氛围,从而有收获。为实现目标,教学时我采用引导法,以课文题目为切入点引发思考,组织学生探究体验,并落实生本理念,再结合实际进行拓展阅读延伸,体现语文课堂的开放性和语文课与生活相结合的特点。

教学目标及重难点

1. 正确读写本课生字词,结合具体语境准确理解词语;
2. 归纳课文主要内容,带着对科学精神的理解正确,流利朗读课文;
3. 运用联系上下文的方法,交流分享文中含义深刻的句子,感悟议论文语言准确、生动的特点;

4. 通过课内外事例，明白"真理诞生于一百个问号之后"的意思；通过大阅读，感受科学家的科学精神，学习用具体事例说明一个观点的写作方法并能迁移到习作。这也是本课的重点和难点。

一、教学实录

（一）拓展阅读，感知课文

走近作者，设计意图：大阅读，补充课内知识缺失。推荐阅读叶永烈经典科普作品。导入课堂教学的《真理诞生于一百个问号之后》。

师（播放视频）：同学们，科学精神是人类精神中永恒的旋律，翻开那一页页人类科学发展的历史，我们不禁动容。厚重的科学发展史上，记载着无数伟大科学家的创造发明。凝聚在他们身上的科学精神远远比他们取得的成就更能感召人。今天我们学习作者叶永烈的一篇文章。谁来介绍你了解的叶永烈？

学生主动展示，脱口而出：叶永烈爷爷也曾经历过写作的痛苦。小学一年级的时候他的作文就不及格，得了40分，旁边盖着蓝色的印章"不及格"。在11岁时，他家附近报社挂了投稿箱，他对此充满了好奇，于是尝试写了一首诗，结果登出来。从此觉得写作很有趣。作文没有什么捷径，需要付出努力。叶永烈爷爷告诫我们写作有"五多"：多看、多读、多思、多写、多改。我的发言完毕，谢谢大家！（板书：作者叶永烈）

（二）初读感悟，夯实预习效果

检测预习，用多种方式检测预习情况。扫清难读字音、难理解词语，正音。

回顾议论文知识，通过熟悉的知识点，擦亮第一次思辨的火花。

师：让我们回忆议论文的结构。

生1：发现问题，提出问题。

生2：我有不同意见，是发现问题，研究问题和解决问题。

一轮争辩后，生回答并板书：发现问题、研究问题、解决问题。

教师播放微课《认识议论文》：议论文有三要素：提出观点、列出论据、论证观点。

（三）品读事例，思辨感悟

1. 寻找观点。

教师布置任务：论点，也称之为观点。快速浏览课文，画出本文提出的观点。

生：真理诞生于一百个问号之后。（板书）

师：接下来请大家以小组合作的方式完成任务：请大家浏览课文，对于这样一个道理、一个观点，作者用了哪些事例来证明它？

（1）各自尝试简要地说一说事例；

（2）完成表格，拍照上传。

利用智慧课堂特点，以板块式生字词教学快速扫平生字词障碍，符合学生的认知规律，有助于提高词语教学效率。而在此处我只提出了一个大问题：作者用哪些事例证明观点。以尽可能简单的大问题引发学生思考，并解决关键问题。

2. 小组学习，分享汇报。

抓住重点语句，品读由"疑问"到求得"真理"过程的复杂性，通过思辨，进而体会课题的真正含义，并把学生的感悟推向深层，感受议论文的构段特点。

我分三个小组带领同学们品读事例：先说表格如何填写，然后带读，谈感受："？"是如何"拉直"成了"！"的，并请同组书记员帮忙补充板书具体事例及科学精神。

组一：洗澡水的漩涡

生1：我们小组分享第一个例子，请大家跟随我们阅读课文的第三自然段。

生2：它主要告诉我们谢皮罗教授发现了每次放掉洗澡水的时候，水的漩涡总是逆时针旋转，这是他发现的问题，于是他通过反复实验和研究，终于发现了洗澡水的漩涡是跟地球自转有关，他解决了问题。

生3：从这件事例中，我们看到了谢皮罗教授身上闪现着追根求源的科学精神。

生4：请同学们跟我看这些体现了科学精神的词语：敏锐、每次、总是、紧紧抓住这些问号不放、反复。从这些词我们看到了一个科学家那种钻研、得不到答案绝不甘休的精神。

师：你们组发现了科学家是从现象中发现问题，经过研究解决问题，最后得出真理这个规律。

组二：紫罗兰的变色

生1：我们小组分享第二个例子。请同学们跟我们看第四自然段。

生2：它主要告诉了我们，英国化学家波义耳发现盐酸沾到紫罗兰，花瓣就会变红。于是他意识到紫罗兰中有一种成分遇盐酸会变红，经过了一连串的提问和多次实验后，波义耳制成了实验中常用的酸碱试纸——石蕊试纸。

生3：因为波义耳拥有见微知著的科学精神，所以他最终才有所发明创造。

生4：我们从这些词语感受到了他的精神："急匆匆"表明他很热爱工作，分秒必争，"急忙""立即敏感地意识到"说明他科学理论知识很扎实才能及时发现问题，一连几个问题又表明他不断发现问题并研究问题才会有所发现。

组三：睡觉时眼珠的转动

生1：我们分享第三个事例，请大家看第五自然段。

生2：这个事例主要说的是一名奥地利医生在儿子睡觉的时候发现了眼珠转动，于是他带着疑问反复观察实验，最后得出结论：人睡觉时眼珠转动代表在做梦。

生3：我们从这些词语感受到科学精神：奇怪、连忙、几个问号、百思不得其解、带着一连串的疑问、反复的观察实验。这些词都告诉了我们，科学家们对于所发现的问题都是锲而不舍地进行研究的。

3．提炼观点。

师：纵观这三个例子，它们都是为了说明什么？

生：纵观千百年来的科学技术发展史，那些定理、定律、学说的发现者、创立者，差不多都善于从细小的、司空见惯的现象中看出问题，不断发问，不断解决疑问，追根求源，最后把"？"拉直变成"！"，找到了真理。

师：再次回顾这三个事例，在事例中"？""！"分别代表什么，科学家又是如何"拉直"的？

生："？"代表问题，"！"代表真理，"拉直"就是研究的过程。

4．创设情境引读、多种方式品读，层层推进。

师生合作朗读：原来叶永烈老先生就是要让我们了解到这样一群科学家：

师：在实验室里，科学家——

在图书馆里，他们——

当研究丝毫没有进展时，别人都已消沉，他们依然——

就这样，年复一年，日复一日，不管是严寒还是酷暑，他们还是——

生每次引读均接读中心句：善于从细小的、司空见惯的现象中看出问题，不断发问，不断解决疑问，追根求源，最后把"？"拉直变成"！"，找到了真理。

师：他们把"？"拉直成"！"，也就是他们让——

生：真理诞生于一百个问号之后。

5．体会语言，学法迁移。

师小结：本来如此难懂的科学道理，叶老先生用形象生动的符号把抽象的道理说得通俗易懂，给人留下深刻印象。原来议论文不仅语言简洁、句子严密，也可以很生动呢！

（四）创设情境，再次悟神

师：此时，我们重新读课题，终于明白了——

生：真理诞生于一百个问号之后。

师：与这句话对应的是课文的哪一段呢？

生：只要你见微知著、善于发问并不断探索，那么，当你解答了若干个问号之后，就能发现真理。

师：几位科学家走向了成功，他们会激动地对世人说——

让我们也坚定地说——

科学家们的故事告诉我们，其实，科学并不是那么神秘莫测，真理也并不遥不可及——

如果说科学领域发现有什么偶然的机遇的话，只会留给有准备、独立思考的人，给有锲而不舍精神的人——

（五）总结写法，引发海量阅读

1. 归纳课文主要内容。

师：请看着板书为课文归纳主要内容。

生1：谢皮罗、波义耳和一名奥地利医生发现问题与反复实验研究，终于发现了洗澡水的漩涡、紫罗兰的变色、睡觉时眼珠的转动。这些都是很平常的事情，善于"打破砂锅问到底"的人，即从小事情中有所发现，有所发明，有所创造。

生2：本文主要通过三个事例：洗澡水的漩涡、紫罗兰的变色、睡觉时眼珠的转动，告诉了我们要做善于"打破砂锅问到底"的人，要从中有所发现，有所发明，有所创造，有所前进，让真理诞生于一百个问号之后。

生3：本文主要通过三个事例：洗澡水的漩涡、紫罗兰的变色、睡觉时眼珠的转动，说明了真理诞生于一百个问号之后，并鼓励我们要向科学家们学习锲而不舍、见微知著和追根求源的科学精神。

师：也就是说今天的主要内容归纳的方法，大家都用了事理串联法。

踏实学习学法，并能懂得迁移运用，才真的学会了语文。

2. 谈收获。

师：最后，请大家谈谈这节课的收获。

生1：我知道了原来只有不断追问，才能发现新的问题，不断靠近问题的核心。

生2：我知道了科学家之所以是科学家的原因，我很佩服他们。

生3：我以后如果要搞研究，一定要有锲而不舍的精神。

生4：我喜欢这篇课文，是它告诉我们凡事要多问点问题，并把问号拉直成为感叹号，才有办法解决问题。

生5：我要向科学家们学习，争取在日后生活中能够见微知著，也成为一名伟大的科学家。

3. 小结课堂，推荐书目。

师：有句话说，事实胜于雄辩，文中用具体事例向我们说明了真理诞生于一百个问号之后，举例是说明观点的好方法。

6. 板书设计：

真理诞生于一百个问号之后　　叶永烈

论据：1. 洗澡水的漩涡

2. 紫罗兰的变色

3. 睡觉时眼珠的转动

科学精神：锲而不舍、见微知著、追根问源

二、课后反思：见微知著巧"思辨"

课标中在第四学段才有明确要求："阅读简单的议论文，区分观点与材料（道理、事实、数据、图表等），发现观点与材料之间的联系，并通过自己的思考，作出判断。"而《真理诞生于一百个问号之后》作为议论文，出现在人教版六年级下册第五组课文的第三篇，是继《为人民服务》后的又一篇更为简单的议论文，适合小学生年龄特点。如何让学生通过课堂把握住议论文的结构方式，学会思辨看待问题是关键。

结合自身教学风格，我对本课的教学进行了整体反思，结论如下：

具体教学时，我尽力凸显自身教学风格——踏实、思辨、悦读。全课教学把以生为本的理念贯彻到底，环节设计均以促使学生自主学习为目标，并通过大量阅读与分享，使之有所触动，并能从具体事例中正确理解本课重点。在品读感悟的过程中，学生能够通过对重点词句的品读、想象、补充资料等，获得深刻感悟，同时感受议论文的语言及构段特点。本课在写法上的主要特点是用具体事例说明道理，因此，我引导学生在课外阅读过程中寻求相关事例，并思考如何用这种方法来叙述事例，通过本课学习，懂得迁移运用写作方法，实现课内指导与课外阅读相融合，以读写结合的方式呈现出两者关系的自然衔接。

（一）小组合作促使课堂踏实有效阅读

新课标倡导让学生自主、合作、探究学习，这也跟我的教学主张相吻合。这一课也充分展示了小组合作学习的成果。

本课时为第一课时，整节课从检测到自主学习，再到梳理归纳，我感觉学生对于议论文这种文体的认识还是达到了预期目标。在指导正确理解课题的含义上，在读文过程中，对于文中引用的三个事例，学生一读就懂，我以学生的自学为主，然后通过填表和学生上台讲述来检查学习效果。

而从学生的汇报上看，自主探究的学习效果还是很明显的。学生能够以小组合作的方式完成任务，有针对性地在阅读课文后，找出作者文中的事例证据反推课文观点。学生能够发现规律，能简单说出事例与事理的逻辑关系。

但如果仅做到这一步，虽然表面看来是有效阅读，然而对于科学家们从"疑问"到求得"真理"的过程的复杂性，却未够深入，没能把握住重点语句理解，于是需要思辨性地深入探讨过程弥补。

（二）思辨擦亮议论文学习的火花

本文是议论文，简单易学，三个事例属于并列关系，都是学生能够通过学习就发现观点与材料之间联系的。我在课上出示了一个议论文的微课，还在课前预习时推动学生既研究叶永烈这位作者，也研究跟课文提及的科学家与科学精神相关的其他事例，让学生在查找资料了解后，能够带到课堂与同学交流分享。

深入学习课文时，我主要运用了表格，放手让学生自主探究学习汇报，小组依据表格要求完成并汇报，在学生汇报事例一时及时进行学法指导，让学生明白科学家是从现象中发现问题，经过研究解决问题，最后得出真理，学生在汇报后两个例子的时候就更有针对性。学生在探讨的过程中发现要找到真理就要善于观察、善于发问,这样的感悟可以更好地和课文的内容结合起来。感悟从"?"到"!"所蕴含的丰富情感内涵。此时,再次引出课文第二自然段做小结。

  找到真理还需要条件。此时通过领读以及学生的讨论思辨,使学生在读悟中明白科学家们见微知著、善于发问、独立思考、锲而不舍等精神。最后,回归第二自然段,在真正理解本段意思后,点题——真理诞生于一百个问号之后,至此完成思辨训练。学生在学习过程中习得方法的过程也恰好是议论文成文的过程。

(三) 任务驱动式阅读突破教学重难点

  我设置下节课的预习问题:真理就在我们的身边。科学家们凭借着什么在这漫漫的科学长途中寻找到真理呢?从而引导学生在课后能够抓住重点语句,在品读中领悟到"真理诞生于一百个问号之后"的深刻含义,并通过海量的课外阅读,自己寻找到的各种各样事例,体会和感悟见微知著、善于发问、不断探索、独立思考、锲而不舍的科学精神,突破教学难点。

(四) 反思与不足

  本课中,我基本达成从阅读中通过思辨,踏实学习议论文,并引导学生进行课外海量阅读的目标。也符合自己的教学风格。但是我也发现如下不足:虽有课前预习,但学生的阅读面还是不够广,引导尚且不到位,所以在课上拓展延伸部分比较狭窄。虽让学生了解了议论文的结构形式,但是语言形式的特点感悟较少,如文中采用的假设、条件关系句式等表述被忽略了。希望这一点可以在第二课时的时候得到补充。

精致有理　温润有情

广州市荔湾区葵蓬小学　沈玉桃（小学语文）

第一部分　导读语

　　我是沈玉桃，小学高级教师，中山大学教育硕士。生于改革开放之初，是地地道道的广州荔湾人，外表质朴，内心缜密。是一个印记着"一湾江水绿，两岸荔枝红"，沐浴在"开放兼容"的西关文化精神中的80后。岭南文化的一声一息渗入成长的骨子里，让我有责任以新担当新作为去传承新时代"广州玉雕"的文化精髓。自2001年毕业于广州市师范学校，至今任职于广州市荔湾区葵蓬小学。我"不忘初心"扎根语文课堂十八载，坚定琢玉师"工匠精神"的信仰——"切磋琢磨，乃成玉器"，形成"精致有理，温润有情"的教学风格，追求培养"爱阅读、善思考、会表达"的学生。我被评为"广州市百千万小学名教师"（第三批）培养对象、广州市小学语文骨干教师、广州市小学语文教研积极分子、广州市骨干班主任、广州市优秀班主任、广东省中小学教师资格考试面试考官。公开发表论文案例十篇，主持广州市、荔湾区结项课题五个，参加广东省、荔湾区结项课题两个。

第二部分　名师成长档案

玉汝于成

提起玉，人们总想起《礼记·学记》有言：玉不琢，不成器。意思是说，未经教育、培植的人犹如一块璞石，粗糙多棱，凹凸不平，无以为用；只有经过匠人的雕琢，才能成为有用的器皿。父母希望我长大后，能成为一块可雕琢的美玉。以玉桃为名，饱含了长辈对我的祝福，因"玉之美"有"五德"（仁、义、智、勇、洁）。

我从小生活在西关华林玉器街，连绵五百米的华林玉器街，传承四百年商脉，囊括了广州玉器交易总量的90%以上。做工细腻的"南派"玉雕玲珑剔透，造型典雅秀丽，风格轻灵飘逸，自幼我就对玉雕背后那一位位心灵手巧的琢玉师心生向往，他们有天马行空的构思、精致入微的琢磨和才思横溢的创造。

我每天最大的乐事就是到家门口的店铺看琢玉师施展切磋琢磨的刀工。琢玉是将多余的玉石废料一点一点从玉石身上剥离，最终使一块看起来粗糙暗淡的石料，慢慢变得光彩夺目、光洁温润。这"琢"的工艺是机器代替不了的，因为机器读不懂玉的心。在琢玉师看来，任何石料都并非一块简单的石头，都是有生命的，是需要尊重的。琢玉这一过程，于玉石而言，是一个凤凰涅槃、浴火重生的痛苦过程，即使看起来不甚完美的玉石在雕琢后也能呈现艺术之光。于琢玉师而言，琢玉则是对其智慧和耐心的考验。每一块玉石的软硬、裂纹、质地、色彩都不同，琢玉师要随着刀起刀落的发现而设计。因材而异、量材施艺是琢玉师的"看家"本领。

也许这段儿时的生活就蕴涵着一种对未来职业选择的昭示。我选择成为一名"琢玉师"，雕琢的对象是人，比璞更多一份灵性，也多一些不可捉摸。面对禀性各异的孩子，只有教师因材施教，摒弃简单划一的粗暴施教方法——用凿子凿不动就抡起锤子敲、用斧头劈。才能"雕琢"学生健全的人格，成为一块块有内涵的"玉"。

我知道练就"琢玉"之本领，需要持之以恒的坚守与忍耐，需要心静如水的平和与淡定，需要甘于寂寞的从容与毅力。初中毕业考前，我的成绩在年级排名前列，我的想法很直接，我的目标是考重点高中，入读华南师范大学，要以我的"优秀"成为优秀的教育人。而这一年——1996年，广州市师范学校面向全省招100名五年一贯制的大专班学生，因提前招生，我抱着练练兵的心态去试，结果在万名报考学生中脱颖而出。就这样，我提前成为了一名师范生，立志用琢玉的匠心做教育教学工作，静待由璞玉到珍宝的华丽转身。

一、书香润璞，日雕月琢

2001年7月，我从师范毕业后被分配到广州市荔湾区葵蓬小学任语文老师。身为"广州市优秀师范生"的我觉得自己对小学知识的教学游刃有余，成为一名优秀的小学语文教师也是顺理成章的事。

（一）初战"轻敌"

那是一年后的新教师汇报课，在何香凝纪念小学异地教学，东漖镇的语文教师都到场了。我精心准备了两个晚上，但听课的学校领导表情很尴尬，镇教办主任脸色难看。整整一个星期，我都陷入悔疚：自以为的想当然——优秀的师范生晋级为优秀的小学语文教师，原来是错的。教师自己把知识学明白了，也不意味能给学生讲得明白，教与学是不同的角色。

既然选择教师这份职业为远方，便只有风雨兼程了。我重拾教育书籍：苏霍姆林斯基《给教师的建议》、卢梭《爱弥尔》、帕尔默《教学勇气》、范梅南《儿童的秘密》、黑柳彻子《窗边的小豆豆》、钱理群《我的教师梦》、刘良华《教育自传》……

把阅读运用到实践，我的"卧薪尝胆"始于"吸收"——听同年级教师的"家常课"。我故意放慢教学进度，跟在同年级教师后。也就是说，我以身边教师的榜样学着如何教课。这段日子，我都待在课室，不是上课，就是在学上课。渐渐，我得知"大同小异"的课文教学模式：图片激趣导入—板书课题—生字学习—范读课文—把握大意—分段品读—布置作业。

（二）柳暗花明

三年的"听课学习期"，我严格信守"按部就班"的教学，语文课大致分为导入—生字新词—课文内容—总结延伸等步骤。我会把备课准备的有关提问、过渡、点评的每一句话在课堂中"背"出来，基本是我从上课讲到下课，学生静静地听我演绎预先设定的一串串讲词。课堂俨然是我的主场，我关心的是我教学环节能否顺利推进。

阅读的习惯滋养着我的心灵，也雕琢着我的教育教学实践：王尚文《语文教学对话论》、王荣生《听王荣生教授评课》、余映潮《语文教学设计技法80讲》、范梅南《教学机智：教育智慧的意蕴》、佐藤学《静悄悄的革命》……

我开始琢磨课堂"该是什么样的状态"。由关注教师呈现外部课堂是怎样教的，转为思考课堂内部教师为什么要这样教。教师预定的教学目标、设置的重难点是怎样一步步达成的，课堂贯穿了任课教师要表达的何种教学理念。我尤为偏爱那种干净利落的语言表达、逻辑性强的设计思路、文理交融的课堂风情。

（三）"读"无止境

经过五年的积淀，我被评为广州市荔湾区品牌新星教师。此时可以说我的教学"技术"熟练了，却发现自己的教学"思想"跟不上了。我知道只有走苏霍姆斯斯基叮嘱的"读书，读书，还是读书"这条必由之路，积淀我的文化底蕴，才能将"有思想的技术"和"有技术的思想"合一。

我开始阅读雅斯贝尔斯《什么是教育》、肖川《教育的理想与信念》、朱永新《新教育之梦：我的教育理想》、吴非《不跪着教书》、刘铁芳《新教育的精神：重温逝去的思想传统》……大量高品质的书籍告诉我：教师的课堂伴随自身的阅读史，有阅读力的教师才有成长力，优秀教师是"读"出来的，阅读可以完善知识结构，可以丰富课堂实践，可以纵深教育反思，可以开阔教学写作视野。因为阅读，我获得了一种生命的充实，阅读是我精神成长不竭的动力。

唯有书香可润璞，从"有趣—兴趣—志趣"的阅读提升了我的教育视界。璞玉之所以晶莹，是因为经历了日雕月琢的能量。彼时可谓是云上于天，待时而降了。

二、科研砺璞，深雕巧琢

（一）开山劈径

我的教学越来越顺利，渐渐显出了"成效"：广州市小学语文教师论文一等奖、广州市荔湾区语文教学基本功竞赛一等奖、广州市荔湾区教师经典美文诵读一等奖，还被评为广州市荔湾区品牌骨干教师。这些引起了广州市荔湾区教育发展研究中心梁丽文老师的关注，我随即被选入广州市荔湾区周末语文奥林匹克学校任教，接触更多形形色色的学生，也让我开始反思自己流水线式的教学，"年年岁岁课相似"。

我的课堂应该要怎样，也就是我的教师专业发展往何处去？跟着千师一课的求同思想能让我顺利达成教学效果，但我应有我的教学思想，我的课堂就应有我的教学风格，那是什么，该怎样？自2009年起，我以科研"雕琢"课堂。科研课题起步于主持广州市荔湾区教师小课题"小学语文高年级'研读名篇，走近名家'"。从名家名篇的文本细读切入"啃"教材，找出处，找背景材料，记笔记，教本上密密麻麻的字迹流淌着我付出的汗水。课堂加入了拓展课外的要素，纵横课文内外的小篇章让教学各个环节畅通，让课堂气氛轻松。学生听我滔滔不绝的讲演，也似乎成为我和学生的课堂约定，我还为自己课的"丰富"有点暗暗窃喜。

机遇青睐努力的我。2010年，我顺利通过了全国在职研究生入学考试。我获得更高层次的平台学习的机会，我的教学也开启新的历程。参与广州市荔湾区科技项目课题"以'学习者课堂'构建促小学生语文素养培育的研究与实践"，接触到研究课堂的角度，了解到可从学生学习层次为课堂管理的动力教学入手，改变教师教学层次推动课堂教学的开展，树立学习者为首的观念。我主持广州市荔湾区教师小课题"小学语文高年段立体式词语教学策略的研究"，尝试从词语教学板块践行提高"学生语文素养"的理念,以纵向的教学程序"感知、理解、积累、运用"和横向的词语学习能力要素确定教学目标。

(二)拾获珠玑

2011年,义务教育语文课程标准进行了新修订,倡导重在以生为本、以学定教。十年教龄遇上教改,点燃了我在教学瓶颈期的新生之火。我重新审视自己的课堂,正视自己的教学,是时候与以教材、教师为中心的教学诀别。我的"教学新生长"正当时。

一直在教学追求上对我有影响力的广州市荔湾区教育发展研究中心梁丽文老师给了我改革的勇气:"课堂看的是学生学的表现,而不是教师能力的展示。教改是契机,助力教师往前进,更清晰地接近教学本来该有的样子。你不需要有包袱,关键是知道自己要建立什么样的课堂。"认清了这点,我开始有意识地在语文教学中寻求一种隐退,以参与者而非主导者的身份出现在课堂里。少了教学方式的花样,多了学生反应的活跃;减了教师的话语声音,增了学生的存在表达。实在的课堂不是刚入教师门的那种无话可说、简单的程序化,而是扎实课堂根基的厚积薄发、简单从容。

2012年,我被认定为广州市小学语文骨干教师。2013年,我如愿地取得了中山大学教育硕士学位证书。我还主持了广州市荔湾区教师小课题"小学语文课堂教学学情分析的研究"。教学观念从学科—知识本位向关注每位学生的发展转变,课堂教学任务已不再停留在简单传授知识的层面上,有层次地了解学生发展起点的"教"是为了促进学生的生命成长。

我的科研能力在课题研究的雕琢下日渐夯实。2014年我主持广州市荔湾区教育科学"十二五"规划重点课题"语言模因论视角下的小学生习作教学研究",获广州市荔湾区教育科研成果二等奖。科研耕地也从荔湾区向广州市、广东省拓展,我参与广东省教育科学"十二五"规划课题"小学生语文素养构成及培养途径的研究",突破常规课时课堂,从课内的单课时教学和单元整体教学、课外的阅读课程化设计及实施两条主渠道展开教学实践,提出有效促进小学语文素养培养的教学策略;2015年,主持广州市教育科学"十二五"规划课题"文化视角下汉字教学的研究",从"文化视角"研究汉字教学,提出汉字教学需要树立"文化"理念,对汉字教学的文化问题给予应有的关注,学习汉字并非只定位于阅读和写作教学的工具性价值;2018年,主持广州市教育科学"十三五"规划课题"小学习作语言模因的研究",将语言模因论引入综合反映小学生语文素养的习作教学领域,利用语言模因的发展阶段和语言模因复制传播的特点安排教学环节,深入了解学生从学习到运用语言的整个过程。

十八年的教学生涯,我围绕"学生可以怎样学"思考、实践课堂"教师该怎样教","精工细雕"着教学策略、教学内容。如同池塘里的水,刚开始是浑浊的,随着时间的日积月累，有些东西会逐渐往下沉，有些东西会往上浮，这池水就会越来越清澈。教育科研则是帮我在"阵地"巧干开出了一口"源头活水"。

第三部分　学科教育观

切磋琢磨，乃成玉器

我每天直面语文教学，用心琢磨"为学生素养而教""用学科教人"的语文课堂。不忘初心而教，我是幸福的，也是幸运的，与我一起的是那一张张笑脸，或可爱、或顽皮、或腼腆……我"精致有理，温润有情"的教学风格正是在日常中逐渐形成。

一、琢玉之功，精雕细琢

"精致有理"的课堂是在有效利用课堂40分钟的前提下，以语文素养为核心编制逻辑性教学结构，用语文的视野解读处理教材，在整合聚焦"怎么教""为什么教"的基础上筛选取舍教什么的"本体"教学理念。教学内容涵盖语文的知识与积累、语文方法的习得、语文习惯的养成及语文能力训练的结构化学习过程，要素包括：连通——连通学生的已有学习经验，连通学生的生活与未来，语文不再只是停留在书本要掌握的知识，语文是文字记录的一种温度、一种情感；干预——促成全体学生全程参与，用学习任务单捕捉学生的想象、好奇心，迸发学习思考的动力。

对话《义务教育语文课程标准》明晰各学段目标内容隐含着各项课程能力的生长序列、教学重心所在；对话编者读懂编写理念、特色，对单元主题、框架体例、选文组成等做整体性了解；对话教材发现文本教学价值，熟悉文体特质和文体个性，精准把握不同的"文体图式"，发现表达奥妙；对话学情找准学生最近发展区，从学生的已知、未知、能知、想知、需知进行学情分析。在教学环节考虑上，遵循学生经验认知先易后难，建构从简单到复杂、单一到综合的内在逻辑，摒弃单项传授知识的活动叠加、平铺直叙的能力训练，从机械割裂、授受训练走向亲历体验"真实"语文的格局迈进，赋予学生自主建构新的语文经历和经验。语文课成为学生语文素养"拔节"的见证。

广州市小学语文正高级教师、名教师工作室主持人梁丽文，如是说："沈老师在教学中认真钻研教材和教法，充分发掘教材的价值，抓住重点，找准难点，采取多种手段，选取最佳的教学方法，用规范、科学、生动的语言进行启发式教学，做到激趣、引思、善导、精讲，使学生在和谐的课堂气氛中学习。"

广州市荔湾区葵蓬小学语文科组长郭丽芬，如是说："沈老师的语文课重视每一个学生，尊重学生的认知能力，重视学生学习持久力的培养，重视教材的研读，重视教法的深入浅出。"

二、璞玉之质，千雕万琢

源于对语文学科本质的认识，我选择将"阅读""思考"和"表达"作为语文课堂教学的三大支柱，培养"爱阅读、善思考、会表达"的学生，实现"温润有情"的境界。

阅读力处在学习力诸多环节的最前端，是学习力的基石。语文课堂是夯实学生阅读力的主阵地，让学生习惯阅读、自然阅读。要培养学生具备浏览文本读得通、读得懂，精读文本能掌握信息加工处理、概括提炼、理解鉴赏的能力。语文的课堂要把学生培养成为愿意读书、乐意读书、爱好读书的"文者"，学生有阅读的心，拥有终身学习的钥匙，那是语文教师最大的成功。

阅读是学习语言，思考伴随在语言学习的过程里，思维是语言的"内核"。批判性的思维实现阅读批判能力的发展，思考为学生充沛的创造力发展起到导航和护航的作用。学生带着思考问出"为什么"的阅读才显示学生阅读真实有效的发生，教师应肯定学生发表独立见解，培养敢于评价、怀疑、分类、比较的求异思维。

阅读是语言的输入，表达是语言的输出。学会口头和书面的表达，自觉运用积累的词汇有条理地表情达意是语文课堂绕不开的向心目标。

"温润有情"的课堂以阅读为支撑，承载思考和表达。而在阅读、思考、表达前加上情态动词爱、善、会，可一一对应搭配，也可交互配搭，看成是阅读、思考、表达需要达成的不同层次，这表达着我对语文课堂教学"根"的营养补给。我深信，阅读、思考、表达是分别呼应学生对语文学科的方法、态度、品质。希望我的学生在如玉石般温润的课堂中感受师生、生生情谊，文从字顺地抒发自己的学习见解。

三、琢璞成玉，心雕情琢

师者"传道、授业、解惑"的成功与否，不是一个公式、一组数据或者一项制度能衡量的。真正诠释"为人师者，立德树人"，靠的是教师日常身体力行的示范，这是"赢"得学生的不言之教。

如果你强调学生今日事今日毕，你就得时刻提醒自己今天的作业是否批改完毕；如果你一本正经地批评学生上课讲话、开小差，你就没办法开会时打瞌睡、玩手机……真情实意的以身作则是最具说服力、最有效的教育。如果你希望自己的学生有爱的能力，有包容他人的心胸，那么你自己就得是一个有原则但也能宽容学生错误的教师：宽容学生偶尔的犯错，给学生在错误中吸取教训以逐渐成长的时间。

身为教师的我们，即便无法把死板枯燥的知识变得生动活泼，至少可以耐心教导，不厌其烦；即便有些约束无法避免，至少可以采取缓和的方式，给予关心、尊重；即便行动上做不到，也务必存一颗恻隐之心，努力帮助孩子们实现他们的梦想。消除学生的浮躁之心，化解学生的烦闷之心，净化学生的污浊之心，让学生行走在求真、尚善、唯美的路上，最终能够让学生静心学习，潜心读书。

教书多年，我不知道我的学生能否感觉到我教育教学中的初衷。但是每年的教师节我都会收到不少学生的祝福贺卡，接到不少家长的祝福短信，接到不少已毕业学生的祝福电话。电话的那头都喜欢这样说："沈老师，知道我是谁吗？我是你最喜欢的学生。"我会逗着说："你怎么知道你是我最喜欢的学生呢？"对方声音变得很认真："因为你是我最喜欢的老师！"那一刻，感动满满。

我曾经的学生，现为一名人民警察的彭嘉濠，如是说："沈老师，能成为您的学生是我的幸运。您总在打铃前，迈着从容的步伐，带着和蔼可亲的笑容走进教室。您的思路清晰，讲解生动，一个个疑问难题总是迎刃而解。"

我曾经的学生、现就读于中国人民大学的王绮雯，如是说："每次上沈老师的课，对我而言都是一种享受，原本难懂的问题被她讲解得生动无比，在她的讲解下我的思维得到拓宽。我感觉到她是一个内心柔软、丰富、强大、博雅的人。"

而今，我心中的教育理想慢慢升华为四个字：琢璞成玉。每一个学生都是需要打磨的玉石胚子，而教育正是打磨的过程，快不得，慢不行，入其里，得其理，恰到好处，顺势而为，慢慢打磨，静静等待。

第四部分　育人故事

琢玉无痕

每一个学生都是独一无二的个体，正如世间无法找到两块一模一样的玉石。不同的学生自然有不同的优缺点、不同的强弱项。教师应像琢玉师一样，用独特的眼光去观察、去发现、去理解每一个学生。

每接手一个新班级，前任班主任总会习惯性地交代几个孩子的名单，特别"语重心长"地提醒我：某某是打架斗殴的"混世魔王"；某某是无恶不作的"偷鸡摸狗"，常有家长、邻班同学、老师找上门来；某某是"难缠户"，平时一言不发，上课从来不听讲，作业从来不交，请家长请了一年都没"请"来一次……最后总是"你自己看着办哦"。

记得有这样一个故事：两人坐在岸边晒太阳，甲问乙："你看我现在像什么？"乙说："你现在的样子很像一朵美丽的花。"乙反问甲，甲眼珠一转说："你现在的样子像一堆烂泥！"乙笑了笑没再说什么。甲回到家，得意地对他父亲说了。这时，父亲说："孩子，难道你不明白？人家心中有花，所以看你像花；你心中有泥，所以看别人如泥！""心中有花"，我默默地念着，我不能过早地给孩子们贴上标签，打上烙印，孩子毕竟是孩子，于是我把名单撕得粉碎。

从一块璞玉到做成一件玉器，首先就是进行"相玉"设计，也称"读玉"。"相"即是"看"，看后再琢磨思考。琢玉没有统一的图纸，加工之前琢玉师先要观察玉石的色相、形状、色调布局，直到对这块玉的形态、特质、特征烂熟于心，立意确定做什么题材的作品时，再依色取巧，取势造型，因石配工，使之形神兼备。相玉之心力意在因材施教。

这不，小豪不知又惹了什么祸。

只见他走进教室，用衣服把头一蒙，谁也不看，课也不听，也不跟你解释。我真想狠狠训他一顿。想到对于有着打架、顶嘴等不良习惯且学习无心、捣蛋无度的小豪来说，简单的说教是苍白无力的。我决定"视而不见""以静制动"，和他过招。我仍然饱含深情地讲着我的语文课，仍然和学生们有说有笑。

没想到，这招果然灵验，对于我的不闻不问，小豪有些坐立不安了，他还不完全清楚我这老师的脾气。于是，下课后，他有些不自在地、没事找事地向我靠近，找话题和我说。我虽然暗自高兴，依然保持静观。但此时，我有一种感觉，那就是孩子内心是渴望沟通的、期望被关注的。

小豪终于行动了，他鼓起勇气对我说："沈老师，我原来一犯错误，准会被老师不分青红皂白一顿骂，您怎么不问我、不骂我呢？"

"啊？我这人不爱管闲事，你不说，我怎么知道你怎么了，我以为你是不相信我呢。"

"老师，不是的，今天我刚进课室，小宁就说我没交作业，小宁没看清，硬说我没交。我和他解释，小宁说我肯定没做，我只会给班级抹黑。我气急了，给了小宁一拳。"

听了他的话，我平静而亲和地对他说："原来是这样。小宁是科代表，很辛苦，难免出错，你应该好好和人家解释。至于别人的话，你该想想自己不对的地方呀。"

"我……我不愿意别人说我是坏孩子，我想改。"

"嗯，所谓眼见为实，你让大家看到你的表现，是最好的证明，我坚信这一点。"

听了我的话，他呆呆地站在那儿，眼里闪烁着泪花。我明白，他的心扉敞开了一点缝隙。学会站在学生的角度去看待问题，教育小豪初见成效。

这件事后，从和他妈妈的谈话中了解到，由于小豪从小娇生惯养，脾气不好，加之原来的舆论排斥他，他有点破罐破摔。但小豪有个最大的优点是孝顺疼爱自己的奶奶，特别喜欢美术。我决定主动接近他，不把目光消极地局限在解决他所出现的问题或所犯下的错误上,而是把目光积极地定位在他本身的发展和进步上,及时捕捉他身上的闪光点。加上他自身的努力,他进步很快。

在小豪的思想和行为上"指路",也是琢玉工艺关键的一环,名为"划活",是指根据所构思的形象,在玉料上用笔墨线条把它形象地画出来。而教育教学工作中划活之精巧意在细定目标。

我抓住机会,建议他的妈妈满足他去美术班的愿望。我也充分利用小豪画画的优势,让他经常给班级出板报,负责宣传方面的设计。于是,小豪变得自信了,脸上笑容多了。

又是新学期的开始。一天,我和小豪聊天。我顺手推开窗户,"小豪,我们学校树很多是公认的事实。你能告诉我,校园里有多少棵大树吗?"他沉寂。

"你在这里读书六年了,校园里这些茂密的大树,注视着你、陪伴着你,和你一起成长,你却从来没有仔细观察过这些树,用心去打量它们?放了学,你要好好地去数一数,一定会有新的发现,需要我陪你去吗?"

"我自己能做好的。"

在暮霭渐起的黄昏,我看到他认真地一棵一棵数了起来。

当他告诉我有19棵大树时,我递给他一本笔记本,上面写着这样一段话:

"到底有多少棵树并不重要,关键是通过数树,让自己从日常的生活中惊醒过来,怀着感恩、期待的态度去过好我们的每一天。正如站在人生的渡口,向时间河流的对岸呼唤理想的渡船。每天用文字记录自己,会让你得到沉甸甸的收获。

对小豪的非正面教育,我严格按照琢玉"琢磨"的技艺严谨而行。玉石因坚硬异常须用陀为工具,合以介质水和金刚砂,历经艺法"铡、錾、冲、压、勾、顺"。运用的铁制金属圆盘要遵循一定的规则,避免出现雕刻的错误,以致毁坏玉石的原料。

琢磨重在榜样规范。"无规矩不成方圆",我推崇榜样示范,着重主题活动式教育小豪日常行为规范,培养他的良好行为习惯。渐渐地,他的朋友多了,能和班级同学友好相处了,也学会了宽容和理解同学。

在分享故事《孙悟空三打白骨精》时,我发现小豪有了新问题。

"大家都清楚故事中的情节了,里面有两个主角:孙悟空和白骨精。请大家说说哪个人物给你留下的印象最深刻,他们有哪些性格特点,记得要以文中有关的内容为依据。"

小豪高高地举起了他的手。

"白骨精给我留下的印象最深刻。文中用上'诡计多端,残害百姓'来形容她。"接着,小豪用上课文的词句表达自己的观点。

"老师,您不是说一个问题要两面看吗?我觉得白骨精其实也有她的优点,她很孝顺啊。当她抓到唐僧,她第一时间想到母亲,还打算请母亲来一起吃掉唐僧,不是可以说明她也有孝心吗?"

"因为赴约,白骨精母亲被孙悟空打死了。"

"白骨精并没有想到会因此害死自己的母亲,她想着要和母亲一起分享'长生不老'肉。老师,这件事里她的出发点是好的呀。"小豪对白骨精的理解偏向"孝顺"的时候,他的是非价值观念已发生偏移。

"白骨精的做法是建立在损害唐僧生命的基础上,是损人利己的行为。"我回答道。

我们要教会学生从"一正一反"两面看问题,可以包容学生阅读的多元观点,但当学生出现认知偏差、误读作品时,我们应该正确、正面引导,避免学生发生价值观偏离。这是琢玉的最后一步"碾磨",俗称"抛光",将玉的粗糙部位碾磨平整,使玉显露出光洁、温润和晶莹的本质。碾磨重在人格培养。

"试玉要烧三日满,辨才须待七年期。"顽石雕琢成玉需要经过长期、复杂的打磨过程。毕业时,"混世魔王"的小豪是绘画高手,"偷鸡摸狗"的小彬原来是电脑达人,"难缠户"的小俊原来是"书痴",在班会上竟然破天荒地背诵了法布尔《昆虫记》的片段,他的声音是那么的好听,孩子们的掌声是那么持久、真诚。不管名单上的哪个孩子都是那么的可爱、本真,那样耀眼夺目。

将一块璞玉打造成玉石精品的过程是极其艰辛的,以爱玉之心爱生,包容缺点才会发现优点。做一个有慧眼、慈心、妙手,有功力、有才气的雕琢师,让这些如璞玉般的孩子免受乱锤敲击之苦。及时发现孩子的亮点,琢磨抛光,使之更加光彩照人,及时发现玉中之瑕,斟酌设计,巧思妙琢。

琢玉成器,重在匠心。我深以为然,并谨记于心。

附录 教学现场与反思

学会看病*

人教版第九册第六单元围绕单元主题"父母之爱",入编美国作家马克·汉林《地震中的父与子》和美国作家巴德·舒尔伯格《"精彩极了"和"糟糕透了"》作为精读课文,梁晓声《慈母情深》和毕淑敏《学会看病》作为略读课文。单元训练点的主要内容是把握和体会描写所表达的父母之爱。

《学会看病》讲述母亲看似狠心做出让生病的儿子独自去医院看病的决定,背后却凝聚了母亲对儿子浓浓的爱,表达母爱的另一个侧面。与教材附录选读课文《剥豆》的作者同是毕淑敏。两篇文章都以一个母亲的眼光和心情来写,用第一人

---

* 此课例获评 2018 年广东省、广州市"一师一优课、一课一名师"活动基础教育省级优课、市级优课。

称心灵独白的形式把叙事和心理活动交织进行，推动故事情节的发展。心理活动淋漓尽致地刻画出母亲矛盾、纠结的内心。从写法特点来看，心理描写和语言描写是特色，用生活中真实存在的小事反映母爱的情感。文内不曾出现"爱"的字眼，但字里行间爱意浓浓、感人肺腑，表达那种柔肠百转而又广袤深远的母爱——既想让孩子锻炼成长，又怕孩子遭受磨难的复杂心理。毕淑敏擅长把个人独特的感受融入叙述中，语言简单，娓娓道来，如叙家常。

本单元前三篇课文的学习，让学生已分别感受到了执著、严格要求的父爱，慈祥、鼓励的母爱。在第一、二学段的学习中，学生也接触过伟大的母爱，如在第四册《玩具台前的孩子》中读懂了母亲的坚强，生活艰辛还要坚持照顾生病的父亲；在第六册《妈妈的账单》中读懂了母亲那无法用金钱衡量的爱；在第六册《卡罗纳》中读懂了母亲体谅孩子的心。但将要学习的《学会看病》和《剥豆》中的母亲在日常生活中却一反"常态"，把生了病的孩子推向医院不照顾、"故意"让孩子输掉比赛不退让。学生面对母亲"无情"的言行要逆向感悟到母爱的深沉，领悟母爱的真谛——鼓励自己独立面对困难，乐观接受生活中的磨炼，的确需要学生"到位"地理解母亲矛盾的内心冲突。

设计理念

语文的学科特点决定"披文"要"文意兼得"，教师应在课堂中凭借课文落实单元训练点。从学生的阅读需要着眼，以词句感悟母亲矛盾的心理描写，习"法"用"法"，让学生在比较阅读中得到高阶思维的训练，力求体现简而深、实而重的"课堂温度"。

教学目标

1. 练习快速默读课文。
2. 用扩充重点词概括文章主要内容。
3. 品读课文心理描写的语句。

教学重难点

领会作者在表达母亲矛盾心情时的心理活动描写。

一、教学实录

（一）把握课文主要内容

师：今天我们来学习毕淑敏写的《学会看病》（板书课题），这是一篇略读课文。请同学们默读课文，边读边思考课文写了一件什么事？

……

师：检查大家词语掌握是否过关。（出示："喋喋不休""雪上加霜""按图索骥""忐忑不安"）

（一生读词，读得很通顺）

师：哪个词不理解？

生：按图索骥。

师：从字面上看，"按图索骥"是什么意思？

生：按照图示找到良马。

师：哪个字是良马的意思？

生：骥。

师：那么这个词在文中又是什么意思呢？说说它在课文中的意思。

生：儿子按照以前的路线找到看病的地方。

师：是以前的路吗？

生：是按照母亲给他的路线去看病。

师：谁还能说得更准确一些？

（两位学生陆续把"按图索骥"的意思说准确）

师：其实这就是文章的主要内容，刚才我们根据重点词汇"按图索骥"了解了这个故事的主要内容。我们在概括文章主要内容时可用扩充重点词法，这种方法适合写人记事的记叙文。

（小组合学交流《剥豆》的主要内容）

五年级的学生已在第二学段掌握"初步把握主要内容"的能力。本单元导语中提出"把握主要内容"是进一步巩固学生概括主要内容的能力。

师：作为母亲，她到底愿不愿意让孩子独自去看病呢？你们读了这篇课文，可以很轻松地说赞同或不赞同。有句俗语叫——站着说话不腰疼，我们毕竟不是故事中的母亲。文中的母亲到底是愿意还是不愿意让孩子独立去看病呢？

师：愿意吗？

生：愿意。

师：完全愿意吗？

生：不愿意。

师：完全不愿意吗？

生：愿意。

师：也就是说，在让孩子独自去看病的过程中，母亲耳旁一直有两个声音在回响，一个声音说——（出示课件）

生（读）：我应该让孩子独自去看病！

师：又一个声音说——

生（读）：我怎么能够让孩子独自去看病呢？

（学生默读课文，边读边圈画表现母亲心理变化的词语，填入下图。接着汇报分享，并提炼词语，体会母亲心路历程的矛盾冲突。）

课文有三处直接点明母亲的残忍、狠心、冷漠，有七处充分流露出母亲的关切、担心、后悔、心痛、自责及痛苦的煎熬。感悟母亲狠心与不狠心的交叉描写，引发学生的认知冲突，为全面认识母亲提供依据。

图1　母亲心理变化图

师：在让孩子独自去看病的过程中，母亲耳旁一直有两个声音在回响，一个声音说——

生：我应该让孩子独自去看病！

师：又有一个声音说——

生读：我怎么能让孩子独自去看病呢？

师：是啊，在让孩子独自去看病的过程中，母亲的心中一直有两个声音在回响，愿意与不愿意，母亲的心里一直在煎熬。

（出示句子：时间艰涩地流动着，像沙漏坠入我忐忑不安的心房。两个小时过去了，儿子还没有回来．虽然我知道看病是件费时间的事，但我的心还是疼痛地收缩成一团。）

师：这段话中哪个词写出了母亲心中的煎熬？写写感受。

（学生默读写感受）

师：谁来说说你的感受？

生："忐忑不安"写出了母亲的煎熬。

生："艰涩"一词写出了对儿子的不放心。

师：你把这段话读一读。

（生读）

师：费力地读，你听出了什么？

生：时间的煎熬。

生：犹豫不决的心情。

师：有没有不懂的词？

生："沙漏坠入心房"是什么意思？

师：请给"坠"组个词。

生：坠下。

生：摇摇欲坠。

生：坠落。

师：一般说什么东西坠毁、坠落？

生：飞机坠毁、陨石坠落……
师：给你什么感觉？
生：恐惧。
师：沙漏坠入心房就像——
生：飞机坠落，陨石坠落。
师：让我们来朗读这段母亲的心里话。

（生读）

入情入景的品读，就如文中的儿子站在母亲面前，聆听母亲的心声，感受儿子的心绪。

（二）学法迁移

1. 小组汇报《剥豆》。

图2　母亲心理变化的学习单

2. 对比思考两篇文章的相同点。

两篇文章的作者都是毕淑敏，写的都是母亲与儿子之间发生的日常事，以人物矛盾的心理活动"独白"式地表现母爱的深沉，结尾都点出了这份独特的母爱。

师：来看看两篇文章的结尾，先读《剥豆》。（出示句子：想到自己的瞻前顾后，小心翼翼，实在是大可不必，对孩子来说，该承受的，该经历的，都应该让他体验，失望、失误、失败、伤痛、伤感、伤痕，自有它的价值，生活是实在的，真实的生活有快乐，也一定有磨难。）

（生读）

师：《学会看病》也有一个类似的结尾。（出示：孩子，不要埋怨我在你生病时的冷漠。总有一天，你要离我远去，独自面对生活。我预先能帮助你的，就是向你口授一张路线图，它也许不那么准确，但聊胜于无。）

（生读）

师：这段话中哪个词不理解？
生：聊胜于无。
师：谁知道这个词的意思。
生：比没有好。
师：哪个词是"比"的意思？
生：于。

师：哪个词是"好"的意思？
生：胜。
师："聊"是什么意思？
生：说话。
师：不对。这里的"聊"是"略微"的意思。请连起来说一说这个词的意思。
生：略微比没有好。
师：还可以怎么说？
生：比没有略微好一点。
师：能结合文章说说"聊胜于无"的意思吗？
生：母亲给孩子提供看病的路线图总比没有提供要好。
师：是啊，这就是母亲心中煎熬的理由啊。
（再次出示词语："残忍""狠心""冷漠"）
师：看，文章表面上写母亲"残忍、狠心、冷漠"，其实在写——
生：其实在写母亲爱的方式不一样，与众不同的爱。
生：其实在写母亲更高境界的爱。

课例设计以学生能力训练为原则，突出训练重点：从心理描写上提升情感感悟。明确揭示母亲的内心：从让孩子自己看病，在输赢中学会独立，读懂母亲"放手"，却是尽责的爱。

（三）总结提升

1. 在这样的母爱浇灌下，经历很多很多的事后，儿子长大了。出示毕淑敏儿子芦淼的资料介绍及毕淑敏作品阅读推荐。
2. 学完了两篇文章，你有哪些收获？
根据学生的回答，出示：
孩子，不要埋怨我在你生病时的冷漠。
母亲，我不会埋怨你在我生病时的冷漠，
因为_____。
孩子，不要埋怨我在剥豆比赛时的瞻前顾后。
母亲，我不会埋怨你在剥豆比赛时的瞻前顾后，
因为_____。

学生的回答多样，例如"我理解母亲的做法，她是想让孩子学会独立，在挫折中成长。""我知道这是母亲用心良苦。"……引领学生从儿子的成长经历中，学会自立自强，乐观向上，理解父母，感恩父母，真正理解无论父母怎样做都是爱。

3. 总结单元主题。
说说你心中的父母之爱。父母爱自己的孩子，每一个孩子在父母的爱中长大，第六组课文就诠释了父母之爱，它们使我明白了：爱是父子之间的约定和坚守，

爱是母亲揉皱的毛票，爱是"精彩极了"和"糟糕透了"的断言，爱还是……

4. 板书设计：

20　学会看病　　剥豆
（毕淑敏）
相同点
心理描写（独白）

二、教学反思

在40分钟的课堂里，我设计以比较阅读的教学进行连通，以小组合作及母亲心理变化的学习单为抓手，"同教"入选本册教材两篇作者都是毕淑敏的课文，创设"精致有理"的"少时间大容量，少问题大阅读"的课堂节奏。

五年级是第三学段的开始。阅读课程目标上要求，"默读速度每分钟不少于300字，了解事件梗概，在阅读交流和讨论中，敢于说出感受、提出看法，作出自己的判断"。开篇默读《学会看病》和限时默读《剥豆》后概括主要内容，是学生课堂练习的"常规动作"。

站在单元整组教学的角度研读教材发现，单元训练点之一为"把握主要内容"，教学应在学生第二学段已掌握概括主要内容方法的基础上巩固提升概括力，可以用"重点词拓展概括主要内容法"突破。单元训练点之二为"从描写中体会父母之爱"，把作者表达母亲心理活动的"一波三折"和矛盾多变的词句作为"精读"的板块。教学定点为通过学文训练学生的语文能力。

当阅读开启课堂，思考与表达如影随形，这便是"温润有情"的课堂氛围。

课例中我重在让学生"得法练"，建构自己在阅读过程中的体验。学习《学会看病》中，我抛出主问题"你赞同母亲的做法吗，为什么？"这需要学生对文本信息的提取、判断、筛选、理解、分析、整合，需要深度思考，才能理解母亲让孩子在学看病中学会生活的思考，才能提炼出自己的观点。语文学习不应只有听说读写，更应把听说读写与"思"结合。思考、思维、思想是语文学习的动力引擎。"辨析"促成了生生对话，体现了学生主体性的确立，课堂精彩在于学生思考所获。

毕淑敏的文章通过故事讲述，往往暗含着一种哲理，令人大受启发。学生在阅读的过程中肯定也受到了感染，但对母亲的做法，限于生活经验，学生还不能完全明白其用意，处在剪不断理还乱的状态中，残忍？狠心？还是冷漠？《学会看病》让学生体会母亲的心情，但就这堂课来讲，这不是本课教学的独特价值。细读文本，我们会发现，毕淑敏把愿不愿意让孩子独自去看病的抉择一直写到结尾，这才是本文表达上的主要特色。课堂上我努力还原故事人物的内心冲突，"担心、后悔、心痛、自责……"引导学生阅读这个故事，保留学生思考表达的空间。

课的结尾部分将《学会看病》与《剥豆》作为互文来学习，对比穿插着阅读，学生在比较中发现，作者在表达类似的内容：同写母爱，同写母亲的心理斗争；同写出了母亲为了让儿子承受失败所经历的心理煎熬；同样点明主旨的结尾；作者运用了同样的表达形式。这是在与选读课文《剥豆》的比较中发现的共同的表达密码。这样的发现，丰富了学生对《学会看病》的认识，为潜在的言语表现提供了崭新的读写因子。这种言语表现不是生硬模仿复制的输出，而是学生个体对毕淑敏作品的独特感受。这种发现是主动的，是惊喜的，更是深刻的。

　　一堂精彩的课，就像一块粗糙的石料在琢玉师的手中不断地被雕琢打磨一样，需要实践、需要体验、需要感悟、需要反思，甚至是字斟句酌，教师在这个过程中积累经验，提升内涵，绽放魅力。所谓好课需多磨，就如璞玉不停地被切磋琢磨，方可达到"返璞归真"。

　　"年年岁岁课相似，岁岁年年生不同"，语文教学的路还很长。为人、为人师也应如璞玉般打磨自己，"精琢于技，突破于智"，磨去内心的浮躁与急性，脚踏实地走好每一步，方能成大器。

轻松温暖　灵活包容

广州市协和小学　潘蔚贤（小学语文）

第一部分　导读语

我对广州西关有着深厚的感情——我生于斯，长于斯，成于斯，是正宗的"西关小姐"。

我在西关百年老校——广州市协和小学辛勤耕耘了二十载。在这里，我被评为荔湾区品牌教师之骨干教师、优秀教师，广州市第二批骨干教师，优秀援藏支教老师，获得了中小学高级教师（小学副高）职称，成为广州市"百千万人才工程"名师培养对象和省级骨干教师培养对象。

我多次承担市、区的公开课，有18篇文章获区级以上奖励或发表。曾参与或主持了7个课题，其中已结题的有省级课题（子课题）"中小学古诗教学的研究"和"小学高年级课外阅读课内指导的策略研究""基于单元主题的课内外阅读互补研究""小学生分级阅读的研究"，立项在研的有省和市教育学会小课题"小学提升美术素养的研究""小学语文综合性学习的实践研究"，"智慧型成长阅读特色学校的建设"正申报市级课题。

我有广州人务实求真、变通灵活、开放包容的品格；作为教育者，秉承羊城文化传承的责任感，也形成了"轻松和谐'两全'其美，开放融合'多元'并行"的语文教育观。崭新的"粤派教育"的理念，促使我将地域文化与语文课堂融合，让学生通过语文学习爱祖国语言，爱广州文化。我自觉为知书达理的"西关小姐"代言，为包容融合的岭南文化代言。

第二部分　名师成长档案

无悔成长路——立志为师　粤领风骚

当一名人民教师，是我的职业，也是我的理想。一路走来，不算坎坷，但留下了一个个或深或浅的印记。

一、一路追求，不断成长

从小立志要做一名教师，从踏上教坛一刻起，我就把当一名优秀的"教书匠"作为终生的追求。

（一）童年理想，一生追求

从小学开始，我已经是小区里有名的"小老师"。一年级时，每天放学，我就"开班授课"——把邻居家几个弟弟妹妹招来，排排坐好，有模有样地教他们读拼音、读课文。

上了初中，邻居叫我给她补习阅读，我推荐了一堆书给她看，然后盯着她做批注、写感受。歪打正着，她成绩提高了一大截！原来学语文就是"多读书"！这更激发了我"为人师"的欲望和激情。初中毕业，虽然考上了师范，但想起来还真让人脸红。面试时，不知是因为准备不足，还是因为偌大一个考场，两位面试官正襟危坐令我极其紧张，对老师提出的几个问题，回答得结结巴巴。临到复试，考官们很和蔼，首先提问了一个很简单的问题，然后叫我背首古诗，我脑袋里一片空白，竟然把初中学的都忘了，背了一首小学学的《悯农》。面试虽然通过了，但给了我极大的刺激，让我知道自己的短板所在；也让我感受到老师慈爱宽容的态度给学生带来的鼓励。所以如今我为人师，也这样对学生，且相当重视培养学生的口语表达能力。

（二）博采众长，稳步前进

怀着对"太阳底下最光辉的职业"的憧憬，怀着满腔的热情，我踏上了真正的讲台。

在师范附小，我幸运地遇上一批敬业乐业的老教师，可以聆听他们的示范课，面对面向他们请教。每位老师特点不一，教学风格不一，对我的教学有着直接影响。

一开始，我认真备好教学的每一个环节，一次又一次背教案，堂上讲得滔滔不绝，头头是道，可发现学生经常不"配合"我。于是，我努力鼓励学生多说多读多写，逐渐有些效果。《义务教育语文课程标准》试行稿颁布后，提倡"自主、合作、探究"的学习方式，为我的语文课堂教学打开一扇新的大门，转变了我的语文教学观。我把课堂主动权还给学生,以读为本,通过丰富生动的形式引发学生对语文的兴趣。我的课不再只是老师教学技能的展示,更是学生爱语文,学语文,玩语文,用语文的发生地。

从教以来,我上过不少成功的公开课,这离不开同行的帮助和自身的努力。几年后,我获得了一些荣誉:"荔城新星""荔湾区中心教研组成员""荔湾区首届骨干教师""荔湾区品牌教师之优秀教师"……我也先后完成了华南师范大学成人本科、教育硕士研究生的进修,还参加了省骨干教师培训,理论和实践又有了较大提升,感到自己成长了。

2008年,我终于如愿加入了中国共产党,从此严格要求自己,不怕吃苦,特别是加强师德修养,坚持行为世范成了自己新的标准。十年后,习总书记提出"以德立身、以德立学、以德施教、以德育德",对党员教师提出了明确的要求和期待。重自律,重师德是我稳步前进的基石和动力。

(三)援藏支教,架设桥梁

山一程,水一程,风雪弥漫西藏行,往事不如云。

2013年,是我教育生涯无比重要的阶段——偶然的机会,我报名援藏支教,获准为偏远山区的教育事业尽一分绵薄之力。走进青藏高原,教学和生活环境比我想象中好很多,广东省对口帮扶的林芝市的学校都开始用电脑上课了。但对藏区孩子们学习情况不熟悉,习惯的教法收效不大,刚开始很有挫败感,第一学期期中考试平均分竟然不及格。本来我就因为"高反"经常胸闷气短,"成绩不合格"的打击更令我彻夜难眠。为此我及时重新定位,调整策略。学生的识字回生率相当高,汉语表达能力比较弱,这些都极大影响了语文学习的效果。为此,我用了很多办法激发他们学汉语的兴趣,帮助他们记忆汉字。制作汉字小卡片和他们玩拼字游戏,用动画字理识字,用"找不同"辨析形近字、音近字,在生活中识字,不一而足……期末考试平均分76.5分,让我吁了一口长气——"有脸见羊城父老啦!"

第二学期,我想到不能光提高任教班成绩,还该发挥我援藏支教的作用,带动更多当地老师一起进步。于是,我做了藏族孩子识字情况的调查问卷,发到林芝县和几个乡镇小学,针对现状提出了优化的策略。同时还建议老师们进行汉字教学的课题研究。在我离开后的第二年,学校真的成功申报了林芝市的课题。当时我还发现,老师们对课程标准的研读不够细致,把握不够准确,出的测试卷有的题量过大,有的难度过高,导致本来已经学有困难的学生成绩更上不去。于是,我专门开了课标解读和命题策略的讲座。

支教的一年,使我躁动的心静下来,让我的人生更加坚实厚重。

(四)培训引领,粤领风骚

援藏支教回来,再次投入忙碌繁重的工作,我借评小学副高的机会对自己多年的教育教学经历和经验做了一个梳理，感觉自己成绩是有一些，但理论的积淀还不够，缺乏有分量的研究课题。正在这个瓶颈期，我报名并经过层层遴选入选省级骨干教师培训和广州市"百千万人才培养工程"名师培养对象培训班。

作为广东省政府"强师工程"核心项目之一的中小学新一轮"百千万人才培养工程"，被誉为新时期广东基础教育的"黄埔军校"，为广东基础教育人才培养、教育质量提升创设了更好的平台。我在培训中开阔了视野，感悟教育教学管理智慧，学科素养日益丰厚。从只关注语文到拥有跨学科眼界，再到整合各学科资源，对课程标准提出的语文综合性学习有了深度的实践和反思。名师培训学习强度大，但收获颇丰。

二、以勤为径，用爱作舟

在专业成长路上，我觉得有几点要素让我保持向上的动力，不断前行。

（一）良好态度是起点

教师勤奋好学的态度、兢兢业业的精神、乐观向上的心态、豁达大度的心胸，都对学生成长有着直接的影响。

应该敬业爱生 我应该做新时代学生锤炼品格、学习知识、创新思维、奉献祖国的引路人。一位学生高考志愿报了师范，她说："我也要像潘老师那样做个好老师。"自己的理想延续成学生的理想，这是无比幸福的。"三寸粉笔，三尺讲台系国运；一颗丹心，一生秉烛铸民魂。"习近平总书记的这句话，正是我心底里的信念。

应该勤奋踏实 工作二十年中，我不管当班主任还是学科组长，或是教导主任，都兢兢业业，勤奋刻苦。2005年市里评优秀科组，我时任语文科组长。当时怀孕的我，坚持带领老师们集体备课、磨课，为了帮助一个比较薄弱的老师，我和她同课异构，再一步步完善教案。接着总结语文科组工作，分门别类准备书面资料，经常加班到夜晚。功夫不负有心人，我们语文科终于被评为"广州市优秀科组""广州市巾帼文明岗"。勤奋踏实的精神，共同进步的责任，努力上进的追求，使我一步一个脚印地获得了一些成绩和荣誉。

应该包容团结 中山大学著名学者黄天骥说，岭南文化和人文特质最突出的一点是包容融合。在一个集体里，老师要包容学生，接纳每一个学生的优缺点；要包容家长，团结家长，让家长成为我们教育的忠诚战友；要团结同事、领导，共同为教育努力。

有个学期我的培训任务很重，经常要外出学习或上课。有位家长就在家长群里质疑我为何经常找代课老师"充数"。我把每天和代课老师沟通的聊天记录发给她，让她清楚我一直在跟进教学进度和情况。我还让家长也明白，教师终身学习是为了更好地教育学生。家长理解了我的工作，自然也就没有怨言了。

（二）知识积淀助成长

教师知识分为三个方面，即学科知识、实践知识和教育理论知识。

不忘充实学科知识　教师的学科知识指教师所具有的特定的学科知识，教师必须掌握一定量的学科知识。我们读了那么多年书，学科知识是否够用？

有一次，有个学生拿着《大学》里的"古之欲明明德于天下者，先治其国。欲治其国者，先齐其家。欲齐其家者，先修其身。欲修其身者，先正其心。欲正其心者，先诚其意。欲诚其意者，先致其知。致知在格物。"来问我怎么解释。我被"致知在格物"卡住了，一时不明白何意。后来我查阅书籍才明白"格物致知"这个词正是儒学思想的难解之谜。朱熹后来解释是通过研究事物而获得知识、道理。直到王阳明时提出"知行合一"。在当代，"格物致知"重在对事物客观的探索。学生的提问使我对经典有了新的理解，"格物致知"的观点也影响了我的工作、学习态度和方式。

不忘更新实践知识　教师的实践知识是指教师教学经验的积累。我从教多年，教学经验自然是丰富的，这是宝贵的资源也是阻力，因为会犯经验主义的错误。统编教材，在编排和一些理念方面和旧教材不同，需要我们对课程标准的理念和各年段教学目标有深刻的理解，对统编教学的编排有明确认识。尽管我已经有数次"大循环"经验，但每次培训都认认真真学，每一节课都扎扎实实备课，用新的标准衡量自己的教学实践。

不忘丰富基础理论　教师的教育理论知识是指教师所具有的教育学与心理学知识，它是一个教师取得成功教学的重要保障。这是阻碍我更上一层楼的短板。

广州市"百千万人才工程"名师培养项目提到"粤派教育"。什么叫"粤派教育"？我发现自己关于这方面的理论近乎空白，于是恶补岭南文化、岭南学派的渊源、发展。教育是文化的重要载体。粤派教育低调而富有内涵。怎样成为"粤派教育文化滋养"下有区域特色的"粤派教师"，从"本土化""时代性""生存观"三大方面发展岭南文化、广东精神、粤派教育，正是时代赋予的责任。

（三）科研领路铸风格

教师是实践者，也是研究者。教育科研使我发现了一片更广阔的教学天地、一个全新的自我，激发了更高的工作热情，发现了更广阔有待创新空间。

勤于模仿下功夫　刚踏上讲台，我按着名师的教学设计，学着他们上课的样子，有时也"各取所长"，例如导入借用王崧舟的，字词训练参考支玉恒的，朗读训练模仿于永正的……有一次公开课，我自我感觉不错，教研员听完也给予了较好的评价。可他最后问我："字理教学的理论你研究得怎么样？如果只靠课件展示就是字理，那是肤浅的。例如'阝（左耳旁）'和'阝（右耳旁）'你知道字理上有什么不同吗？"学得名师一招一式容易，但学到真谛和智慧不容易，要想有自己的风格更是要不断反思和实践、提炼。

教学科研悟大道　刚参加工作时，我对教学科研很懵懂，我一边学习名师专著，一边尝试多读多写。后受聘为市特约教研员，继续深入研究课外阅读与课内指导的策略，总结归纳了一些有效的策略。随着新课标的实施，让我充分领略语文学习的丰富、多元、开放。接着我申报了省教育学会的小课题，结合单元主题和语文知识点开展一次次富有趣味的语文综合性学习。2018年，我参与了市规划课题"与阅读融合的美术教学研究"，现正在申报市教研院主导的"智慧阅读校园"项目中的子课题。一个个鲜活的案例、一篇篇获奖或发表的论文让我获得了课题研究的成功感。在教学科研中，我寻找自己的教学特点，摸索出适合自己的教学方式。

扎根西关炼风格　很多大师的课堂教学案例，都表现出他们独特的教学风格和魅力。我开始实践、反思、摸索属于自己的教学风格。也许我没有大师深厚的文化底蕴，没有深情美妙的诵读，没有北方人独有的侃侃而谈，没有滴水不漏的教学设计，但我处在发达沿海城市的大背景中，浸润于宽容温润的广州文化，扎根在粤港澳百年的协和教育集团，加上我个人好强而不张扬、幽默而不轻狂、亲切而不媚俗的性格，我应该寻找属于自己的教学风格。

第三部分　学科教育观

作为一名研究型的教师，我们思考自己的教育主张是什么？在教育主张引领下，我形成自己的教学风格了吗？一连串的问题，引发我边学习、边思考。我确立了自己的语文教育观——轻松和谐，多元融合，并以此指引自己形成个人的教学风格。

 我的教学风格解读

轻松温暖，灵活包容

教育主张引领下的教学风格的追求，应当是名师成长的核心与关键。我追问自己：到底我的教学风格是什么？

一、他人的评价启发我

他人的评价是照见自我的一面镜子。

在一次语文综合性学习中，指导学生分组做调查研究，有一组做"任教本班的教师受欢迎度调查"，我被学生们选为"上课最幽默的老师"，我的语文课堂被学生称为"最好玩的课"，这让我骄傲了一阵子。过后我思考学生喜欢我的课堂中的什么呢？是什么让他们觉得"好玩"？我在别人眼中是个怎样的老师呢？

在省骨干培训班中，我的班主任广东二师院桑志军教授评价我是"一位有情怀的老师，对教育、语文有一种执著的追求。从口语交际到课内外阅读指导，到语文综合性学习，不断探索，逐渐形成了自己在教育教学上独特鲜明的教学风格"。

一起研究"儿童诗教"多年的耀华小学黄老师说："潘蔚贤老师积极探索培养学生学习习惯和个性特长、指导学习方法和课外阅读等策略，形成了独特的教学风格。她带的学生一定是书读得声情并茂，字写得工工整整，言谈举止彬彬有礼。她奉献着爱心和智慧，在享受成长的快乐同时，体验'为人师'的自豪和幸福。"

更有趣的是我的学生们，有的说："美丽的潘老师是我们的良师益友。""作为老师，她的课总是生动有趣，她没有一味地传授书本上的知识给学生，她会把自己的人生经验、有趣的故事、时事热点也带到课堂上来。"有的说："上她的课看似轻松幽默，其实很'烧脑'，因为她给我们出很多难题，还有很多实践性作业，要走出家门走出课本学习。"

原来我在他们眼中是这样的！如果用几个词形容自己的教学风格，我想就是：轻松温暖，灵活包容。

二、解读我的教学风格

轻松——深入浅出　首先是营造轻松自然的学习氛围。学习是辛苦的，但课堂学习的氛围轻松自然有利于提高课堂学习效率。我努力把自己的课讲得更好、更精彩，深深吸引学生的注意力，熟练地驾驭课堂，张弛有度，愉快互动，于无声处看花开。

其次是根据儿童教育规律，用学生喜爱的方式，例如，我接新班级介绍自己时会用猜谜的形式，一下子拉近与学生的距离。随之让他们用各种方式介绍自己的姓名，有的学生用构字法——我姓李，木子李；有的用组词——我姓林，树林的林；有的用猜谜——口张得比天还大（吴）……这无形中在轻松的交流中品味了语言文字的魅力。

温暖——爱心滋养　都说少年儿童是祖国的"花朵"，他们需要教师阳光雨露般的呵护，所以我们的教育、我们的语文课堂也应该是有温度的。首先是宽严有度，亦师亦友。孔子说："知之者不如好之者，好之者不如乐之者。"只有亲其师，才能信其道。我常和学生在课余玩游戏，学生下课时不太怕我，他们会亲热地抱着我说悄悄话。当然，作为教书育人者，我对学生的不良习惯也会严加管教，是学生眼里有名的"福尔摩斯"。宽严有度才是爱，严慈相济亦师友。

还有通过文本对话传情达意。新课程标准指出：阅读教学是学生、教师、文本之间的对话过程。教师与文本的对话是温暖的，一是因为文字是有温度的，是传情达意的；二是因为教师与文本对话时心中要载有学生，要心悟其意，心融其境，设身处地站在学生角度来考虑"怎样学"。

灵活——方法求新 广府人素来灵活、创新，不故步自封，不墨守成规。我尝试不断改变、发展，把课外知识、跨学科知识和时代话题融合到语文课堂中。读师范时老师说"教无定法"，我初出茅庐工作时教育界兴起"模式"，但是，有好几次我有意无意地突破固定的教学模式，学生学得更起劲，超出了我的备课预设。于是，我慢慢觉得无固定模式也是一种"招"。

"百千万名师培训"送教，我教授六年级《伯牙绝弦》。试教时，一再通过音乐、语言的调动、感染，学生还是"不为所动"，朗读起来还是味道不够，而且在结课时还质疑："伯牙这样做值得吗？"这样的结果，促使我再教时就预备了小说中二人相识的片段和伯牙在得知子期死讯后写的诗，配上《高山流水》及《伯牙悼子期》音乐，并在课前推荐阅读管仲与鲍叔牙、羊角哀和左伯桃的故事。准备了几种教学方案。随着学生的课堂表现随机处理，学生存疑处适时点拨，打破了原有模式，大大增强了教学效果。

包容——多元发展 包容是广府文化特征之一，体现在教育教学上就是有教无类、因材施教。我在教育教学中注意了解学生，因势利导，分层教学，运用灵活的教学方法和辅导方式，力求让每一个学生都有所得。

课堂上，我让外向爱说话的学生牵头表演诵读、课本剧；让内向害羞的学生展现他的工整书写；让动手能力强的学生带头做实验；让文静沉稳的学生负责分配合作人物；思维能力强的学生回答难度高的问题；基础薄弱的学生让他们当小老师发现字词规律……因材施教，灵活变通。

分层作业也是我常用的方法。学生根据自己的兴趣爱好、性格特征、能力水平，选择适合自己的作业，汇报作业时取长补短，各类学生都能在不同方面、不同层次的作业中得到提升。

开展多元综合性学习使学生语文学习如"海纳百川"。"综合性学习"作为语文课程的一种崭新的课型正式进入教材，也作为一种合作探究的学习方式进入课堂。我在进行语文综合性学习的内容设计时注重开放性和拓展性，通常有几种：（1）依托教材，延伸拓展。例如三年级上学期第六单元学习《古诗三首》后，课外搜集更多描写祖国河山的诗句，还可以通过看风景画猜诗句，用自己的语言描述画面等，把凝练的古诗句化为现代语言，景语化情语，情语化文语。（2）联系生活，处处用语文。例如运用《海滨小城》"先概括再具体"的围绕一句话写作的方法，让学生说说自己最熟悉的海滨画面。也可以引导学生用文本"从不同方面介绍一处景物"的写作方法，介绍广东家乡的某处特色，发掘更多的家乡美。（3）综合学科，整合利用资源。例如《富饶的西沙群岛》的教学，利用视频资源，我给学生播放《蓝色星球》片段，生物学、海洋学、物理学、地理学的知识都蕴含其中，并让学生用充当解说员的形式，运用课文和老师提供的词句描述画面，既融合了学科渗透,又凸显了语用功能。

我的教学主张

轻松和谐"两全"其美,开放融合"多元"并行

萧伯纳曾经说过:"一个人要是没有什么主张,他就不会有风格,也不可能有。"他的意思是风格来自自己的主张、追求。"站在巨人的肩膀上",我逐渐形成自己的教育主张。总的说来,我主张语文教学要"轻松和谐'两全'其美,开放融合'多元'并行"。

师生关系:坚持民主平等原则 "两全"指的是面向全体学生和学生的全面发展。在教育过程中,如果师生关系处于一种民主、平等、信任、理解的状态,那么它所营造的和谐、愉悦的教育氛围必然会产生良好的教育效果。"天生我材必有用",每个人都有自己的特长,要用发展的眼光看学生。教育面对的是全体学生。在这种教学观下,我改变了教学方式,不再把语文学科看作是单一的,而是多元的,教学的内容、形式、环节都应是丰富的、立体的,让每一个学生多方面的才能都得到锻炼。

语文教学:课堂内外学语文 《义务教育语文课程标准》指出:语文课程应是开放并富有创新活动的。语文教学,应形成课堂学习与课外活动结合起来的开放系统,拓宽学生学语文的途径。我传承了传统语文教学有效的教学手段和方法,也积极接触新时代变化,很重视学校、家庭、社会的结合,挖掘课程资源,主张读活书,活读书,读书活。不仅在课堂上学习语文,更是在生活当中处处学语文、用语文,争取语文教学效益的最大化,追求语文课堂的开放、包容、轻松、灵活。

例如学拼音,单学会拼读教材中的音节是远远不够的,在生活当中学拼音就高效得多。可以拼读音节找出相关物品,可以给家里的家电、家具、文具贴上相应的音节词,可以玩拼音卡游戏……枯燥的拼音在生活当中变得生动有趣。

教学方式:教学做合一 "教学做合一"的基本精神是强调教与学、学与用、知与行的结合,实质上与课程标准提出的"综合性学习"的新课型和学习方式是高度一致的,都是体现知识的综合运用,各种能力的整体发展。我尝试引导学生开展丰富的语文综合性学习,把语文教材与生活资源、其他学科资源相融合,"多元"并行,在"做""考察""实验""访问""探究"等系列活动中发现问题、分析问题、解决问题,运用祖国语言文字,促进语文综合素养提高。

第四部分　育人故事

点滴育人事——桃李数百棵，师生廿载情

2010年教师节，《现代中小学生报》来采访我，记者在文中写道："潘老师一直在用心、用自己独特的方式，真心爱护和培养每一位学生。在平凡而崇高的岗位上，用自己的爱心和智慧书写一名新时代人民教师闪光的人生真谛。"记者的话也许过誉了，但我的确是用心爱学生的，把爱平等地投向每一位学生，尽量让他们在轻松自然的课堂上感受集体的温暖，感悟学习的快乐，灵活地学语文、用语文。

一、小故事一：轻松自然，酸甜苦辣，尽在油甘子

我的语文课堂，是轻松温暖又充满酸甜苦辣的。

我每接手一个班，都会用猜谜的方式让学生猜猜我的姓"潘"：我家门前有条河，河边一亩青稻田，禾苗绿绿插田上，秋天一到长成米。通过这样的顺口溜告诉学生中国汉字文化是多么有趣，小学生涯即将开启学习祖国语言文字的大门，是多么值得高兴的事啊！

可学习并不总是快乐轻松的，也需要刻苦、坚持。怎样告诉他们这个深刻的道理？我想到了岭南野果"油甘子"。这种青绿色的小果味道独特。我会请每一届学生吃油甘子。学生们开始都是兴高采烈地接过果子。一咬又酸又涩，有的学生马上吐出来了，有的偷偷把小果子藏起来准备扔掉。我建议他们多咀嚼一下。学生细细咀嚼后发现酸涩过后是甜丝丝的味道，他们开心地说："原来是甜的！"大部分的学生都坚持把油甘子吃完了。

我跟他们说：学习其实也是像吃油甘子，一开始也许又酸又涩，如果你扔掉放弃了，就永远尝不到学习的甘甜和乐趣。小小的油甘子，给他们带来很大的启发：做任何事情都不要轻易放弃，苦尽方可甘来。

二、小故事二：灵活生动，南腔北调，不拘一格地学

我到西藏支教时，有一段时间非常苦恼。因为藏族孩子在汉语方面很薄弱，不光是学汉字，背诵积累对于他们来说也是难题。小强巴顿珠是个机灵的孩子，但他背古诗很困难，《黄鹤楼送孟浩然之广陵》读了十几次都背不下来。我正发愁，突然同事的电话响了，铃声是Beyond的《真的爱你》，那孩子跟着哼了起来，我很诧异：古诗才28个字他都记不住，这首歌这么长他怎么就会唱呢？我灵机一动：用粤语读会怎么样？试着用粤语教他读几遍古诗，他很感兴趣，觉得音韵很好听，很快就记住了，并缠着我要学粤语。

原来，粤语竟有这样的魅力！"不拘一格学语文"，不管南腔还是北调，只要他们能记住汉语，背好课文和古诗，我都让学生用自己喜欢的方式。有一次学《送元二使安西》，讲到临别折柳敬酒，我问他们王维会对友人说些什么？孩子们只是简单地说："多保重，再见。"我换一种问法："藏族人最热情了，我上学期回广州，有的老师请我吃饭，在饭桌上就唱歌敬酒，我听不懂歌词，你能告诉我吗？"这下就打开他们的话匣子了，有个孩子张口就唱起了藏族的送别歌。民族不同，语言不同，但情感是相通的。

看到他们对广东文化很感兴趣，我用每节课的前3分钟和孩子们交流岭南的方言、美食和景色。同时，我也请他们给我介绍林芝，请他们当我的小导游。那一刻，我真正觉得自己是粤藏文化交流的桥梁，由衷地为粤文化在这里开了朵小花而自豪。

三、小故事三：包容接纳，协力和衷，永远支持你

小楠，一位脑瘫行动不便的孩子。从一年级开始，我就特别关照他，教育全班同学都要包容他，互相帮助。班里没有一个学生歧视小楠，总是力所能及地帮助他。

既然"天生我材必有用"，我们就要挖掘学生的潜力。在一次朗诵比赛中，小楠不好意思上台，因为他发音不是很清晰，还坐着轮椅。在班会课上，我们先重温了语文课文《检阅》，讲了拄着拐杖的博莱克和同学们一起参加检阅仪式，得到大家一致赞赏的故事。我问全班同学："你愿意小楠和我们一起上台比赛吗？""愿意！"我转向小楠："你有信心像博莱克那样吗？我们会支持你的！"小楠坚定地点点头。我每天教他一句一句地读，他很认真地练习。分组读的时候，同学们都很包容他，陪着小楠一次次地练。比赛那天，小楠站在我身边，他妈妈和我搀扶着他，我听到他不太清楚但很响亮的朗诵，不由得眼睛发红——评委大概以为我朗诵太投入了，其实我是为小楠，为我们的班集体。

有一年，《羊城晚报》刊登了一篇关爱脑瘫儿童的文章，我想起小楠，以他妈妈的口吻写了一篇文章投稿，叙述了小楠成长的故事，呼吁全社会关爱脑瘫的孩子。文章刊出了，全班学生和家长对小楠更关爱备至。

毕业时，我跟小楠说："你以后遇到的困难会很多，请不要轻易放弃，记住我们和你在一起。"

附录　教学现场与反思

了解民风民俗

人教版第十二册第二单元的主题是"了解民风民俗"。课文分别从节日习俗、

艺术形式、建筑风格、人情风貌等方面介绍了民风民俗，为学生感受和了解民族文化打开了几扇窗。

本单元是进行语文综合性学习的好契机，但因为内容太多太广，所以我把整组的语文综合性学习内容分解到各篇课文的教学中，优化课堂教学，课内外有机整合，并把地域文化渗透其中。学完课文后分几大内容分类并组织一次综合性学习的汇报，学生把前期的活动成果与小组成员共同分享、整理、汇报，解决了语文综合性学习时间不够的难题，降低了学生进行"民风民俗"宏大主题研究的难度，呈现出综合性和从个体到合作的梯度，也为最后的习作提供了丰富的素材，让学生言之有物，同时丰富了习作的体裁。

语文综合性学习的课前准备相当重要，直接影响学习的效果。我在本单元各课文学习中渗透民风民俗的各方面内容，制定符合学生年龄特点的活动方案，准备开题课并引导分组。

学生根据自己的兴趣自愿选择活动小组，在小组长的带领下，制定小组活动方案。以小组集体活动为主，每组分工要细致，每个学生都要有任务，并按照小组要求，按时、按质完成任务。

一、课堂实录

语文综合实践课前各组根据本组探究内容板画，构成丰富多彩的"民风民俗大观园"。

（开场白）

男主持：五千年的中华传统文化源远流长，博大精深；五十六个民族生活丰富多彩，习俗独特。我们在第二单元学习了几篇关于民族习俗的课文，大家还记得吗？课文里写的只是管中窥豹。今天我们"民风民俗大观园"的活动，是为了让大家对中国传统习俗文化有更深的认识。

女主持：我知道这次我们班同学分了六个小组，从不同方面不同角度研究了民族文化。

教学环节说明：本课主要是学生分小组汇报，课前已经结合单元课文把民风民俗的几方面渗透学习，学生通过拓展阅读、搜集资料等方式对主题有了一定了解。教师课前一定要给予适当的指导，例如如何搜集资料、如何筛选材料、组织材料，如何分组、分配任务等。过程准备充分，汇报才能高效。

（一）节日习俗大家谈

女主持：祖国那么大，各个地方都有不同的节日、不同的习俗。让我们听听"节日习俗组"说说有趣的风土人情吧！

（节日习俗组汇报：实物、PPT或图片）

同学1：这道菜叫"发财就手"，这个叫"百鸟归巢""百年好合""发财好市""和气生财"……这些都是过年时粤菜的菜式,名字特别讲究好意头。

同学2:广州人过年还有一些有趣的习俗,例如"谢灶"……(还说了很多,老师打断了)

同学3:中国还有很多少数民族的节日,例如彝族的火把节(介绍火把节)

同学4:大家看图片欣赏一下中国的各种节日习俗吧!

教学环节说明:老舍先生的《北京的春节》比较详细地介绍了北京的春节习俗,学生则在课堂交流了很多关于广州的春节习俗,并通过咨询家人、网上查找等方式了解了自己家乡或旅游过的地方的节日风俗。所以学生汇报是有内容可讲的,但也存在不会选择素材,照着材料念的不足。

(二)民族服饰乐展示

女主持:原来中国人的节日那么丰富,有那么丰富的内涵。我发现,很多地方在庆祝节日时都会穿上民族盛装。看来五十六个民族聚在一起,也是服装秀啊!

男主持:看我们男同学穿中山装可精神了!下面请"民族服饰组"的同学跟大家介绍一下。

(民族服装组汇报:组员穿上民族服饰,重点介绍中山装和苗族服装)

同学1:中山装是以中国革命先驱者孙中山先生的名字命名的一种服装。它具有我国民族的特点,穿着简便、舒适、挺括。

同学2:我还听说中山装的设计是有深意的。(介绍中山装的设计内涵)

同学3:男孩子穿中山装真帅!女孩子如果穿苗族服饰就很惊艳。(介绍苗族服饰,播放各种民族服饰图片)

教学环节说明:民族服饰是反映民风民俗的重要组成部分,学生通过旅游、媒体等对民族服饰也有一定认识。我把从西藏带回来的藏装给学生穿上,还有男生特地穿上中山装,显得更有仪式感。可见学生参与度很高。

(三)家乡美食齐分享

女主持:这些民族服装真是太美了!在咱们广州,最出名的倒不是穿着,是美食!看看"家乡美食团"给我们带来了什么?

(家乡美食团汇报:实物、PPT,重点介绍两样岭南美食)

同学1:"食在广州",这话一点不假。看这里有上百种岭南美食,每天换着吃,天天不重样。

同学2:我最喜欢吃及第粥。在明代就有这种粥了。(介绍及第粥的来历)

同学3:云吞面也是非常著名的广东小食。(介绍云吞面)

女主持:哎呀,你们再说下去,大家都流口水了。等会把你们带来的美食给大家分享吧!

教学环节说明:这个小组带来了很多家乡美食,有的同学还亲自做了广州小吃,学生的设想是边请大家品尝边听介绍,但场面一下子就难以控制了。所以老师在每个汇报的环节都要事先心中有数，对学生汇报的形式予以指导和调控。

（四）粤韵风华有趣味

男主持：不仅"食在广州"出名，粤语也了不起，是中国使用人数最多的方言之一，历史源远流长。让"粤韵风华组"的同学告诉你吧！

（粤韵风华组汇报：读粤语童谣，教同学讲粤语绕口令，唱粤剧）

同学1：粤语有很多有趣的歇后语。大家猜猜。（出了"阿茂整饼——冇个样整个样""黄皮树鹩哥——唔熟唔食"等歇后语让同学猜）

同学2：还有粤语绕口令，大家试试：床脚撞墙角，墙角撞床角，你话床角撞墙角定墙角撞床脚！（因时间关系，没有时间给其他同学练习）

同学3：粤剧是广东的传统戏种。现在喜欢听粤剧的大多是老人家，其实细细欣赏，粤剧是很有味道的。（播放红线女的《卖荔枝》一段）

教学环节说明：推广普通话不等于废除方言，粤语历史悠久，借本次语文综合性学习，传播粤语的魅力，弘扬岭南传统文化，这组学生采用的方式是比较多样化的。

（五）地方名人齐齐夸

女主持：原来粤语咁正嘎，好犀利！（用粤语说）

男主持：使咪讲！（用粤语说）祖国人才辈出，请地方名人组说说家乡的名人吧！

（家乡人家乡事汇报：用多人相声形式，介绍小组同学们的地方名人）

同学1：刚才介绍中山装，孙中山就是广东中山人。

同学2：梁启超是广东新会人，中国近代思想家、政治家、教育家、史学家、文学家。戊戌变法领袖之一。他的思想对近代很多文学家、政治家都有很大影响。

同学3：讲到文人才子，还是我们江西人厉害。你们知道吗，晏殊、晏几道、陆九渊、王安石、曾巩、汤显祖全都是江西人！

同学4：浙江也出才子啊！大文豪鲁迅不就是浙江人吗？

女主持：好了，你们别争了，中国人才济济，每处地方都有出色人才。欢迎五湖四海的人才都到我们广东来。

教学环节说明：广东是个开放、包容的地方，五湖四海的人在这里都可以找到属于自己的位置。学生通过了解自己家乡的名人，激发热爱家乡之情，也对广东的开放、包容、创新有体会。

（六）"大观园"自由逛

男主持：刚才各个小组的汇报真是丰富。不过，想再深入地了解，就要走到他们中间去了。下面请同学们走到"民风民俗大观园"中，亲自去看看，去尝尝，去听听吧！

学生自由到别的小组交流。

（活动结束语）

女主持：这次语文综合实践活动真是丰富，大家通过搜集资料，多方面了解了民族特色习俗，更爱我们的家乡，更爱我们的祖国。

教师小结：很高兴看到大家在这个单元的学习中对中华民族的民风民俗产生浓厚的兴趣。同学们搜集的资料既参照了单元的课文，又超越了这些范围，从不同的途径搜集了大量资料，这是很重要的学习能力。有的同学汇报时超时了，原因一是时间不太够，二是同学们的语言还不够精练，表达不够流畅。

总而言之，我们看到，语文学习更大的空间在课外，生活中处处有语文，多读书、多实践，一定会有更大的收获！

二、课后反思

自《义务教育语文课程标准（2011年版）》单独列出了"语文综合性学习"的概念，我就开始抓住这个亮点进行探索。"综合性是语文学习中的重要特点，语文素养是语文学科的整体性在教育中的体现。"（郑国民语）我在语文综合性学习中融入了自己的教育主张，使之成为受学生喜爱的课，通过这种具有综合性、实践性、开放性、主体性的学习，培养学生的语文核心素养。

人教版第十二册第二单元是进行语文综合性学习的绝佳机会。这节课比较充分地体现了我的教学风格。

内容设计开放包容。本课是整个单元综合性学习的汇报，内容很多。在汇报课之前我已经结合每一篇课文布置了一个小主题的综合性学习任务，学生通过整个单元的学习，在节日习俗、建筑风格、人文风情、地方语言等方面对民风民俗会有初步的认识和了解。在汇报课上，学生围绕几个方面整理、归纳、表达。本课突出了大语文观，体现语文课堂的开放、融合、多元，内容纷繁而不杂乱。

课堂以学生为主体。本节课的活动基本由学生来主持、汇报，学生运用自主、合作、探究的学习方式，每个学生都有学习任务，用自己喜欢的方式探寻民俗文化。课堂气氛轻松活跃，汇报的形式多样、灵活。

充分体现语文学科的人文性。广州的学生有不少家乡是外省的，作为"粤二代""粤三代"既对粤文化没有深入的了解，对自己家乡也知之甚少。在本单元综合性学习中，他们都从多个方面对广州、对自己家乡有了了解。他们体会到岭南文化的包容、灵活、开放，为家乡骄傲，为广州自豪。

不足之外是我课前的指导不够细致到位，学生搜集的材料很多，整理归纳能力不强，汇报得还是比较生硬。语文综合性学习的汇报课，采取的形式和方法还要更合理化、多样化。在学科融合方面，有的小组动手做家乡美食，有的唱一小段粤剧，都是学生综合素质的体现。应鼓励和指导学生更多地把语文教材、生活资源和其他资源相融合，促进语言运用能力的提高。

诗文载道　激励唤醒　蓬勃生长

广州市天河区骏景小学　陈文霖（小学语文）

第一部分　导读语

教育，是爱的事业，没有爱，不可能实现教书育人的理想。教育部颁发的《小学教师专业标准（试行）》（下文简称《标准》）的基本理念是：师德为先，学生为本，富有爱心、责任心、耐心和细心，做小学生健康成长的指导者和引路人。对照《标准》，我发现自己也是一个"多心"的人。

一颗包容的心。从教二十六载，我历练出一颗包容之心，包容学生的不足，包容家长的质疑。用真诚的爱包容、呵护学生，赢得学生的爱戴，赢得家长、领导、老师们的高度认可，凝成了广佛肇校际基础教育论坛的精彩演讲《我该为孩子们做什么》。我所写的《用眼神就能教好的学生》发表于《中小学德育》。因热爱教育事业，热爱学生，我被评为天河区优秀班主任、广州市中小学优秀班主任，被聘为中小学一级教师。

一颗热爱阅读的心。据不完全记录，我已经阅读了近百本教育教学专著。引导学生开展多种形式的阅读活动，带领学生徜徉在书海里：阅读分享课、微信读书论坛，师生共读《爱的教育》《草房子》《三国演义》等。开展四大名著等研究性学习，《三国研究会》《苏联解体之探秘》荣获全国少工委颁发的"童趣杯"红领巾优秀小社团奖。

一颗诗文载道、化育幼苗的心。我二十六年如一日，孜孜不倦地钻研破解"写作"这道难题的方法。我引导学生创作连载微小说《森林学园》，仿写诗作。

我不断改革创新，辛勤耕耘，与学生收获喜悦与激动——50多篇学生所作的诗文发表在《中国少年报》等报刊上；100多篇文章获得各类奖项，其中，许若杭荣获"广东省暑假读一本好书"征文大赛一等奖，骆佳滢荣获三等奖。

一颗扎实钻研的心。我参与广州市名师专项课题"小学语文组团式教学策略研究"，参与广州市综合实践课题；我拟申报名师专项课题"多元评价激发五年级学生写作兴趣"；拟申报出版个人专著《让阳光照进心田》。多篇科研论文发表、获奖，其中，《小学作文教学的自然之道》发表于《考试周刊》2017年第41期。《教育改革　路在何方》发表于《中国教师报》网刊，荣获广州市天河区教育局"推动中华优秀传统文化教育"优秀教师等荣誉。

第二部分　名师成长档案

但问耕耘　不问收获

一个没有名师引路，没有深厚的理论基础，没有扎实的教学功底的老师，想要在教育改革的浪潮中不迷茫、不随波逐流，唯有读书一道。工作之余，我认真阅读了相关书籍。为每本书写一篇读后感，显然是不现实的，但又希望能记录自己的一些感触，便写了一些打油诗：

读《王阳明》

善恶由心需克己，
格物致知为扬善。
包容宽容心胸广，
终身修炼成圣贤。

读《梁启超先生传》

少年独立智富强，
进步胜于雄地球。
少年中国天不老，
红日初升国无疆。

王阳明先生认为，每个人心中都有让自己成为圣贤的力量，关键在于个人能否正确、坚持地修炼。我将尽力发掘固有的善念，培养自强不息的精神，改造、完善自己的人格。梁启超先生好读书、勤写作、勇于革新的精神一直影响着我，不断地坚定我教书育人的信念，鞭策我坚守净土，辛勤耕耘。

说起自己的成长历程，大有往事不堪回首之感慨，孟郊的《登科后》似乎可以解读之，情感相似，但程度相距甚远，用"但问耕耘，不问收获"概述我的成长历程，较为合适。

第一阶段（1996年8月至1998年8月）——融洽快乐乐陶陶

自从事教育教学工作以来，我默默耕耘，执著于教书育人工作，与学生亦师亦友，自我陶醉于对学生的写作指导、道德感化之中，自我陶醉于引导、激励学生奋发有为之中。

我至今不相信宿命，但我当老师的宿命是从把教书当作谋生的手段开始的。1996年8月至1998年8月，我在普宁市民德中学任教初一、初二的政治兼班主任。凭着年轻的心、粗浅的法律知识、流利的普通话，我彻底征服了民德中学的学子们：每当下课，学生便蜂拥着我到办公室里神吹海聊，永远有说不完的话；上课了，学生也不愿离去。来聊天的学生，有男有女，不仅有自己的学生，也有不少素不相识的初三学生。

严肃活泼有挑战　在民德中学教书的两年里，我跟随学生到学校后山滑草摘野果，登高远眺，到水库边野炊，拍照，练习武术；带领学生晨运，畅游海门，和学生一起在沙滩上飞奔，攀岩，钻岩洞；带领学生流连于潮州韩文公祠，瞻仰韩愈遗像，感悟教诲：勤奋，是事业精进的前提。

民德中学的政治课堂是严肃、活泼、富有挑战性的。为了把枯燥的政治课上得有趣、有效，我结合当地人勤劳、敢于拼搏的性格特点和经济发展状况，整合资源，规划课堂：首先复习上节课的内容5分钟，提问三五个学生，不能流利、完整地回答，则站在教室后边上课，直到能随机回答问题，才能回到座位上；然后讲授新课25分钟，随机提问，学生也可以主动举手回答，可以就相关问题质疑，指定学生或老师回答；接着由学生介绍当地经济、文化、风俗习惯5分钟，学生从家乡的蔬菜批发市场谈到深圳的蔬菜批发市场，谈到北京的皮衣批发市场……全国各地都有普宁人辉煌的创业足迹，既开阔了学生的视野，又激发了学生的自豪感，激发学生积极向上，为家乡的繁荣、发展而自觉读书的信念；最后学生就本课的内容向老师提问5分钟，学生也可以回答，有效地调动了学生自觉思考、解决问题的积极性。

政治科组长罗海林老师听说学生很喜欢上我的政治课，鼓动罗修义校长一起来听课，没有事先告知我。下课后校长笑眯眯地走了。课后，到校长室评课，罗修义校长说，小陈，你的课堂很丰富，难怪学生这么喜欢你。罗海林老师说：原来，政治课还可以这么上！以后，我要多向你学习。

聆听教诲情谊长　有一次，我发现坐在后排的那个男生有点眼熟，但又不认识他，便问道："你是第一次来上课吗？"那个学生不好意思地笑着说，老师，我是您的学生，不过，我读了一个月就去深圳打工啦，现在自己做生意。常常想起您曾经对我们说过的话："书到用时方恨少，事非经过不知难。"很有感触。回来拜神，就来看看您，听您讲课。

在民德中学教书的两年里，教学轻松，心情愉快，与学生感情深厚悠长。二十年过去了，仍然不断有学生来探访。今年，住在海珠区的罗秋松特地在教师节组织深圳、东莞、花都等地的同学们到广州给我送惊喜。

"业精于勤荒于嬉，行成于思毁于随"，我时刻以此来鞭策自己勤读书，勤反思，不断提高业务水平、思想觉悟。

第二阶段（1998年9月至2006年8月）——默默奉献献甘霖

我第一次教小学是在广州市天河区新元小学。曾经在民德中学如鱼得水的感觉，顿时没有了，一切都得从头学起。其间，我受到了年级组长卢杏贤老师的关心和帮助，得到了教导主任刘秋梦老师的宽容。她第一次听完我的公开课，只是微笑，没有做任何评价。两年以后，她再次听我的公开课，依然微笑道："我对陈老师真是要刮目相看啊！你的进步真大！当然，两年前，你上的课，我的确不知道该怎么评价"。

改革习作出文集 在批改学生作文的时候发现，尽管我在作文本上写满了批注，补充了很多句子，但绝大多数学生并没有去看。没有认真阅读老师的批注，自然也就没法学会写作。我还发现，面批比"本批"的效果更好。我让学生站在身旁，聆听我分析作文的优缺点，告诉他们需要补充些什么内容，怎么调整段落；学生有什么疑问也能得到及时解答，格外清晰。我能充分借助语言、眼神的能量，给予学生激励、鼓舞。学生也愿意为了得到我的鼓励和赞赏，努力修改文章。

梦里犹忆教习作，心心念念改习作。我一直坚持面批学生的习作，学生的写作水平渐渐有所提高。在新元小学的八年里，我和学生出版了十本班级文集。其中，一本班级文集命名为《其实，我们并不笨》，以此来激励他们。当他们手上捧着厚重的文集，看到自己的文章化成铅字，脸上绽放出迷人的笑容。事实上，这个班的学生比较弱，好不容易才挖掘了他们的写作潜能。谁敢相信？这曾经是一个我去网吧里找他们来上课，侦破过多起小偷小摸事件的班级。

同事信任挑重担 在新元小学的八年里，我连续三年担任六年级的语文教学。刚刚把六（3）班从三年级带到六年级，学校就安排我接六（2）班。原来，是同事向校长强烈要求我去教他儿子：读了五年书，没有一个语文老师能把我的儿子教好，我请求安排陈文霖老师教我儿子。这是秋游时，校长告诉我的，我既感到欣慰，也感到压力。

六（2）班是一个聪明但过于闹腾的班级，老师们为他们的纪律、学习伤透了心。第二学期第一次测验，居然有25个学生达到了95分以上。我在讲台上读孩子们的分数,读着读着,我没法继续读下去了,跑到了阳台上抹眼泪。班里最捣蛋的学生,第一个冲出来并拿纸巾给我擦眼泪,男女生接二连三地跑出来关心我。他们知道我是激动,感动得落泪了。因为这件事情,师生的心拉近了距离。教育教学变得非常顺畅、融洽,取得了巨大的进步,多次受到校长、老师们的公开赞赏。

点滴成绩似甘霖 在新元小学工作八年,是埋头苦干的八年,是敢于创新的八年。我几乎不分白天黑夜地帮学生修改作文,给学生搭建分享作文的平台,学生受了我的鼓励,写作热情高涨。不少学生荣获各类奖项,其中,徐嘉泳同学荣获"灵丹草杯"作文大赛二等奖;蔡晓欢同学荣获区作文大赛二等奖、"广州市三好学生";六(2)班两个学生荣获天河区语文能力竞赛二、三等奖。点滴成绩,如甘霖一般洒入我和学生的心田,鼓舞我们继续前行。

孩子们毕业以后,常常回来看望我;路上偶遇,总是非常的激动、兴奋,一定旁若无人地呼喊:陈老师!

第三阶段(2006年9月至今)——风云际会会英才

面对风起云涌的教育改革大潮,仰视许多教育专家、名师的讲坛,难免也激情澎湃、浮想联翩,徒叹:千里马常有,而伯乐不常有。岁月流逝,我逐渐确立了自己的理想:做幽谷深涧里的绿草,饮涧泉,听松风鸟鸣,看云卷云舒、花开花谢。

得英才而教育之 2006年9月,初到骏景小学报到时,陈武校长热情地接待了我:"学校现在缺两位语文老师,五年级和二年级,你希望教哪个年级?"我说:"陈校长,随便,您安排我教哪个年级,我就教哪个年级。"事后,我才知道,我所教的五年(2)班是学校开办以来的第一届生本实验班,无论是学生,还是家长,都是优中选优的。原来,新元小学上至校长,下至老师,都接到了关于我的教育教学情况的调查电话。陈武校长、这个班的家长一定是经过了一番考量之后,才决定安排我教这个班的。后来,这个班的孩子考上北京大学、清华大学、美国加州大学等,我是何等的欣喜、自豪啊!深深地体会到孟子的"三乐"之———得天下英才而教育之。

积跬步偶得机遇 曾经以为自己将在这种自我陶醉、自我满足的状态下继续教书;曾经看过一个笑话《游过鳄鱼池》,一直以来,我多么渴望遇到那个在背后狠狠地把我推下鳄鱼池的人!

我搭上广州市教育局"名教师培养对象"这列高铁,纯属偶然。一方面,感慨自己的教育教学二十年如一日,没有波澜,没有惊艳,渴望如教坛名师们可以闲庭信步、指点江山;另一方面,突然觉得老之将至,毫无欣喜聊以慰藉。

兢兢业业,机遇不期而遇。2013年10月,郭淑珺副校长指派我参加广佛肇校际基础教育论坛的演讲比赛，我做了题为《我该为孩子们做什么》的演讲。寒风中，教育教学案例如数家珍，激情澎湃；热烈的掌声经久不息，素不相识的同仁们纷纷竖起大拇指，主动、热情地与我握手。海珠区赤岗小学的高小兰副校长邀请我参加他们学校的"师德"演讲活动，从化某小学校长也向陈武校长申请，要邀请我到他们学校进行交流；广东省第二师范学院闫德明教授亲自为我颁奖并说，我就是专门选择为你颁奖的！一句句温暖的话语、一个个热情的举动，融化了我心中的坚冰，我郑重地重新审视自己。

为了给同学减轻负担，我答应到北京市丰台区西罗园第六小学上同课异构《松坊溪的冬天》。课前，我突然预感：尽管我的教学设计具有系列性，可以铺排得比较美妙，但是一定没法在规定的时间内完成。我临时启用了应急预案：在课堂上朗读学生佳作，由学生评奖，邀请张秀红副校长给学生颁奖。我告诉学生，即使是荣获诺贝尔文学奖的莫言先生，也不曾有过这样的殊荣！只要我们仔细观察、坚持写作，我们也将有机会获得诺贝尔奖。这节课，赢得了学生的友谊，赢得了丰台区叶教研员的欣赏，赢得了张秀红副校长的啧啧称赞。

经历的积淀使我逐渐自信起来，逐渐敢于面对失败、挫折。挑战，就是机遇。它们没有狠狠地把我推下"鳄鱼池"，而是给了我一个个挑战自我、学习、提升的机会。因为广州市"百千万"工程的机缘，我得以聆听专家、教授的教诲，有机会目睹各地优秀教师的课堂，促使我不断地实践、反思，不断地提升自己的学习能力。

辛勤耕耘有收获　虽挥洒汗水、披星戴月，也仅有点滴收获。我所写的《因材施教　乐学乐教》《论语》等多篇论文、教学设计发表、获奖，其中，《口语交际·习作五》荣获"一师一优课"广州市优质课。为了学生的发展、成长，我搭建了翠竹泉诗社、星星之火文学社等平台。

学生佳作发表、获奖，难以尽数。仅2018年，共有21人荣获全国希望杯作文大赛奖项，其中，6人获得一等奖；13人荣获中国少年作家杯奖项，其中，4人获得一等奖。羊城报业集团主办的"花地新苗"堂上作文大赛中，8人获奖。朱若心、何悦琪等同学的优秀作文发表在广州市少先队队刊《都市人·成长》和《信息时报》等刊物上。

选择了教师，就是选择了平凡的人生、平淡的生活，但我拒绝做平庸的老师。人生如白驹过隙，我要用饱满的教育情怀为教育尽自己的绵薄之力。涓涓细流，汇成小溪，汇入江河，这是我内心的渴望。

第三部分　学科教育观

诗文载道　激励唤醒　蓬勃生长

"诗文"包括四书五经、唐诗宋词、中外经典散文。阅读、背诵、感悟之，久而久之，自然能够潜移默化。"诗文"，是学生发展、成长的甘霖。宋朝的周敦颐在《通书·文辞》中说："文所以载道也。轮辕饰而人弗庸，徒饰也，况虚车乎。"郭沫若在《关于文风问题答〈新观察〉记者问》中指出：文以载道，用现在的话说，写文章，就是表达思想。我用"诗文载道"想要表达的意思是：借助对经典诗文的学习，传承人类文化的思想精华，培养积极进取的谦谦君子。

读传记，亲贤士，习理念；访古迹，悼先贤，继遗志。在学习、阅读、思考、实践、反思中，我逐渐形成了自己的教育教学风格：诗文载道，激励唤醒，蓬勃生长。

一、诗文载道　举重若轻每课得

在教学中，无论吟诗、写作，我都会引导学生从书中、生活实际中寻找联系点，引导学生领悟其中的道理，使语文学习与修身合二为一。多年来，经过反复实践，形成了自己的教学特色之一：将一篇文章浓缩成一首小诗。这有助于培养学生的概括、理解、运用语言文字的能力，有助于学生记忆课文，激发学生的学习兴趣。

在语文教学工作中，我孜孜不倦地追求简化教学环节，以板块式活动推进教学，力求一课一得，努力创建有生成、有挑战性的课堂。所有精读课文，我在讲授前都布置学生做课前自学，引导学生自觉积累知识，感悟文句，解决疑难问题。课前自学，让学生有备而来，在课堂上自信地展示自己的才华。

课前自学，因文而异，一般包括如下内容：感悟句子，仿写句子，摘抄、朗读《同步阅读》中的精彩文段，说说摘抄的理由，学贵有疑，学生自主设计课后的作业。感悟句子的意图在于，引导学生抓住关键词语体会句子；仿写句子，有意识地培养学生的写话能力；学贵有疑，目的在于促使学生主动思考、解决问题，培养学生自觉思维的能力；摘抄、朗读《同步阅读》中的精彩文段，说说摘抄的理由，为的是积累优美句段，熟读成诵，才能内化为学生自己的东西。

对于诗歌教学，我有如下设计：一是这首诗好在哪里？为什么？由此联想到哪一句诗？体会诗人的情感；二是抄写、背诵诗人的另一首诗（或类似的诗），或者概述诗人的故事。课前自学古诗的意图在于体会诗句的意思，引发横向、纵向联想，培养由此及彼的思维方式；积累古诗，在学习、领悟、背诵的过程中，起到潜移默化的作用——熟读唐诗三百首，不会作诗也会吟。

二、激励唤醒　培养自信兴趣浓

第斯多惠说：教学的艺术不在于传授本领，而在善于激励、唤醒和鼓舞。课堂教学中，我总是及时发现每一个学生的亮点，循循善诱，激励学生自觉学习、自觉反思、自我教育、自我超越。比如我在《她是我的朋友》一课上这样评价、引导：这是一位好爸爸。向谢楠的爸爸致敬！郭培鋆同学有一颗细腻的心，这么小的事都能够记住，真是朋友情深啊！周诗钰同学有独特的见解……

激励性的评价语，使学生的精神为之一振，更加愿意认真思考、积极发言，唤醒学生的学习动机；能融洽师生关系，能够创造良好的学习氛围；能正确引导其努力的方向，培养学生的自信，激发学生的学习兴趣；能帮助学生体验获得成功的自豪感，认识自我、激励自我、发展自我，在师生相互肯定、鼓舞中共同进步。

学生的作文本上，我给孩子们的评语，摘录如下：

事虽小，立意高。冰雪聪明，心如月。（刘月菲）

敢于暴露自己的不足，勇气可嘉。字里行间流露出热爱班级之情。（周诗钰）

少一些不认真准备的遗憾，就会多一些准备充分的喜悦，就会更早获得成功的体验。（朱柏煊）

我写评语的目的在于赞赏学生的出彩之处，激励学生用心思考、写作；促其自省不足，唤醒其积极进取的心；引导学生修养高尚的品德，提高写作能力。评语不仅是给学生本人看的，也是给全班学生看的，还是给全班家长看的，教育、引导全班家长、学生向善、向上。只有老师、学生、家长达成共识，形成合力，才能互相促进，共同进步。

三、蓬勃生长　心旷神怡满山花

蓬勃生长，指自觉、自主地发展、成长。学习，始于教师的要求、引导；始于学生自觉的阅读、观察、思考、写作。

运用，是学习语言文字最好的方法，学生能在运用语言文字的过程中体会到乐趣、成功，从而增添了学习语文的兴趣。课堂教学中，引导学生交流、讨论、吟诗，抓住契机训练学生的说话、写话能力，提升学生运用语言文字的能力。例如，学习了《七月的天山》，我便这样引导学生：我们没有到过天山，但游赏过的美景依然历历在目，何妨像《七月的天山》的作者这样写下来？学生心领神会，运用文中的写作方法，细细描绘自己所见的美景：花园的中心，满是盛开的鲜花，五彩缤纷，白色的百合、蓝色的玫瑰、粉色的樱花、橙色的菊花……这儿是孩子们的秘密乐园，是蝴蝶的宫殿，是蜜蜂的天堂。

除单元作文之外，我另辟写作活动"成长日记"，不限题材，采用无限积分竞赛评价机制。同学们畅所欲言，乐此不疲。2018年月17日下午，天地变色，电闪雷鸣，暴雨如注，我陪伴被暴雨阻拦在学校的同学们。孩子回到家后，朱柏煊妈妈提示她可以将此事写成一首诗。朱柏煊一挥而就，同学们纷纷效仿。《最美教师》（朱柏煊）发表于《天园人家》："轰隆隆，轰隆隆……突如其来的天昏地暗／揪心的电闪雷鸣／似乎要把天劈出个大洞才罢休……是您／慈爱安详／让我们忘了此刻的狂风暴雨／亲爱的老师／漫漫长夜有您伏案的身影／晨曦微露有您陪伴在我们身边。"

值日时，张智程闻到糖味，寻找到糖源，我引导他写了《森林学园》第八章"课堂上的糖味"，摘录开头：课堂上，小野猪闻到了一股香甜的味道，那味道甜得他走了神，心思一直跟着香味在教室飘啊飘。他有点儿吃惊："谁这么大胆？敢在教室里吃零食？被狮子老师知道了，可是要处罚的！"

节假日，是学生开阔视野，放飞心灵的好日子，我和学生约定：无论何时何地，眼前美景要细赏，心中灵感莫辜负。皆是美文雅诗。《南京城墙》（方墨行）：我漫步在南京的城墙上／苔在破碎的青砖中生长／风拂过／鸟鸣唱／蝉噪一片……钟山连绵起伏／明孝陵在山的怀抱里／寂静／安详／我叩一叩城墙／似乎听见了历史的回响。《中秋》（方墨行）：浮云悠悠月如霜／庭前畅饮不觉凉／池边竹林映闲潭／屋外明静屋内欢。

组织形式多样的写作活动，提升学生的语用能力。学生学以致用，勇于尝试，渐渐能自主自觉地写诗、写作，自由地表达自己的真情实感。

自问无愧于教师的称谓，别人是怎么看待我的教育教学工作的呢？

▶ 他人眼中的我 ▶

陈老师，感谢您多年来的教导！初中的时候，您一直指导我写文章，这不仅锻炼了我的文笔、思维，更锻炼了我的毅力。您对我的教诲，我会永远铭记在心。您永远是我的老师！

——美国加州大学洛杉矶分校　卢东阳

陈老师，我很感激您！您的鼓舞，使我拥有了发言的勇气，使我一步步点燃心中压抑已久的火种。我终于知道，为什么您能为了学生身经百战而屹立不倒啊！我心中的感激已无法用"谢谢"来表达，但我仍然必须说："陈老师，谢谢您！"

——中山大学临床医学　曹毅人

陈老师，您的学识让我敬佩，您的为人让我折服，您的付出让我铭记。作为家长，我虔诚得不敢寻觅词汇来赞美您，因为"老师"这两个字本身就是世界上最高的敬词，感恩有您——陈老师。

——"第四届中国优秀小记者"杨丽的母亲

四年级时，佳烨能遇到陈文霖老师，是孩子一辈子的福气。文霖老师没有歧视"问题"学生，他一视同仁地施予真心、爱心、耐心。遇到文霖老师，佳烨才学会了写作，读后感被选入曹文轩先生主编的《阳刚男孩》一书。文霖老师别具一格的教育教学方法，使佳烨在成长中蜕变，在蜕变中成长。

——陈佳烨姑姑　林锦英

陈文霖老师文学底蕴深厚，务实扎实，用爱心投入自己的教育教学工作。有开拓精神，愿意承担研究任务，对作文教学有深入的研究，是难得的人才。

——广州市天河区骏景小学副校长　陈天兰

陈文霖老师任劳任怨，热爱、尊重每一位学生，时刻保持饱满的工作热情。陈老师具有严谨执教、无私奉献的高尚师德，是德才兼备的老师。

——广州市天河区骏景小学教师　杨芝晔

陈文霖是一位博学、善思考、有教育理想、浪漫情怀的老师。钦佩他以坚定的信念引领学生走进文学的世界，陪伴学生诗意地生活、学习，培育学生高雅的气质。学生的作文流淌着生命的灵动，在诗文中获得成长的力量。陈老师的微写作，如万朵桃花，尽情装点着作文教学的迷人春光。

——广州市天河区汇景实验学校原副校长　中小学正高级教师　高晓玲

第四部分　育人故事

传递正能量　创造真奇迹

五指有长短，学生有高下，一个班级中学生难免良莠不齐。个别学生顽劣、屡教不改，纵使老师费尽苦心地教导，也依然故我，老师为此愁眉不展、茶饭不思。

从教26年来，我遇到过许多难以改造的学生，但也成功地改造了许多顽皮、学习困难的学生。其实，没有一种放之四海而皆准的方法可以改造任何学生，必须因材施教，唯一可以把握、也必须把握的是：无论奖惩，必须让学生深刻地感受到老师是尊重他、爱他的，是站在他的立场上的。

老师真诚地鼓励、赞赏、帮助每个孩子，是亘古不变、行之有效的教育教学方法。通过坚持不懈地传递正能量，我引导无数"丑小鸭"变成了"白天鹅"。对于学习习惯差，纪律散漫，屡教不改，对家长、老师的教导早已置若罔闻却爱读杂书的小梅，我采取了宽容、信任、传递正能量的教育策略。

小梅，曾经是一个让很多任课老师头疼的学生。任教四（2）班近两个月，虽然他的一些不良习惯得以控制，但情绪仍不稳定，就像一枚随时都可能爆炸的炸弹。一天，值日班长惊慌地冲进办公室："陈老师，梅××顶撞老师，吵得很凶，您快去看看吧！"我说："我知道了，你回去上课。"我以正常速度走到教室门口，静静地瞪着小梅：一秒、两秒、三秒……三十秒，我必须让他从我的目光里读懂我的心情。放学后，小梅主动向我承认过错。我严厉地说："这两个月的努力，全白费了！我们在讨论《周处除三害》时，你不是说要做周处吗？周处是这样的吗？"他竟然哭了："他一进教室，就批评我，我觉得委屈，控制不住自己，就又发脾气了。""你没有遵守纪律，老师不能批评你吗？你这么聪明，没有思考过最好的解决办法吗？"事后，那位老师说："简直不可思议，梅××那天那么冲，竟然能主动、诚恳地向我道歉，现在上课也认真了，你到底用了什么方法？"

　　其实，再好的方法也需要教育契机。我只是在恰当的时候做了一件正确的事情。两个星期前，他的哮喘病又犯了，边走边咳嗽，气喘吁吁地到办公室找我，请我帮他打电话给家长，尽快送治疗哮喘的喷剂来。我打了电话，看到他坐着难受得不住地咳嗽，就轻轻地说："我陪你到走廊上走一走。"我拉着他又胖又软的大手在走廊上散步，引导他放缓呼吸，放松。我平静地和他聊哮喘病，他断断续续地给我讲了许多哮喘病的知识。不知不觉中，他的哮喘竟然不药而愈了。十几分钟后，他父亲赶来，他笑着说："爸爸，刚才和陈老师聊天，现在舒服多了。"我把他送到教室门口，叮嘱他每天都要带喷剂，以免父母担心。

　　自此以后，我们之间似乎有了默契：他的桌面摆满小玩意"忙"个不停，忘了听课、做笔记，只要我一向他望去，他就会歉意地微笑，迅速地"收场"，继续听课；当他正同学争得面红耳赤，"剑拔弩张"的时候，只要听到"陈老师来了！"他马上投入学习状态……作为回报，每次我都及时地赞赏他：梅××是知错必改，只要用眼神，就能教好的好学生。

　　及时发现学生的亮点并放大它，才能唤醒他心中追求进步的渴望，才能巩固其良好的行为习惯。一次，我们从操场上回来，小罗从教室里跑出来告诉我："陈老师，梅××和陈××在教室里玩。"大课间私自留在教室里，这是不允许的。进了教室，我看见：陈××坐在座位上，梅××跪在书桌前，他们正在聚精会神、小心翼翼地用卷纸搭积木，生怕作品塌下来。陈××告诉我：他们担心美术课上被老师批评，正在赶制作品。我对全班同学说：他们的确违反了纪律，应该受到处罚，但是能够如此用心地和同学合作完成作业，认真对待学习的态度，是值得称赞的。梅××和陈××听了我的"裁决"，如释重负，站起来恭恭敬敬地向我鞠躬。

　　梅××读初中了。某个教师节，他因故没能来看望我，就在QQ上给我留言："当时，您让我背《笠翁对韵》和《中华传统美德格言》，我以为您是为了惩罚我，现在，我终于明白了您的良苦用心。陈老师，我现在是星河湾番禺执信中学电视台副主编和报社的副主编，这都是因为您的栽培呀！有时间，我一定回来看望您！"

2013年4月24日，梅××的母亲在班级博客上发表《拯救》一文：过去的梅××，打架，破坏公物，不认真听讲，不做作业，学习成绩差；现在的梅××，尊师守纪，团结同学，乐于助人，兴趣爱好广泛，成立了"群星璀璨研究会"，当选班长。梅××从一个被老师和同学嘲笑、憎恨的问题少年，变成了一个充满正能量、品学兼优的学生。

忘不了我们在课堂上的"唇枪舌剑"，忘不了我们的怒目相向，忘不了我们自由而深刻的个别谈话，忘不了你勤快的身影，忘不了拍毕业照时，我们留下了一个武术对打的造型，忘不了你自豪地参与竞选班长的演讲，忘不了你拥有无限凝聚力的"群星璀璨研究会"……

引导孩子们观察、体验生活，用诗歌、文章自由地表达自己的真情实感。只要爱满心田，因材施教，源源不断地向孩子们传递正能量，唤醒他们追求卓越的渴望，激发他们的潜能，他们就能接受老师正确的教诲，自发地热爱学习。

教师的天职是教书育人。我认为，应该先育人，先培养孩子的良好习惯、高尚的品德。耐心、坚定地传递正能量，是我将永远铭记并努力实践的。

附录　教学现场与反思

她是我的朋友

《她是我的朋友》是人教版小学语文三年级下册第18课，是一篇含蓄隽永的佳作。讲的是战争时期，孤儿院的阮恒为了救护受伤的同伴，毅然献出了自己的鲜血。他说："她是我的朋友。"课文通过对阮恒献血过程中神情、动作的描述，生动地体现了他为救朋友无私奉献的高尚品格。

选编这篇课文的目的是，让学生在学课文的过程中，受到感染和教育，感受"爱与真情"的同时，学会在生活中回报父母对自己的爱，懂得关心、帮助别人。《她是我的朋友》描写具体，事件感人，比较容易调动学生的情感，但是我们学校地处广州市经济发达区域，学生的家庭条件优越，长辈、父母给予的关爱和包容往往容易形成学生以自我为中心的思想，缺乏对他人的关爱。当遇到自己的利益与他人发生冲突时，学生往往会先想到自己，较难理解阮恒牺牲自己、成全别人的行为。

教学目标：

学习生字词，有感情地朗读课文，理解课文内容。引导学生抓住描写阮恒献血时的表情、动作的语句，体会阮恒对小女孩真挚的友情。理解阮恒无私奉献的精神，受到启发和教育，树立正确的友情观。

一、教学实录

（一）闲话"朋友"　激发兴趣解朋友

师：齐读课题。小女孩和阮恒，他们之间是什么关系？他们之间发生了什么事？

生（齐答）：献血。

生1：阮恒为小女孩献血。

生2：因为阮恒和小女孩是朋友，所以阮恒为小女孩献血。

师（竖起大拇指）：运用了关联词，简洁、准确。

师：自古以来，朋友是文人墨客最喜欢谈论的话题，王勃说，海内存知己——／学生（齐答）：天涯若比邻。／师：李白说，桃花潭水深千尺——／学生（齐答）：不及汪伦送我情。／师：俞伯牙说，高山流水心意通，破琴绝弦报知音。同学们，对于朋友，你是怎么理解的？

设计意图：结合生活实际谈朋友，使学生对朋友有一个初步的理解，同时，也是为后面的学习作铺垫，创造"未成曲调先有情"的氛围。

生3：朋友，应该在对方伤心时安慰他；一起玩时，给对方带来快乐；发生争吵时，主动认错。

生4：朋友，就是受伤时帮助他。朱××就曾经帮我贴过止血贴。

师：创可贴，真体贴，特别是朱××的创可贴。（学生欢笑）

生5：朋友，就是有共同话题、共同兴趣爱好，互相帮助的人。我和董易凡是朋友，我们一起弹钢琴，一起打篮球。我不会骑自行车时，他耐心地教我。

师（追问）：你的朋友多不多？我现在要反思一下自己，没有朋友，原来是我既不会弹钢琴，也不会打篮球，更不会踢足球。今天下午开始练，好不好？

生（欢笑，齐答）：好！

师：同学们请读（出示PPT）：高山流水话知音，阮恒献血救朋友。

（二）复述内容　丰富多彩说朋友

师：同学们，我们已经初读了课文，了解了课文的大意，谁来复述一下文章的主要内容？

设计意图：允许学生用自己喜欢的方式概括主要内容，有利于打开学生的思路，调动学生学习的积极性，培养学生的创新意识。

生6：一个孤儿受伤，急需输血，阮恒主动献血，他感到很害怕，但竭力克制自己的恐惧。医生问他为什么这样做？阮恒说，她是我的朋友。

生7：几发炮弹落儿院，两名儿童当场死。一个姑娘需献血，阮恒冒死把血献。医生为她问他为啥献？因为她是我朋友。

师（竖起大拇指）：用一首诗概括主要内容，值得借鉴。

生8：展示图画，解释图。

师：原来一幅画就可以表达主要内容啊，简洁明了，一看就清楚。谁来补充的？

……

师：我可以点评吗？你们怎么忍心把那个小姑娘抛弃了呢？你们给她们输血了吗？下次要注意了啊！同学们请读（出示PPT）：啜泣呜咽咬拳头，冒死献血真朋友。

（三）自读自悟 有心栽花花更艳

师：同学们，让我们带着对阮恒的无限钦佩之情，去文章中细细品味那些打动人心的地方。起立，小组内交流。哪个小组来交流？

设计意图：引导学生联系上下文，理解感悟句子，激发学生关心作品中人物的命运，与作品中的人物产生共鸣。

生9：同学们好！我是生龙活虎小组的领队郑亦童，请大家齐读句子，"事后，医生对周围的人说：'他是以为自己就要死了。他想，准会让他把所有的血都给那个小姑娘，好让她活下来。'"从这个句子中，我能读出阮恒助人为乐的品质。我由此联想到了《平分生命》这个故事，我们需要一颗善良、同情、正直的心，要向需要帮助的人伸出援助之手。谁来补充？

……

生10：同学们好！我是猛虎出山小组的领队谢楠，请大家齐齐读句子，"一阵沉默之后，一只小手颤抖地举起来。忽然又放下去，然后又举起来。"

生11：从这句话中，我感受到，小男孩也很害怕献血，但又害怕小女孩会失血过多而死，他不能只顾自己，而不顾小女孩，所以善良的小男孩又举起了手。我由此想到了，我爸爸也是献血志愿者。当我看到爸爸的献血证时，我问爸爸，抽血痛不痛。爸爸说，当然痛啊！不过，只要爸爸的血能够挽救别人的生命，那就是值得的。

师（竖起大拇指）：这是一位好爸爸。向谢楠的爸爸致敬！

……

师：同学们请读（出示PPT）：痛苦矛盾阮恒情，淙淙溪流润心田。

（四）拓展阅读 开阔视野思齐贤

师：黄俊迪善于思考，联想丰富。其实，朋友就像阳光一样陪伴着我们，我们的生活因为朋友而更加丰富多彩。现在是故事点播时间，开火车介绍一下你将要讲的故事。

进入文本，走出文本，用心灵感动心灵，通过表达升华情感，使学生对友谊有一个全新的认识。

生12：我要分享的是俞伯牙和钟子期的故事。

生13：我要分享的是《沙漠中的苹果》

……

师：还有谁没有发言的？请举手。潘××，你请一个同学来讲故事。

生14：我要分享的是《沙漠中的苹果》……这时，他惊异地发现：朋友手中手里紧紧攥着一个苹果，而那个苹果比他手中的小了许多。朋友之间，应该互相信任、理解、包容，不要轻易怀疑自己的朋友。真正的朋友，就是在患难之中能够互相帮助的。

师：刚才，潘××请了你讲故事，现在，你也请一个同学。

生15：……这个故事说明了，我们对待朋友要遵守信用，答应的事，就一定要做到；做不到，就不要答应。一个人只有守信，才能够得到别人的尊重和信任。

师：《弟子规》里是怎么说的？勿轻诺——

生（齐答）：苟轻诺，进退错。

师：同学们，请读。(出示PPT)

生（齐读）：近朱者赤，近墨者黑。见人善，即思齐，纵去远，以渐跻。亲近品德高尚的人，做一个受人欢迎的人。

师：同学们，其实，我想一直听大家讲故事，你们知道吗？诺贝尔获得者莫言就是一个讲故事的人，你们这么会讲故事，以后也有机会获得诺贝尔奖，你们说是不是？

生（齐答）：是。

师：同学们请读。(出示PPT)

生（齐读）：近朱者赤近墨黑，见贤思齐品自高。

（五）读写结合　真诚感恩学写作

出示PPT：写话诉真情。自拟题目，诗文皆可，任选一题：

(1) 你和亲人（同学、朋友）之间一件感人的事；(2) 夸夸你的朋友；(3) 你渴望交到什么样的朋友？(4) 以"朋友"为话题，写出你想写的话。

师：故事永远讲不完，课后继续阅读、思考。我们之所以能够健康、快乐地成长，是因为有亲朋好友的陪伴，请用一首诗或者一段话表达我们心中的感恩之情。

1. 审题，选题，自由写作8分钟。

2. 小组交流，个人汇报。

……

生16：蔡××的改变令我感到惊讶，其实，每个人身上都有或多或少的毛病，改正了就好，我要向蔡××学习，改正身上的小毛病。

师：不仅能够发生发现别人的变化，更有勇气反省自己，难得！

生17：我想夸夸刘××。一年级的时候，我参加接力赛，跑得慢，被同学们责怪，刘××面带微笑地朝我走来，拍了拍我的肩膀，对我说：曾××，虽然你跑得慢了一点，但是我知道，你已经尽力了，以后勤加练习，一定会进步的。听了刘××的话，我的心里立即温暖了起来，有自信了。虽然刘××已经转学了，但这件事永远记在我心中，刘××永远是我的好朋友。谢谢大家！

师：刘××这句话，你会记一辈子，这叫良言一句三冬暖。同学们，朋友像阳光一样陪伴着我们。同学们，请读。（出示PPT）

生（齐读）：患难朋友如松柏，人间自有真情在。

师：同学们，你们的表现非常出色，陈老师无法用语言来赞美你们，谢谢你们！谁用一句话来谈谈这节课的收获？有收获但没有发言过的同学，请举手。

生18：我们要交好的朋友，和好的朋友在一起，你也会变得越来越优秀。

生19：这节课，我了解到了同学们深厚的友谊。

师：希望你也能和同学们建立深厚的友谊。听君一席话，无限感慨。说不完的朋友情，请读。（出示PPT）

生（齐读）：真正的朋友，在你获得成功的时候，为你高兴；在你遇到不幸或悲伤的时候，会给你及时的支持和鼓励；在你有缺点、可能犯错误的时候，会给你正确的批评和帮助。——高尔基

师：老师还布置了课后实践与研究（出示PPT）：

1. 了解几个交友典故。　　2. 学唱一首关于朋友的歌。
3. 阅读一本关于朋友的书。4. 写一篇交友日记。
5. 寻找、结交一位真正的朋友。

师：希望每个人都学会珍惜身边的亲人、朋友、同学。下课！

附：板书

```
              献血
    阮恒 ─────────────→ 女孩
         她是我的朋友
```

二、教学反思

《义务教育语文课程标准（2011年版）》指出："语文课程是实践性课程，应着重培养学生的语文实践能力……语文课程是学生学习运用祖国语言文字的课程……应该让学生多读多写，日积月累，在大量的语文实践中体会、把握运用语文的规律。"

本教学活动，紧紧围绕"培养学生的语文实践能力"而展开："闲话生活中的朋友"，是培养学生的表达能力；"复述课文内容"，是培养学生运用不同方式表达主要内容的能力；"自读自悟文中感兴趣的句子"，是培养学生理解、感悟的能力；

"拓展阅读"，是阅读积累、开阔视野、潜移默化、见贤思齐；"读写结合，真诚感恩练习写作"，是培养学生的思考、观察、写作能力。然而，预设固然理想，课堂瞬息万变，我试着从三个方面分析课堂：

（一）语文课堂——听说读写思的殿堂

抓住描写阮恒献血过程中表情、动作的语句，体会人物的内心活动，使复杂的心理变得简单，使简单的文字富有深厚的情感，从个性化的朗读中，感悟文中人物的内心活动。在这个环节中，孩子们成了学习的主人，自主汇报、交流了令人感动的文段。学生在朗读中受到了情感的熏陶，在交流中获得了思想的启迪，学会了聆听、勇于自省、相互理解、相互赞赏。听、说、读、写、思的学习活动，促使人文性与工具性的统一，体现了《义务教育语文课程标准（2011年版）》中"多读多写，日积月累，在大量的语文实践中体会、把握运用语文的规律"的要求。

（二）诗文载道——为有源头活水来

将诗句、典故引入课文，温故知新；在教学过程中，运用诗句精炼地概括文章，做好过渡，不失为有效地培养学生语文实践能力的好方法。创设轻松的谈话氛围，帮助学生由浅入深地理解朋友的含义。形式多样的概括方式，目的只有一个：点燃学生的学习兴趣。有趣的表演，及时、到位的点评，有助于学生理解课文。进入文本，走出文本，适时将大量的、相关的课外阅读引入课堂，为的是充实文章的内涵，引导学生用心感悟朋友之间的深情厚谊，为学生的交友提供指南。阅读、感悟课内外文章，在理解、运用语言文字的基础上，反观自己的内心，修炼高尚的品德，用心灵感动心灵，通过表达升华情感，使学生对友谊有一个全新的认识，树立正确的价值观。

（三）剖析自我——少留遗憾与惋惜

尽管我对学生的课堂表现颇为得意，尽管赢得同行、领导的赞赏，但是本课例经过首都师范大学王陆教授领导的研究团队的分析，提出如下改进建议：优化问题设计，增加课堂的开放性。教师还可鼓励学生提出问题，让学生的观点在课堂上闪光并引领课堂，以此带动课堂的开放性。在广东第二师范学院教师研修学院熊焰院长、原珠海市教育研究中心王卫国主任的指导下，我做出反思如下：

1. 重视推理性、批判性思维的培养。

授课过程中，我没能有效地引导学生进行推理性思维的训练，比如怎么样才能交到真正的朋友？假如你是阮恒，你会为小姑娘献血吗？为什么？假如她不是阮恒的朋友，阮恒该怎么做？为什么？我也没能有效地引导学生进行批判性思维的训练，比如可以在大家都极为称赞阮恒的献血行为时提问：对于阮恒的献血行为，你有不同的看法吗？为什么？

2. 努力实现教学生成。

教学生成的机智，是我需要加倍努力的方面。为了赶时间，疏忽了追问、质疑的开展，错失了教学生成的机会，这不利于学生思辨能力的发展。这与本人备课还是不够充分、预设不足有关，与长期采用生本教育教学模式有关。我将在以后的课堂教学中深入地琢磨改善的途径，在追问、质疑、补充中，不失时机地赞赏学生、唤醒学生，激发学生的思维，一步步将学生引向自我发展、自我完善的境界。

3. 加强课程资源的开发意识。

学生在谈论、交流朋友的故事时，如果我有意识地引入湛若水与陈白沙亦师亦友、梁启超与康有为志同道合等佳话，对于学生了解岭南文化，是大有裨益的。在以后的教学设计中，我会有意识地将地域文化特色引入课堂，使学生在学习中了解地域文化，对地域文化产生浓厚的兴趣，培养学生对地域文化的自豪感，把学生培养成热爱学习、热爱生活的人。

教学是一门永无止境的艺术，唯有孜孜以求、不断反思、总结，才能在课堂上少留下一些遗憾与惋惜。在今后的教学中，我将带领学生涉猎更多关于朋友情谊的故事，把这个感人的故事解读得更加精彩；我会持之以恒地阅读教育教学专著，观摩名师课例，向同行请教，不断地提高自己的教学能力。

真真实实教语文　还原语文本色

广州市从化区太平镇屈洞小学　黄顺赢（小学语文）

第一部分　导读语

我是黄顺赢，中共党员，现任广州市从化区太平镇屈洞小学总务处主任，是中小学高级教师（小学副高）。从教以来曾两次荣获"从化市教育系统优秀教师"称号，有10多篇教学论文（教学案例设计）在各级各类评比中获奖。《农村小学语文课堂教学的有效性初探》等6篇教学论文在各级各类教育刊物发表。曾主持或参与过"小学语文文本细读策略的研究""校本研训是促进教师专业发展的核心动力""基于社会主义核心价值观的农村小学班级文化建设的研究""农村小学课堂教学有效策略的研究"等4个市、区级课题的研究。

粤北的九连山脉从河源市一直延伸到广州市从化区，山区人纯厚、朴素的品格造就了我"真真实实教语文，还原语文本色"的理念，这是我从教以来对语文教学的理解。我认为语文教师必须正确把握语文课程的特点，重视学生对语言文字的积累和运用能力。因此，语文教师要认真地指导学生读书，写字，写作文。"读书破万卷，下笔如有神。"要夯实语文基础就必须要读书。在教学中，我把课外阅读放在语文教学的重要位置上，培养学生浓厚的阅读兴趣和良好的阅读习惯。"字如其人"，要规规矩矩写好字。要写得一手漂亮端正的汉字，我要求学生做到静心安坐，练好基本笔画和间架结构，养成良好的书写习惯，保持书写的清洁。

"作文，源于生活。"要情真意切写好作文，我要求学生联系生活实际，积累各方面的写作素材；在阅读教学中要关注语言表达，以阅读带动写作；多记录生活的点滴，学会把自己内心的真实情感表达出来。要提高学生的语文素养，就必须把语言文字运用的教学实践落实到实处，这也是我在教学实践中逐渐形成的粤派教学风格——稳重、朴实、细腻。

第二部分　名师成长档案

勤奋钻研终成大器

一、寒窗苦读，学业有成

我是一个农民的儿子，出生在粤北九连山山区的农村，山区农民的纯朴造就了我朴实的性格。改革开放之初，是我入学读书的年代，农村，特别是山区农村，交通闭塞，物质稀缺，生活特别艰苦，连温饱都成问题。山区农村艰苦的生活并没有磨灭我读书的兴趣。自打认识字以来，我就一直喜欢看书，那时看的书大部分是连环画书（小人书）。只要手上有点钱，我就拿去买书看，宁愿饿肚子也要买书看。那时买书的钱一是过年时的压岁钱，二是卖自己捡的废品得到的钱。只要口袋里有一角钱、两角钱，我就立即跑去书店买新书看。每到一个地方，我最爱去的地方就是新华书店。每次去亲戚朋友家，我最注意的是他们家里的书。那时山区没有通电，晚上，我在煤油灯下看书是常有的事。当年在农村烧稻草时，因为自己看书入迷，烧着的稻草掉下灶膛也是常有的事。因此，我也被村里人起了外号"书呆子"。因为喜欢看书，我养成了良好的阅读习惯，也提升了自己的阅读能力。我的语文基础这样形成了。因为看的书多，读小学、初中时，我写的作文常常被语文老师当作范文拿来评讲，这激发了我对语文最初的兴趣。

山区客家人的长辈常常是这样告诫子女的："要吃得苦中苦，方为人上人"，"要扭紧眉毛做赢人"（指超过别人）。1989年7月，我考上了广东老隆师范学校。山区客家人很尊重读书人，校长亲自将师范学校录取通知书送到我家。当时考上师范学校，这在全镇是一件大事，镇政府用当时镇里唯一的公务车（吉普车）把我们两个准师范生送到县城去体检和面试。

当年在山区当教师工资比较少，平均每月36元。所以，在师范学校中流行一句"读不读，三十六"的顺口溜，意思是："你学不学，毕业后当老师一样是领36元的工资"。大部分师范生觉得进入师范学校等于入了"保险柜"，但我认为还是要认真学习的。三年的师范学校生活让我难忘的是读书经历。师范学校学习的科目比较多，音乐、美术、体育、书法等科目都是主科，师范学校可真是塑造教师的地方，每天晚修前3分钟的演讲训练登台胆量与口才，每人每天写一块小黑板粉笔字。音乐、美术、体育、书法等科目都要考试过关，不过关要补考。我对每一门课程都很感兴趣，成绩优良。在美术方面，我的素描画得好，被挑选进美术尖子培养班。在音乐方面，我又被挑选进学校管乐队。所有课程，我都学得没有压力，因为我有坚实的语文基础。课余时间，学校图书馆是我常去的地方。一年下来，我的借书证中书目填写得满满的。每到学期结束，图书馆的阿姨总要站在我班门口大声喊着我的名字，催我还书。学校每学期举行的征文活动，我都有文章获奖。当时师范学校给我们师范生学习的小学语文教学方法是丁有宽老师的"小学语文读写结合法"，我们在实习时也是应用这种"读写结合法"。应该说，丁有宽老师的"小学语文读写结合法"对我的教学影响是比较深远的。我以前对"读写结合法"理解得不够深入，简单地认为学习语文就是要多读多写，现在想来，语文教学多读多写的确是必要的，但还必须让学生去实践体会。就这样，我带着陶行知先生"捧着一颗心来，不带半根草去"对教育事业的热切期望毕业了。

二、天道酬勤，初露锋芒

1992年7月，我被分配到家乡浰源中学任教，当时山区确实缺少像我们这样的师范生。与昔日曾经教过自己的老师做同事，我感到高兴和幸福，利用课余时间主动请教。这一年，我任教初二语文，把比自己小几岁的学生当作自己的兄弟姐妹。第二年，我跟班任初三语文，感到压力更大。我深知要教好书，必须具备扎实的专业知识。于是，为了充实自己的专业知识，我找来一些大学中文系的书籍来读，边教边学，逐渐掌握了教授初中语文的方法，也初步领会了语文教学的本色，语文教学必须重视积累和运用。1994年中考时，我任教的班级语文中考成绩名列全县第三，受到了县教育局的表彰。这一年，我光荣地加入了中国共产党。

1995年8月，因家庭原因，我从边远山区中学调到了从化太平镇的农村小学，从中学调到小学任教。开始的一年，我真有点不适应，因为小学生和初中生的心理不同，初中生自主学习性强，掌握知识面广。后来，我重拾起自己在师范学习的知识，毕竟自己在师范学习的是小学教育，一年后也就适应了。之后的十多年间，我先后在从化区太平镇周边的6所农村小学辗转任教。在这期间，我并没有停止学习，从1996年到2002年，我完成了中山大学汉语言文学专业大专、本科的学历进修。在此期间，我主要担任小学中高年级的语文教学，虽然每天进行的多是常态课，但对待这样的课堂，我从来都不放松对自己的要求，每堂课前我都要认真备课，课堂上严抓学生的"读写"训练，注重培养学生的能力。课堂上没有过多华丽的辞藻，没有先进的教学手段，只凭一支粉笔、一本教科书，扎扎实实地进行训练。收获的是学生语文能力的提高，家长满意度逐年增加，我的教学水平也日渐进步。中国教育学会小学语文教学专业委员会理事长崔峦老师说："教学的最高境界是真实、朴实、扎实。我们欣赏并提倡'简简单单教语文，本本分分为学生，扎扎实实求发展'的回归常态的语文教学。"简单语文，就是还原语文本色。很多语文教学是花架子，最终都不能达到教学目标，徒劳无功。陶行知先生说过："凡做一事，要用最简单、最省力、最省钱、最省时的法子去做，去收获最大的效果。"《义务教育语文课程标准》明确指出，语文课程应致力于学生语文素养的形成与发展。学习语言文字是形成语文素养的抓手，培养和提高学生正确理解和运用祖国语言文字的能力自然成了语文教学的根本任务。语文教学要回归本体——学习语言上来。把教学重点移到指导并帮助学生"阅读、感受、领悟、积累、运用"语言上来，提高听、说、读、写、思的能力。认定了"学习语言"这个大目标，语文教学也就变得简明多了。日常教学中，我坚持让学生练字、阅读、写日记，虽然方法旧，但是效果好。

2002年，我在《从化教研》发表了论文《创设教学情境，激发创新思维》，这是我第一次在公开刊物发表论文。2004年，我被从化教育局安排到从化城区学校跟岗学习，师从广州市小学名教师邱梦桦老师。那是我第一次接触名师，从名师身上学习了新的教学理念。《浅谈低年级语文的写话教学的几点体会》荣获2003年从化市语文科论文评比二等奖，并在《中国教育之窗》2006年第5期发表。教学设计《威尼斯的小艇》荣获2006学年第一学期从化市小学语文科创新教学设计和典型教学案例评比二等奖。这些微小的成果，鼓励着我不断在教学实践中反思和前进。

三、科研助力，专业成长

2007年9月，我调到从化市太平镇屈洞小学任教导处副主任，之后任总务处主任，仍然担任中高年级语文教学。我在语文教学上不断创新，积极构建互动、共同学习的语文课堂，开展丰富多彩的语文实践活动，引导学生在挑战中学语文。"找准教学点，落实教学点，训练教学点"成了我每节课追求的目标。哪怕曾经教过多次的课文，我都反复钻研，认真进行文本解读。虽然很忙很累，但看到学生喜欢上我的语文课，喜欢上阅读课外书和写作文，听到家长一句句出自肺腑的感谢，我就更加坚信，付出一定会有回报的。承担学校公开课、听课评课等成为我教学进步的另一个重要途径。

2008年，我撰写的一篇论文荣获广州市三等奖，这激起了我对教育科研的兴趣。2009年1月，我参与的学校课题"自主学习的组织与实施研究"在从化市教育局教育科学"十一五"规划课题"有效课堂教学策略研究"（第一批）中立项，一年后结题。2012年9月，我主持的语文科课题"小学语文文本细读策略的研究"在从化市教育科学"十二五"发展规划2012年度课题中立项，我还主持了课题的开题工作。在此之前，我一直认为教育科研工作是专家们的事。自从参加了2012年10月23—25日的从化教育科研主任培训，听了几位广州市教育专家的讲座后，我耳目一新，重新认识到学校课题研究工作的重要性，认真组织和指导教师开展"小学语文文本细读策略的研究"课题的研究工作，争取此项课题的研究能有显著的成效。通过学习培训，我认为，做好学校教育科研工作，就要以学习为先导，以课题为引领，以制度做保证，以激励来促进。只有这样，才能激发广大教师积极参与教育科研的热情，进而提高教育教学质量。2015年6月，我主持的语文科课题"小学语文文本细读策略的研究"成功结题，被从化教育科研中心评为良好。通过科研课题研究，我认为，语文教师是小学语文教学的实践者和研究者，我的语文教学主张就是还原语文本色，培养学生学习语文的兴趣和良好的语文学习习惯，学会写规范汉字，养成终身读书的习惯，多积累，勤写作。

2017年3月，我参与广州市课题"农村小学课堂教学有效策略的研究"，是该课题组成员的前三名。2017年4月，我荣幸地成为"广州市百千万人才工程"名教师第三批培养对象，这是我专业成长之路的一次很好的学习机会。近几年，我积极撰写教学论文和教学设计。我撰写的教学论文有10多篇在各级各类杂志上发表并在各级评比中获奖。新课程改革在不断走向深入，我的名师成长步伐也不会停止，正所谓"路漫漫其修远兮，吾将上下而求索"。

第三部分　学科教育观

▶ 我的教学风格解读 ◀

稳重　是心智成熟的标志，做事不浮躁，循序渐进地积累知识，不畏艰难险阻，一步一个脚印走过来。教学上的稳重是指严谨、细心、效率高、责任心强，分析和解决问题强调逻辑根据。在小学课堂教学中，小学生的语文能力需要在实践中不断被训练和加强，小学语文教学对象是六岁至十二岁的儿童，他们的言语能力处于快速发展的黄金时期。所以要注重培养的过程性。稳重、不急进是全面提高小学生语文能力的保证。稳重的课堂是指严谨朴实而不平淡，从语言到行为都摒弃浮华，把语言文字运用的教学实践落实到实处。教育学生的过程中要做到稳重，即平静淡定、心如止水、遇事不急躁，这就要求教师自身要有较高的修养。这也需要历练和岁月的沉淀。稳重还有平易近人之意。能做到这一点，主要是我累积了很长的教学经验。"师道尊严""一日为师终身为父"等传统观念对我的影响是很大的。后来，我逐步意识到师生应当平等，课堂需要民主，因为它体现了对生命的尊重，是真正的以生为本。只有师生之间以平等的主体参与到课堂教学中，教学的效果才能最优化，师生才能共同享受课堂的快乐。平等是营造民主氛围的起点，也是良好氛围持久的保证。全员性是营造民主氛围的着眼点，只有全体学生都得到了发展，才真正实现了教育的目的；差异性是营造民主氛围的保障；激励是良好氛围形成的动力。有了正确的观念，但要真正转变自己的教学行为还是有很长的路要走的。刚踏上讲台，因为性格内敛不张扬，平时寡言寡语，学生不喜欢与我交谈。我意识到这对教学不利，于是努力改变自己。课前课后，我主动和学生沟通，上课时语言尽量亲切、自然、富有感染力，使课堂气氛和谐，让学生悦纳自己。慢慢地，我在学生中变成了一个"老顽童"。

朴实 是质朴诚实，是真实的表现。这也是我做人做事的本质。唐代大诗人李白的名句"清水出芙蓉，天然去雕饰"深刻地揭示了艺术美的本质特征——朴素之美。这是给我最大的启示：那种追求场面热闹，形式花哨的语文课终究不长久。我所追求的是自然朴实、不刻意雕琢的课堂，没有与课堂无关的语言和行为，没有哗众取宠的调侃和媒体展示，所有的一切教学手段都是为教学服务，为学生服务，切切实实提高学生的语文能力和素养。语文课堂教学要结合教师、学生、教学目标与教学内容的实际。语文课程应立足于语文，真实地体现语文学科基本特点，实现语文课程的基本价值。课堂教学中，我力求上出语文课的味：写字训练，给够时间，指导写法，及时反馈；词语训练，结合文本，由浅入深，层层推进；句式训练，联系实际，拓展延伸，揭示中心；写作训练，创设情境，升华主题，培养能力；朗读训练，多种角度，多种方式，彰显个性。

细腻 用来形容描写、表演等细致入微。细腻是指在教育教学中我十分注重细节，特别是在语文文本解读方面，善于挖掘文本素材。语文既要细腻地读，又要细腻地写。品味平实质朴的语言，需要细腻真挚的情感。写出"动之以情，晓之以理"的作文，需要细腻生动的文笔。叶圣陶先生说："一字未宜忽，语语悟其神。"在阅读教学中常有"画出不理解的句子、词语""理解自己不懂的地方"这一类要求。对每一个学生来说，"不理解"的地方是千差万别的。如何帮助学生找到自己的疑惑点呢？我在引导学生"画出自己不理解的词语"时是这样做的：先让学生读读生字新词，想想有没有不明白的。如果明白了，就自己试着说说词语的意思，想想是否正确，有不明白的就画出来。再读读课后要求掌握的词语，找出不理解的词，再听听同学提出不理解的地方，想想自己是否明白，从而准确地找到自己不理解的词语。寻找句子和课文内容方面的疑点，可先让学生边读边思考课后习题，看看自己哪些回答不出，以问题的形式向老师提出来。再让学生细读课文，提出与书上不同的问题。在中高年级阅读教学中，我引导学生总结归纳出各种不同类型文章的特点，以便学生在课外阅读思考时有章可循，从而提高阅读效益。几种常见文体的阅读步骤如下：记叙文，初读时了解大意，理清六要素；

细读时理清层次和记叙顺序；精读时赏析好词好句，体会中心。写景的文章，要明确写的是什么景，此景有什么特点。说明文，要理清说明的是什么事物，有什么特点，文章按什么顺序，运用了什么样的方法进行说明。借物喻人的文章，要明确借何物喻何人，再抓重点，找特点，理清写作的目的，最后理清思路，了解方法。

 我的教学主张

还原语文本色

还原语文本色，简单地说，语文就是语文，真真实实地教语文。反过来说，就是不要让语文课成为政治课，成为历史课，成为故事课，成为表演课……语文课从内容与方法上，都要紧扣语文，用语文的方法教语文。还原语文本色主张"学用结合""实践第一"的观点，反映的是"务实增效"的理念。还原语文本色不是守旧，还原语文本色不是倒退，还原语文本色也不是无为。还原语文本色，不排斥教学风格；还原语文本色，不反对创新；还原语文本色，更不放弃更高的追求。还原语文本色，掌握语文教学的原点，可以让你走得很远。语文课程的内容十分丰富，语文教学可以因教师风格的差异而异彩纷呈。

一、还原语文本色，立足母语教育的基本任务，明确语文课程的基本定位

《义务教育语文课程标准（2011年版）》旗帜鲜明地指出："语文课程是一门学习语言文字运用的综合性、实践性课程。"这意味着我们的语文教学内容毫无疑问地应以语言运用为主要价值取向。叶圣陶说："语文就是语言文字，口头为语，书面为文。"叶圣陶先生的话为语文教学指出了方向，即语文教学应当围绕语言文字展开。著名的特级教师于永正先生也说过："语文教学的目标就六个字：学语言，用语言。"所以，语文教学必须引领学生的语文学习从语言开始。语文课上，不仅让学生动起来，更重要的是让他们的思维也动起来，而思维的培养首先要有良好的倾听习惯。每堂课中我的第一个要求就是认真听讲，为让每个学生做到有效倾听，我会采取这样的方法：在指名读课文时，让其他学生也在心里跟读，当听到别人和你读的不一样时，就做好标记，这样交流时，你就有明确的目的；还有在倾听其他同学对课文内容的理解时，也要一边听一边记，把自己的见解或想法做好记录，然后进行补充、交流、评价。

二、还原语文本色，探寻母语教学的基本规律，实践体现母语基本特点的语文教育

语文只有在运用中才能获得鲜活的生命力，才有血肉和温度。学生只有在听

说读写中才能感受母语的魅力。语文课，本质上是阅读课，阅读是一次精神的旅行，是一件快乐的事。静下心来审视当前的语文教学，似乎缺少对文本的整体感知，而过分注重文本的理析和深度挖掘，有"开发、包装过度"和"玩术"之嫌。小学语文课堂需要激情，更需要理性。语文教学要紧紧抓住"语言"这个牛鼻子，在对具体语言材料的积累、品味、感悟、理解的基础上，通过语言的实践活动学会"运用"或者说是"驾驭"语言文字的能力，达到量增质升的目的。因此，在语文教学中，要对语言文字有高度的敏感与警觉，要善于发现那些关键词句，让学生从中读出思想和感情，品出表达效果和作用。学生通过对一个个重点词句的理解，从中感悟和品味，从而能真正汲取到语言文字的丰富营养，真正感悟到语言文字的魅力。

三、还原语文本色，体现语文学科基本特点，实现语文课程的基本价值

　　语文学习重视理解和积累，但学习是为了运用。培养听、说、读、写四种能力，落脚点也在于正确运用语言文字。语文课需要回归到"语"和"文"上，"语"即规范的、高级的、精致的、优雅的口头表达；"文"即书面表达，而书面的最高级形态就是有主题、有构思、有选材、讲究语言风格的文章。例如，《白杨》一课教学中，我先提出问题"戈壁滩上的白杨树有什么特点？"生答："高大挺秀。"我问："为什么不用'高大挺拔'，而用'高大挺秀'来形容白杨树？"我继续提出问题："你觉得这个'秀'字用得好不好？"我让学生讨论，有的学生说"秀"字写了白杨树的美，戈壁滩上浑黄一体，非常荒凉，白杨树长在这里，生长得很茂盛，绿油油的，给戈壁滩增添了无限生机，所以显得很美。有的说白杨树的"秀"表示有高贵的品格，这是它的内在美。我顺势提问："它有什么高贵的品格呢？"这一篇课文的主题也突现了出来，语文课程的基本价值也体现了出来。

　　总之，小学语文的教学目标和内容都要围绕一个核心"语言运用"来进行，教学的种种举措和行为都要指向"语言运用"这个核心。只有这样，才能让儿童"读"有目标，"悟"有方向，"学"有所获，"思"有所益。语文课程的根本目标就是让儿童在实践中建构多方面的知识，掌握语言文字运用的技能，增强语言文字的感受力，获得情感、文化和审美的体验。

▶ **他人眼中的我** ▶

　　我们都喜欢黄老师的课，听他的课可以学到很多东西，懂得很多知识，而且有趣，轻松又快乐！大家都很开心。

——屈洞小学五（1）班学生　钟沛欣

黄老师是一个才子，他是我校优秀的语文老师，他是一个做事认真的老师，他能无私地帮助青年教师，促进青年教师的专业成长。他教学有经验，教学中善用现代教育技术辅助教学。他辅导的学生参加各类竞赛并获得多个奖项，他自己也获奖颇多。

——屈洞小学教师　刘卫东

黄顺赢老师教学认真，对待学生很有耐心，没有脾气。他善良、为人诚实、责任心强，凡事以大局为重。他从不计较个人得失，只要交代的工作，他不但很快完成，而且做得很好。我把学校的工作交给他去做，非常放心。

——屈洞小学校长　梁炳辉

第四部分　育人故事

用爱心感化孩子的心灵

师范学校毕业后，我在乡村学校任教了 26 年，发生过许多育人故事，这些都是工作中的一些平凡小事。在教育教学工作中，我奉行"爱心"教育，把自己的爱心奉献给乡村的孩子，用自己的爱心感化了一个又一个乡村孩子，使他们走上正确的人生道路。在我的心中，孩子们没有"优差生"之分，我认为要用爱心挖掘他们的"闪光点"，让他们正确地认识自己，努力学习。

记得 2010 年我任教四（1）班时，有个学生比较顽皮，纪律散漫，无心向学，经常惹是生非，而且沉迷网络游戏，学习成绩一落千丈。开学的第一个星期，我去他家进行家访，他想不到刚开学我就过去，怯生生地招呼着我。我热情地嘘寒问暖，一下子拉近了我们师生之间的距离。很快，我们就像朋友似的。那天，他和我谈了很多他的经历和家庭情况。原来他生活在单亲家庭，父亲离异后就再没有回来看过他，他是一个非常缺少父爱的孩子。父爱的缺失导致他性格叛逆。有一次，他没来上学，我立刻与他妈妈联系，得知他也不在家。于是，我想到他肯定去泡网吧打游戏了，立即叫上他妈妈一起到附近的网吧进行查找，最后在一个非常隐蔽的私人网吧里找到了他。在黑暗的网吧中，他怎么也想不到我和他妈妈这个时候会出现在他面前，显得十分的愧疚。我动之以情，晓之以理，对他进行了耐心的教育，教育他作为一个男子汉应该有责任和担当，让他从根本上认识到了自己的错误。从此之后，我不时对他提出期望和要求。就这样，我采取"别人嫌弃我喜爱，别人忽视我重视，别人冷漠我关注，别人薄待我厚待"的方法对他进行悉心的教育，使他从思想上、行动上彻底改变。一个学期下来，他再没有打过一次架，也没有沉迷网络游戏。我利用他喜欢打电脑游戏的特点，安排他参加学校电脑兴趣小组，用心辅导他，并选派他参加从化区电脑虚拟机器人比赛，获得了从化区二等奖。就这样，他的学习成绩追赶上来了，并在六年级毕业时被推荐去从化第六中学（从化区重点中学）就读。

作为一名教师，应该尊重每一位学生。教育是心灵的艺术，我们教育学生，首先要与学生建立一座心灵相通的爱心桥梁。心理学家认为"爱是教育好学生的前提"。对于特殊的学生，我放下架子亲近他，敞开心扉，以关爱之心来触动他的心弦。"动之以情，晓之以理"，用师爱去温暖他，用情去感化他，用理去说服他，从而促使他主动地认识并改正错误。我国近代教育家夏丏尊先生说过："教育之没有情感，没有爱，如同池塘没有水一样。没有水，就不能称其为池塘，没有爱，就没有教育。"作为一名班主任，要搞好教育工作，我们就要有一颗赤诚的爱心，用爱关注学生，用行动去感化学生。对于那些有一定坏习惯的学生，教师应给他们更多的关爱，经常鼓励、帮助、督促他们，让他们逐渐增强自我控制能力和学习主动性。

附录　教学现场与反思

总也倒不了的老屋（第一课时）

《总也倒不了的老屋》是一篇童话，讲述小猫、老母鸡、小蜘蛛向老屋请求帮助，老屋为了它们坚持不倒的故事。本篇为精读课文，是学习阅读策略——"预测"的第一篇课文，起到示范学习的作用。课文以旁批和课后活动的形式提示预测的方法。旁批呈现了预测的思考过程，课后的两个习题提示了阅读与预测的方法，课后"泡泡"提示语总结预测的方法。

经过低段两年的学习，绝大多数三年级学生对语文这门学科有着浓厚的兴趣，学习态度较端正。本班学生已能较熟练地掌握汉语拼音，能正确拼读音节，能借助拼音识字、阅读、学习普通话。初步学会结合词语理解词义，掌握常用汉字数量大，初步学会辨别学过的同音字、形近字，能认读学过的多音字。初步学会按部首、音序查字典，检索汉字，看懂意思。能在老师的引导下，主动参与学习，掌握了基本的学习方法，初步学会独立识字。能运用学过的词语造句说话，会给部分学过的词语找出近义词和反义词。能听懂别人讲的一件事，边听边记住主要内容，并能复述。能正确朗读课文，会默读课文，能说出一个自然段主要讲什么，能理解课文，具备一定的阅读能力。大部分学生对短文能静下心来认真细读，对文中的词句能有意识地深入体会和理解，知道抓住关键词句感知其内涵。

教学目标

1. 激发在阅读中预测的兴趣，感受猜测与推想的乐趣。
2. 理解课文内容，体会文章表达的思想感情，感受老屋美好的精神品质。
3. 培养学生掌握自主、合作、探究的学习方式，在理解课文内容的基础上，运用已知的知识和生活体验，交流自己的看法。

一、教学过程

（一）故事引入，尝试预测

师：同学们，上课之前，老师给大家带来了一个有趣的小故事，大家边读边想，预测一下故事的结果。大家大胆地猜测，谷希的红雨靴去哪了呢？（出示图片，学生猜一猜）

1. 揭示课题，指导读题。

师：今天我们继续来读故事，故事题目叫《总也倒不了的老屋》。（读题）

2. 学会根据旁批，初识阅读策略。

师：这篇课文跟我们以前学过的课文有什么不一样？（生说"预测""旁批"，出示PPT）这是一位同学在第一次读故事时一边读一边做的预测，他把想到的内容以旁批的形式写在旁边。所以我们在读课文时，不仅要关注内容，还要看旁批写了什么，这些提示语带给我们哪些预测的好方法。

片断反思：上课之前，我用课件出示了一个有趣的小故事《谷希的红雨靴》，让学生边读边想，预测一下故事的结果。教师提示学生根据故事内容、结构、图画等线索大胆地猜测谷希的红雨靴去哪了。学生们纷纷举手发言，有的说"谷希的红雨靴吃饭时丢在盆子旁了"，有的说"谷希的红雨靴骑马时丢在路上了"，有的说"谷希的红雨靴散步时丢在草丛中了"……我通过故事引入，激发了学生的阅读兴趣，让学生初步知道可以根据故事内容、结构、图画等线索来预测故事结果，为后面的阅读策略教学铺垫了较好的基础。用童话故事《谷希的红雨靴》导入来实现激发学生在阅读中预测的兴趣这个目标是有效的。再结合"学会根据旁批，初识阅读策略"这一阅读方法，针对题目处的旁批，告诉学生这是一位小朋友阅读后做出的预测，让学生知道这位同学是根据什么做出的预测。所以，这个环节有效地达成了"激发在阅读中预测的兴趣，感受猜测与推想的乐趣"的目标。

（二）随文交流，感知预测

预测一：

师：看到题目，你心中有什么疑问？大家猜一猜？为什么老屋总也倒不了？究竟是什么原因？文章的题目是预测方法。（生答，板书：预测 文章题目）

预测二：

师：这是一间怎样的老屋？请翻开书读第一自然段（指名读）你从哪些具体

的词语看出老屋的"老"？（指名答）你能不能读出老屋的"老"？（指名读）大家一边读一边想象老屋的样子。（齐读）就是这样一座很久很久的老屋，它现在要准备倒下了，老屋说……（齐读）

师：就在老屋要倒下的时候，突然发生了一件意想不到的事情，发生了什么事情呢？（指名读）原来是谁来了？（生齐答，板书：小猫）

师：这么可怜的小猫请求老屋，你觉得老屋会不会答应呢？把你第一次读到这里的预测同大家分享一下。认为老屋会答应的请举手，认为老屋不会答应的请举手。（提问认为老屋不会答应的学生）真勇敢！和其他人有不一样的想法，你是怎样预测的？（板书：联系上文）（提问认为老屋会答应的学生）你是怎样预测的？（板书：文中插图）此时此刻，可怜的小猫多么想老屋收留它呀！我们再来读读，你能读出小猫请求的语气吗？（指名读）

师：后来到底又发生了什么呢？老屋答应了小猫的请求了吗？我们继续往后读，看看你们的预测怎样？（指名3个学生读）（师生分角色读）

预测三：

师：小猫走了，老屋又要准备倒下了，那么，接下来又有一个新的人物出现了，看看谁来了。（出示）请读一读，看谁来了？（指名读）这次谁来了？（板书：老母鸡）

师：我们看看老母鸡的请求跟小猫的请求有什么不一样的地方？（生答）这么多的请求，老屋会不会答应呢？把你第一次读到这里的预测分享一下。认为老屋会答应老母鸡的请举手，认为老屋不会答应老母鸡的请举手。（提问认为老屋不会答应的学生）你是怎样预测的？（板书：旁批）（提问认为老屋会答应的学生）你是怎样预测的？你从中看出了老屋的什么特点？（板书：善良）

师：老屋的确是一座善良的老屋，它答应了老母鸡的请求，善良老屋是怎么回答老母鸡的？（指名读）（分角色读）

预测四：

师：老屋再一次说"好了，我到了倒下的时候了！"这句话熟悉吗？这句话在文中出现了几次，找一找，画一画。（生答）

师：第三次说"好了，我到了倒下的时候了！"这句话，你猜猜接下来会发生什么吗？（生答）你为什么这么猜？（生答）联系上文，每次老屋说这句话时，一定会有小动物出现，这就是"发现规律"。（板书：发现规律）

师：是谁来了？（生齐答，板书：小蜘蛛）小蜘蛛来了后，说了什么？谁来读一读。（指名读）

师：小蜘蛛来了后，你能猜猜老屋是怎么回答小蜘蛛吗？我们再来找一找规律。

（根据老屋回答小猫、老母鸡的话猜测老屋回答小蜘蛛的话）

师小结：我们通过联系上文、发现规律就可以进行预测。在这篇课文里，有很多情节是反复出现的，我们把这些有情节反复出现的句子读一读，边读边感受你发现的规律。（齐读）

片断反思：在教学时，我能充分利用好旁批，指导学生怎样去预测，让学生在阅读中感受乐趣。首先，能引导学生关注依据什么来预测。例如，针对题目处的旁批，告诉学生这是一位小读者阅读后做出的预测，让学生讨论这位小读者是根据什么做出的预测。学生一定看过与魔法有关的神话、童话，可以依据"阅读经验"来猜测。其次，能引导学生发现可以在什么地方预测。例如，教学中利用"总也倒不了"与"老屋"之间的语言矛盾，结合第一、二自然段对老屋形象和心理的描写，感受老屋之老，进而预测打算倒下的老屋为什么总也倒不了的原因。当第一个小动物小猫来请求老屋时，我引导学生关注插图、故事的内容等处的旁批，告诉学生各处旁批预测的依据。例如，当第二个小动物老母鸡来请求老屋时，学生回答"我猜到了老屋是怎么回答的"就是通过联系前文内容而做出的预测。问："你从中看出了老屋的什么特点？"学生的回答也是精彩不断："慈祥的老屋""助人为乐的老屋""和蔼可亲的老屋"……通过这些精彩的答案，看出了学生的思维已经深入化，正在从表象走向本质。他们已经读懂了老屋帮助小动物背后所流露的情感是一种至善质朴的情怀。最后，能引导学生对预测内容进行审视。让学生回顾自己的预测与故事的内容是否一样。无论预测的结果是否与后面的内容一致，都要思考自己预测的依据是什么。鼓励学生只要有依据，预测正确与否都值得肯定。所以，"理解课文内容，体会文章表达的思想感情，感受老屋美好的精神品质"这个教学目标就达成了。

（三）续编故事，练习预测
预测五：
师：接下来，后面又会发生什么故事呢？自由地小声朗读，边读边想，老屋还可能遇到哪些需要帮助的小动物呢？（学生自由读）

师：小组合作学习。想一想，老屋还可能遇到哪些需要帮助的小动物？让我们展开想象，大胆猜一猜，还有哪些小动物会来呢？

师：汇报。（提示：在这些小动物来之前，老屋总是先说一句话"好了，我到了倒下的时候了！"用上前文的句式）（指名提问。生答小兔子、小狮子、小蚂蚁等）所以，老屋总也倒不了呢。（再齐读课文题目）

师：在这个完整的故事结尾确实还有小动物要老屋帮忙。我们读一读。（出示原文）

师：总结全文。同学们，以后读课文呀，可以像今天这样读，边读边进行预测，一边读一边顺着故事的情节预测，接着会发生什么事呢？这样会越读越有趣，越读越想读。

片断反思：我设计了与课文有关的开放式问题"老屋还可能遇到哪些需要帮助的小动物呢?"让学生以小组形式自主、合作、探究学习，更好地激发了学生学习的积极性，通过生生之间的互动，培养了学生合作、沟通的能力，同时也激发了学生的思维和情感。这样，"培养学生掌握自主、合作、探究的学习方式，在理解课文内容的基础上，运用已知的知识和生活体验，交流自己的看法"的目标基本达成了。

总的来说，这节课为对话型的教学模式，我能够创设语言训练情境，创设让学生表达的支架。教师本节课，行为还是偏多，应该减少自己的行为，促进学生积极主动地进行归纳和探究。不足之处是深入的朗读较少，没有将学生朗读的水平淋漓尽致地展现出来，也没有用好课后题来进行教学。三年级上册每个单元的"语文要素"，基本都通过精读课文的课后题来体现、落实。精读课文的教学要特别关注课后题，因为每一题都是围绕单元语文要素题的，其中包含着丰富的编者意图和详细的教学重难点安排，教学中要用好，要充分体现课后题的教学价值。

板书设计：

<pre>
        12 总也倒不了的老屋
    预测   善良
    文章题目
    联系上文   小猫
    文中插图   老母鸡
    旁批   小蜘蛛
    发现规律
</pre>

二、教学反思

(一) 课程资源开发与教学设计

《总也倒不了的老屋》是一篇童话，主要讲述了老屋与小猫、老母鸡和小蜘蛛之间的故事。课文用了反复的手法推进情节的发展。每一个片段都是老屋准备倒下，小猫、老母鸡和小蜘蛛请求老屋不要倒下，分别陈述老屋不要倒下的理由，老屋无一例外地答应了他们的请求，最后小猫、老母鸡和小蜘蛛都得到了老屋的帮助，满足了各自的心愿。

从单元整体目标来看，本单元有三个目标：一是让学生学会一边读一边预测，顺着故事情节去猜想；二是学习预测的一些基本方法；三是尝试续编故事。表面看来是三个目标，但实际想来，本单元只有一个目标，就是要教会学生如何续写故事。续写故事是一种能力，能反映出一个学生的思维能力、想象能力和语言表达能力水平。续写故事也就是本单元要达到的终极目标。那么如何来实现这一目标呢？要想学生能顺利地完成续写故事这一目标，需要做些什么准备呢？从教材的编写意图上看，是这样来层层推进的。要想具备续编故事的能力，就必须要做好三项基本功：一是学会一边读一边预测故事将会如何发展，二是掌握一些基本的预测方法，三是学会根据课文故事内容推测故事结局。只有学生掌握了这三种基本能力，那么他们再去续编故事时就没有那么困难了。由此看来，"教会学生一些基本的预测方法"就是学习本课的核心目标。生字和课文教学是为核心目标的学习而作准备的。

（二）课堂教学对话与教学生成

回顾本课的教学过程，我基本能按教学设想进行。例如课文的题目，本课题目新奇，题目本身"总也倒不了"与"老屋"之间就已经形成了课堂教学对话的生成点，为学生提供了巨大的预测空间："老屋"为什么"总也倒不了"？究竟会发生什么？文中各部分情节的相似性也是课堂对话与教学的生成点，这为学生预测故事的发展提供了方法上的指引：接下来的发展会不会和前面的一样？会有哪些变化？文中老屋和小动物的语言、动作、心理等细节的描述也具有相似性，也为学生的预测提供了凭借。比如老屋反复说"我到了倒下的时候了"，接下来的情节里会不会依旧重复这句话呢？会不会有相似的结果呢？孩子们在联系上文的基础上会仿照课文句式进行猜测。这些课堂对话与教学的生成点既为师生对话提供了机会，又为学生阅读课文掌握预测方法作了很好的指引。故事的结尾出人意料，这是一个课堂对话与教学的生成点，也为阅读和预测增添了乐趣。整节课孩子们都沉浸在猜测与不断揭示故事内容的新奇体验中。

（三）教师教学风格与教学艺术

要提高课堂教学的实效性，就要把课堂这个主阵地交给学生。既然教师是学生与文本之间实现对话的桥梁，教师就要充分发挥桥梁作用，着眼于学生的学，并以学生的学贯穿始终。在第一个环节中，我让学生猜测小故事《谷希的红雨靴》，以《谷希的红雨靴》的图片带领学生猜测老屋的图片，并出示课题，并说说看到题目后的想法，进行第一次猜测。在第二个环节中进行内容猜测。我以随文阅读引导学生猜测后面的内容，相机总结猜测的方法并板书。这个环节是教学的重点，我先讲开头小猫的段落。然后课件出示母鸡的对话，让学生猜测是谁来了，老屋会不会答应。又问他们预测的根据是什么。再猜测后面母鸡走后还会有谁来，激发学生猜测的欲望，同时指导学生仿照课文中相同的句式（例如，"好了，我到了倒下的时候了！"）。在此基础上课件出示后面的课文内容，然后引导学生联系上文发现每次老屋说这句话时，一定会有小动物出现，这就是"发现规律"。最后总结预测方法。随文阅读中还让学生分角色朗读课文，体会角色情感。在最后一个环节，我抛出开放式问题"老屋还可能遇到哪些需要帮助的小动物呢？"让学生讨论，再次把课堂还给学生。不管采用什么样的教学策略，最重要的原则就是以生为本，根据学生的需要设计教学环节，让我们的教学真正为学生的发展服务，真正做到提高学生的语文素养。

　　课堂是充满挑战的,也是充满遗憾的。它要求教师对文本的解读更深入,要求教师对课堂的驾驭更灵活。我会不断地改进自己的教学,在今后的教学中更好地为学生服务。